Christopher Paul, Stefan Huf
Personal und Arbeit

Christopher Paul, Stefan Huf

Personal und Arbeit

Übungsbuch

2. Auflage

DE GRUYTER
OLDENBOURG

ISBN 978-3-11-099931-0
e-ISBN (PDF) 978-3-11-098861-1
e-ISBN (EPUB) 978-3-11-098879-6

Library of Congress Control Number: 2023944640

Bibliografische Information der Deutschen Nationalbibliothek
Die Deutsche Nationalbibliothek verzeichnet diese Publikation in der Deutschen Nationalbibliografie;
detaillierte bibliografische Daten sind im Internet über http://dnb.dnb.de abrufbar.

© 2024 Walter de Gruyter GmbH, Berlin/Boston
Einbandabbildung: Dmytro Naumenko/iStock/Getty Images Plus
Satz: Integra Software Services Pvt. Ltd.
Druck und Bindung: CPI books GmbH, Leck

www.degruyter.com

Vorwort

Das vorliegende Arbeits- und Übungsbuch soll den Studierenden die Möglichkeit geben, durch die Bearbeitung von Wiederholungs-, Reflexions- und Anwendungsaufgaben das Verständnis des Lehrstoffes zu fördern und zu vertiefen. Zusätzlich enthält das Arbeits- und Übungsbuch eine Sammlung von Multiple-Choice-Fragen, die auf dem Inhalt des Lehrbuchs „Personal und Arbeit. Einführung in das Personalmanagement" aufbauen und für die Studierenden eine kompakte Möglichkeit darstellen, Ihren Wissensstand zu überprüfen.

Um den Lernerfolg überprüfen zu können, sind für jeden Aufgabenteil Lösungshinweise, Hinweise zur Vertiefung oder Querverbindungen zum Lehrbuch „Personal und Arbeit" angegeben.

Unser Dank gilt Dr. Stefan Giesen, Editorial Director Wirtschaftswissenschaften bei De Gruyter, für die Zusammenarbeit und seine Unterstützung bei der Umsetzung des Buchprojektes.

Christopher Paul und Stefan Huf
Mannheim und Stuttgart im Herbst 2023

https://doi.org/10.1515/9783110988611-202

Inhaltsverzeichnis

1 Einleitung

1.1 Schlüsselbegriffe

Schlüsselbegriffe des Kapitels 1:

Die funktionale Spezialisierung und das objektorientierte Referentensystem können als aufbauorganisatorische Grundformen der betrieblichen Personalabteilung betrachtet werden. Bei der funktionalen Organisation erfolgt die Stellenbildung innerhalb der Personalabteilung nach Verrichtungen (bspw. Personalbeschaffung, Personalentwicklung oder Entgeltabrechnung), während im Referentensystem eine objektorientierte Spezialisierung erfolgt. Die Referenten betreuen ein ihnen zugewiesenes Objekt (bspw. spezifische Beschäftigtengruppen, Abteilungen oder Standort) in allen personalwirtschaftlichen Fragestellungen.

Wird die Personalabteilung als Cost Center geführt, bietet sie auf Basis eines vorgegebenen Budgets den internen Kunden (Fachabteilungen) Leistungen (bspw. Personalbeschaffung oder Entgeltabrechnung) an. Die entstehenden Kosten werden als Gemeinkosten nach einem Verteilungsschlüssel auf die einzelnen Abteilungen umgelegt.

Wird die Personalabteilung als Service Center geführt, bietet sie den internen Kunden ihre Leistungen an, die dem jeweiligen Leistungsbezieher verursachungsgerecht über Verrechnungspreise in Rechnung gestellt werden.

Wird die Personalabteilung als Profit Center geführt, unterliegen die internen Kunden keinem Kontrahierungszwang, sie können die betreffende Leistung also auch bei einem externen Dienstleister beauftragen. Zugleich darf die Personalabteilung ihre Leistungen auch extern anderen Unternehmen anbieten. Mithin muss die Personalabteilung ein marktfähiges Leistungsangebot zu konkurrenzfähigen Preisen anbieten.

Das von Dave Ulrich popularisierte Modell des „HR Business Partner" sieht drei aufbauorganisatorische Einheiten vor: Die HR Business Partner fungieren primär als Berater oder Beraterin der Führungskräfte in personalwirtschaftlichen Fragestellungen und leiten die Personalstrategie aus der Unternehmensstrategie ab. Das Competence Center (auch Center of Expertise genannt) übernimmt schwerpunktmäßig konzeptionelle Aufgaben hinsichtlich der Ausgestaltung und Weiterentwicklung der personalwirtschaftlichen Instrumente. Darüber hinaus obliegt ihnen die Richtlinienkompetenz innerhalb des Personalmanagements. Schließlich ist das Shared Service Center für die administrativen Aufgaben (bspw. Entgeltabrechnung, Bewerberkorrespondenz oder Seminarorganisation) zuständig. Ein nach dem HR-Business-Partner-Modell organisierter Personalbereich agiert in der Idee des Modells strategisch (Strategischer Partner der Führungskräfte), weist eine hohe administrative Effizienz auf (Adminsitrativer Experte), unterstützt den organisatorischen Wandel (Change Agent) und ist ein geschätzter Ansprechpartner für die Mitarbeiter (Mitarbeiter Champion).

https://doi.org/10.1515/9783110988611-001

1.2 Wissensprüfung

1.2.1 Wiederholungsfragen

Hinweise zur Lösung der folgenden Fragen finden Sie in Kap. 1.1 des Lehrbuchs.

Wiederholungsfrage 1-1

Warum wird das Jahr 1961 gemeinhin als das Geburtsjahr der akademischen Personalwirtschaftslehre bezeichnet?

Wiederholungsfrage 1-2

Welchen Schwerpunkt hat die deutschsprachige personalwirtschaftliche Forschung in den vergangenen Jahrzehnten jeweils gesetzt?

Wiederholungsfrage 1-3

Skizzieren Sie die Phasen des Personalmanagements in der Praxis.

Hinweise zur Lösung der folgenden Fragen finden Sie in Kap. 1.2 des Lehrbuchs.

Wiederholungsfrage 1-4

Welche vier Rollen weist Dave Ulrich im sog. „HR Business Partner"-Konzept dem Personalbereich zu?

Wiederholungsfrage 1-5

Welche Vorteile verspricht man sich von der Einrichtung eines Shared Service Centers?

Wiederholungsfrage 1-6

Nennen Sie Beispiele für Massenprozesse und Spezialprozesse, die in der Organisationsform eines Shared Service Centers gebündelt werden können.

1.2.2 Multiple-Choice-Fragen

Hinweise zur Lösung: Kap. 1.2 Organisation der Personalarbeit

MC-Frage 1-1

Welche Aussage ist im Vergleich zwischen der Organisationsform des Referentensystems und der Funktionalen Spezialisierung zutreffend?

a) Die Gefahr der Abschottungstendenz innerhalb der Personalabteilung gegenüber den zu betreuenden Abteilungen ist insb. bei der Funktionalen Spezialisierung gegeben.

b) Die Gefahr der Abschottungstendenz innerhalb der Personalabteilung gegenüber den zu betreuenden Abteilungen ist insb. bei dem Referentensystem gegeben.

c) Das Problem der Bürokratisierungstendenz ist insb. im Referentensystem gegeben.

d) Spezialisierung und die Erlangung von Effizienzvorteilen erfolgen vornehmlich im Referentensystem.

MC-Frage 1-2

Ist die Personalabteilung funktional organisiert, erfolgt die Stellenbildung ...

a) nach Verrichtung.

b) nach Rang.

c) nach Objekt.

d) nach Phase.

MC-Frage 1-3

Ist die Personalabteilung nach dem Personalreferentensystem organisiert, erfolgt die Stellenbildung

a) nach Verrichtung.

b) nach Rang.

c) nach Objekt.

d) nach Phase.

MC-Frage 1-4

Wird die Personalabteilung als Cost Center geführt ...

a) erfolgt eine verursachungsgerechte Verrechnung der Kosten auf die Leistungsbezieher.

b) unterliegen die internen Kunden der Personalabteilung keinem Bezugszwang von personalwirtschaftlichen Leistungen.

c) bietet sie ihren Kunden Leistungen auf Basis eines vorgegebenen Budgets an.

d) ist die Leitung des Centers für den Gewinn verantwortlich.

MC-Frage 1-5

Welches Center-Konzept wird mit diesen Charakteristika beschrieben: Hohe Autonomie der Personalfunktion, hohe Autonomie der Kunden, Gewinnverantwortung des Center-Leiters und Erfolg als Erfolgskriterium?

a) Service Center
b) Profit Center
c) Cost Center
d) Keine der Antworten a) bis c) ist zutreffend.

MC-Frage 1-6

Welches Center-Konzept wird mit diesen Charakteristika beschrieben: Geringe Autonomie der Personalfunktion, Umsatz- und Qualitätsverantwortung des Center-Leiters und geringe Kostenabweichung als Erfolgskriterium sowie einer Abnahmepflicht von Personaldienstleistungen für interne Kunden?
a) Service Center
b) Profit Center
c) Cost Center
d) Keine der Antworten a) bis c) ist zutreffend.

MC-Frage 1-7

Welche Organisationseinheit im Rahmen des „HR Business Partner"-Konzepts wird hier beschrieben: Bündelung und Abwicklungen von administrativen Funktionen?
a) Center of Competence
b) Business Partner
c) Shared Service Center
d) Keine der Antworten a) bis c) ist zutreffend.

MC-Frage 1-8

Welche aufbauorganisatorischen Einheiten sieht das Modell des „HR Business Partner" vor?
a) Personalrecruiting, Personalbetreuung und Personalcontrolling
b) Shared Service Center, Business Partner und Competence Center
c) Cost Center, Service Center, Profit Center
d) Keine der Antworten a) bis c) ist zutreffend.

MC-Frage 1-9

Welche Organisationseinheit im Rahmen des Business Partner-Konzepts wird hier beschrieben: Strategische Konzeption einer Bündelung von administrativen Aufgaben einer Personengruppe?
a) Center of Competence
b) Business Partner
c) Shared Service Center
d) Keine der Antworten a) bis c) ist zutreffend.

Lösungen zu den Multiple-Choice-Fragen

1) a	3) c	5) b	7) c	9) d
2) a	4) c	6) d	8) b	

1.3 Reflexion

Reflexion 1-1: Organisationsformen der Personalarbeit

Bei der Organisation der Personalarbeit haben sich unterschiedliche Organisationsformen in der Praxis herausgebildet. Diskutieren Sie anhand der Ausprägung der funktionalen Spezialisierung, des Referentensystems und des „HR Business Partner"-Modells, welche Variante Sie warum in einem Unternehmen mit 400 oder mit 40000 Beschäftigten an einem Standort einsetzen würden.

Lösungsvorschlag

Eine Musterantwort ist hier nicht möglich. Doch kann man anhand von verschiedenen Überlegungen. diskutieren, ob bspw. eine sehr ausdifferenzierte funktionale Spezialisierung überhaupt genug Fallzahlen für die einzelnen Unterabteilungen (bspw. Personalentwicklung oder Betriebliches Gesundheitsmanagement) erbringen würde. Die Gefahr bestünde dann darin, dass die einzelnen Sachbearbeiter und Sachbearbeiterinnen in der Personalabteilung nicht ausgelastet wären. Umgekehrt wäre eine funktionale Spezialisierung (oder gar eine Personenaufteilung nach Namen im Sinne von „alle Beschäftigten von A – K") bei einer großen Anzahl von Beschäftigten, ggf. über Landesgrenzen hinweg, schwierig umzusetzen.

Die weiteren Überlegungen wären dahingehend anzustellen, welche der im Lehrbuch aufgezählten Vor- und Nachteile in großen und in kleinen Unternehmen überhaupt zu realisieren bzw. zu befürchten wären.

Reflexion 1-2: Organisationsformen der Personalarbeit

Welche Veränderungen sollen bei der Personalabteilung angestoßen werden, wenn diese als Profit Center statt als Cost Center geführt wird? Diskutieren Sie die Vor- und Nachteile einer Profit-Center-Organisation anhand selbst gewählter Beispiele.

Lösungsvorschlag

Das von der Personalabteilung angebotene Leistungsspektrum soll auf die Bedürfnisse der internen (und bei Profit Centern auch externen) Kunden abgestimmt sein (Nachfrageorientierung). Zudem soll die Anpassungsfähigkeit und -bereitschaft (Flexibilität) der Personalabteilung erhöht werden. Nicht zuletzt wird das Leistungsangebot der Personalabteilungen nur absetzbar sein, wenn sie eine verglichen mit dem externen Markt, kompetitive Kostenstruktur aufweist.

Grundsätzlich ist es denkbar, dass (fast) alle personalwirtschaftlichen Funktionen als marktfähig definiert werden. So können bspw. die Entgeltabrechnung, juristische Beratung, Entwicklung von Personalstrategien, Personalbeschaffung und -auswahl oder die Durchführung von Maßnahmen der Personalentwicklung über den Markt als Dienstleistung bezogen werden. Trotzdem können bestimmte Einschränkungen aus strategischer Perspektive vorgenommen werden. So könnte das Management bspw. entscheiden, die Personalplanung nicht von einem externen Dienstleister durchführen zu lassen, da die dort gewonnenen Erkenntnisse als wettbewerbskritisch angesehen werden und nicht nach außen dringen sollen.

Reflexion 1-3: Organisationsformen der Personalarbeit

Die Frage, in welcher Organisationsform die Personalarbeit ausgestaltet werden soll, beschäftigt viele Unternehmen. Diskutieren Sie, welche Vor- und Nachteile sich für multinationale Unternehmen ergeben können, wenn sie ihre Personalentscheidungen auf eine möglichst zentrale (bspw. in der Konzernzentrale für alle Tochtergesellschaften) oder möglichst dezentrale Ebene (bspw. direkt im Betrieb vor Ort) treffen.

Lösungsvorschlag

Die Vorteile der Zentralisierung liegen darin begründet, dass es leichter möglich wird, über die Standorte und Ländergrenzen hinweg ein einheitliches Personalkonzept zu installieren und durchzusetzen. Sachfragen und personalwirtschaftliche Instrumente (bspw. Mitarbeitergespräche, Zielvereinbarungen, Vergütungskonzepte oder Nachwuchskonzepte) werden so über die gesamte Organisation stringent angewandt. Eine Implementierung und Kontrolle einer Personalstrategie würde so leichter möglich.

Auf der anderen Seite zeigen sich die Vorteile einer möglichst dezentralen Organisation darin, dass die Lösungen, die vor Ort gefunden werden, auch auf die Probleme vor Ort passen können. Ebenso können Einzelfallprobleme schneller gelöst werden, als diese durch Durchlaufen der Hierarchie gefunden werden könnte.

1.4 Anwendung

Anwendungsbeispiel 1-1: Vergleich von Stellenausschreibungen

Suchen Sie in Online-Stellenbörsen nach Ausschreibungen für die Position eines HR Business Partners und eines (klassischen) Personalreferenten. Vergleichen Sie die beschriebenen Aufgaben und die erwarteten Qualifikationen.

Lösungsvorschlag

Der Vergleich könnte zwei gegensätzliche Erkenntnisse bringen. Auf der einen Seite wäre erwartbar, dass die Aufgabenbeschreibung des HR Business Partners im Vergleich zum Personalreferenten tendenziell einen größeren Fokus auf die Beratung von Führungskräften und insgesamt stärker strategisch ausgerichtet sein sollte. Bei der Aufgabenbeschreibung des Referenten würde man erwarten, dass die Bearbeitung von administrativen Aufgaben einen größeren Raum einnehmen wird (da solche Aufgaben im Konzept des HR Business Partners auf das Shared Service Center ausgelagert sein sollten).

Auf der anderen Seite würde es aber auch nicht überraschen, wenn der Vergleich keine merklichen Unterschiede zeigen würde, da in vielen Unternehmen lediglich die Bezeichnung Personalreferent zugunsten einer moderner klingenden Stellenbeschreibung als HR Business Partners ausgetauscht wurde bzw. die Umsetzung hin zum Modell des HR Business Partner nur halbherzig vollzogen wurde.

1.5 Weiterführende Literaturhinweise

Ulrich, D.: Human Resource Champions, Boston/Mass. 1997.
Ulrich, D.: The HR Value Proposition, Boston/Mass. 2005.
Ulrich, D.: HR Transformation, New York 2009.

Es lohnt sich, sich in die Bücher von Dave Ulrich einzulesen. Ulrich hat im Zeitverlauf die Idee des Konzepts HR Business Partner immer weiter verfeinert. So wurden bspw. aus den ursprünglich vier Rollen, die Personaler ausfüllen sollen, mittlerweile neun (bspw. der „credible activist" oder der „paradox navigator").

Claßen, M./Kern, D.: HR Business Partner, Köln 2010.
Armutat, S.: Organisation des Personalmanagements, Bielefeld, 2007
Gerpott, F.H.: The right strategy? Examining the business partner model's functionality for resolving Human Resource Management tensions, in: Zeitschrift für Personalforschung, Heft 3–4, 2015, S. 214–234.

Schrank, V.: Das Ulrich-HR-Modell in Deutschland, Wiesbaden, 2015
Huf, S.: Wie weiter nach dem HR Business Partner? Fünf personalwirtschaftliche Handlungsfelder, in: Personalführung, Heft 2, 2018, S. 58–63.
Kadel, P.: Gedanken zum Business-Partner-Prinzip – ist es wirklich allein Erfolg versprechend für die Zukunft?, in: Personalführung, Heft 10, 2017, S. 10–12.

Das Buch von Claßen/Kern beschreibt aus einer Beraterperspektive den organisatorischen Weg zum HR Business Partner und spart auch nicht mit kritischen Hinweisen, welche Fehler bei der Umsetzung des Konzepts gemacht werden können.

Die Beiträge von Huf und Kadel zeigen exemplarisch auf, welche (negativen) Konsequenzen für die Personalarbeit aus dem Konzept resultieren können.

2 Theoretische Ansätze zu Personal und Arbeit

2.1 Schlüsselbegriffe

Schlüsselbegriffe des Kapitels 2:

Theorien sind konsistente Bündel von Wenn-Dann-Hypothesen, die die Wirklichkeit beschreiben, erklären oder prognostizieren sollen.

Schlüsselbegriffe des Kapitels 2.1:

Weber identifizierte drei Herrschaftsformen. Die charismatische Herrschaft wird durch eine Führungsperson ausgeübt, die Legitimität dadurch beansprucht, dass sie als gottgesandt, auserwählt oder mit besonderen Fähigkeiten ausgestattet ist. In der traditionellen Herrschaft stützt sich die Legitimität der Herrschaft auf althergebrachte Regeln und Ordnungen. Die legale Herrschaft beruht auf formalem Recht, das alle Organisationsmitglieder in gleichem Maße bindet.

Weber bezeichnete Bürokratien, die die negativen Folgen von verfestigten Verwaltungsstrukturen aufweisen, als stahlharte Gehäuse. Die Lösung läge, so Weber, darin, charismatische Führer an die Spitze bürokratischer Strukturen zu stellen, die ein unerwünschtes Eigenleben von Bürokratien durch ihre freien und persönlichen Wertvorstellungen verhindern.

Scientific Management (wissenschaftliche Betriebsführung) ist ein Management-Ansatz, der auf Frederick W. Taylor zurückgeht. Taylor führte das sog. „wissenschaftliche Experiment" in die Managementlehre ein. Er ging davon aus, dass sich durch kontrolliertes Experimentieren die besten Arbeiter, die idealen Bewegungsabläufe, geeignete Arbeitsmittel und ein adäquates Entlohnungssystem identifizieren lassen. Scientific Management sollte der Gegenentwurf einer Betriebsführung sein, die sich auf (aus Sicht Taylors beschränktes) Erfahrungswissen, Willkür, Zufall oder durch einmal aufgestellte Faustregeln leiten lassen.

Schlüsselbegriffe des Kapitels 2.2:

Das als Hawthorne-Effekt bekannte Phänomen kennzeichnet Situationen, in denen Probanden alleine durch die besondere Zuwendung und Beachtung, die die Teilnehmer eines Versuchs in einer Versuchssituation erfahren, zu einer Verhaltensänderung führt.

Der homo oeconomicus ist der Idealtyp eines uneingeschränkt rationalen Menschen. Er ist damit in der Lage seine Zieldimensionen zu spezifizieren, daraus seine Nutzenfunktion abzuleiten, alle Alternativen und Umweltzustände abschließend zu identifizieren und die Konsequenzen jeder Alternative und jeden Umweltzustand zu berechnen. Darüber hinaus kann er alle Informationen kostenlos und unmittelbar

https://doi.org/10.1515/9783110988611-002

verarbeiten und so letztlich Entscheidungen treffen, die ihm den größten Gewinn oder Nutzen einbringen.

Das Konzept der begrenzten Rationalität beschreibt Individuen, die zwar intentional rational handeln, aufgrund ihres unvollständigen Wissens, der Schwierigkeit, alle Handlungsoptionen zu erfassen und ihrer instabilen Präferenzstruktur die eigentliche Ziel-Mittel-Ergebnis-Verbindung tatsächlich nicht überblicken können.

Schlüsselbegriffe des Kapitels 2.3:

Opportunismus bezeichnet ein Verhalten von Akteuren, die sich strategisch verhalten und, wenn es nötig ist, ihre Interessen gegen die Interessen und auf Kosten anderer durchsetzen.

Institutionelle Arrangements sind rechtliche Vertragsformen, die Vertragspartner miteinander vereinbaren, um eine Transaktion abzuwickeln. Klassischerweise werden drei Idealtypen institutioneller Arrangements unterschieden: die marktseitige Transaktion (bspw. der Kauf von Maschinen von einem Lieferanten), die organisationale Abwicklung (häufig auch als „Linie" oder „Hierarchie" bezeichnet), in der die Unternehmen die Maschine eigens herstellt oder die hybriden Vertragsmodelle, in der eine Verbindung zweier Vertragspartner mit einer langfristigen Vertragslaufzeit begründet wird (bspw. eine strategische Allianz zwischen Lieferant und Abnehmer).

Eine Principal-Agent-Beziehung ist durch eine vertragliche Beziehung zwischen einem Auftraggeber (Prinzipal) und einem Beauftragten (Agenten) gekennzeichnet, bei der der Beauftragte gegen einen Vergütungsanspruch die Verpflichtung zur Erfüllung einer definierten Aufgabe für den Auftraggeber eingeht.

Der Wissensvorsprung eines Agenten gegenüber einem Prinzipal (Informationsasymmetrien) zwischen den beiden Akteuren führt zu einem diskretionären Handlungsspielraum des Agenten. Der Agent hat einen Handlungsspielraum, den er, ohne dass der Prinzipal eingreifen kann, für sich opportunistisch nutzen kann. Dieses kann Praktiken wie Leistungszurückhaltung oder die Anwendung von List, Betrug und Täuschung miteinschließen.

Vor Vertragsschluss kann der Prinzipal die verborgenen Eigenschaften (hidden characteristics) des Agenten vielleicht erahnen, aber nicht mit abschließender Sicherheit erkennen. Dem Wunsch des Prinzipals nach vollständiger Offenlegung aller erfolgsrelevanten Eigenschaften wird der Agent regelmäßig nicht nachkommen. Der Agent wird nur da, wo es ihm nutzt, seine Qualitäten offenbaren. Er wird versuchen, negative Eigenschaften zu verdecken bzw. gewünschte Eigenschaften vorzutäuschen.

Sowohl vor als auch nach Vertragsabschluss hat der Prinzipal keinen Einblick in die verborgenen Absichten (hidden intentions) des Agenten. Der Prinzipal fürchtet die Möglichkeit, dass der Agent den einmal geschlossenen Vertrag (bspw. unter Ausnutzung arbeitsrechtlicher Grenzen) zu seinen Gunsten ausnutzt und ihn nachträglich ausbeutet oder erpresst (hold up-Situation).

Nach Vertragsabschluss kann der Agent unter Ausnutzung seines Informationsvorsprungs seinen Arbeitseinsatz steuern (hidden action). Der Prinzipal kennt zwar das Ergebnis, kann aber nicht eindeutig auf die dahinterliegende Leistung schließen (bspw. können die Umsätze aufgrund einer guten gesamtwirtschaftlichen Nachfrage, nicht aber aufgrund des überragenden Einsatzes des Agenten, gestiegen sein).

Verfügungsrechte (oder Property Rights) bestimmen die Fähigkeit, über bestimmte Ressourcen wirtschaftlich zu bestimmen. Dabei lassen sich Verfügungsrechte differenzieren in das Recht, eine Ressource oder ein Gut zu nutzen (ius usus). So kann bspw. der Inhaber eines nicht verschuldeten Unternehmens frei darüber entscheiden, ob er auf seiner Maschine produzieren lässt, sie ungenutzt stehen lässt, sie verkauft, verschrotten oder verschenken möchte. Ebenso kann ein Unternehmer das Recht besitzen, die Erträge aus der Ressourcennutzung zu behalten (ius usus fructus). Ius abusus bezeichnet das Recht, die Ressource oder das Gut zu ändern, also bspw. den Maschinenpark zu erweitern, zu modernisieren, Instandhaltungsarbeiten durchzuführen oder für einen anderen Geschäftszweck umzuwidmen. Das Recht, eines, mehrere oder alle genannten Rechte auf andere zu übertragen, bezeichnet man als ius successionis.

Schlüsselbegriffe des Kapitels 2.4:

Basiskomplementarität bezeichnet Konstellationen, in denen die Verfolgung ökonomischer und sozialer Effizienz sich gleichermaßen verwirklichen lassen. So sind bspw. Konstellationen vorstellbar, in der durch Lohnsteigerungen (soziale Effizienz) Anreize für eine aufopferungswillige Arbeitsdurchführung gesetzt werden, die wiederum zu Ertragssteigerungen führt (wirtschaftliche Effizienz).

Partielle Zielkonkurrenz bezeichnet Konstellationen, in denen die Verfolgung ökonomischer und sozialer Effizienz sich nicht gleichermaßen verwirklichen lassen. Wenn durch die Gewinnentnahme durch die Eigentümer (wirtschaftliche Effizienz) kein finanzieller Spielraum für Lohnsteigerungen möglich sind (soziale Effizienz), zeigt sich die Zielkonkurrenz.

Policy beschreibt den inhaltlichen Aspekt der dokumentierten Unternehmensführung, bspw. durch Strategiepapiere, Regelwerke, Methoden, Abläufe oder Unterschriftenregelungen.

Politics kennzeichnet den prozessorientierten Aspekt der Interessendurchsetzung und Konfliktaustragung. Mikropolitik konzentriert sich auf diese Sichtweise.

Mikropolitik ist das Management von Einfluss und Macht, welches systematisch eingesetzt wird, um entweder von der Organisation nicht sanktionierte Ziele oder aber sanktionierte Ziele mit nicht sanktionierten Mitteln zu erreichen.

Die Strukturationstheorie wird durch die Idee der „Dualität der Struktur" geleitet. (1) Strukturen ermöglichen, gliedern und bewerten individuelle Handlungen. (2) Gleichzeitig reproduzieren Handlungen die Struktur, da sie auf die Strukturen Bezug nehmen. Soziale Handlungen benötigen Strukturen, die die Handlungen einordnen, bewerten und sichtbar machen, gleichzeitig hängt die Existenz von sozialen Strukturen davon ab, dass Handlungen auf sie bezogen werden und so die Strukturen reproduzieren.

Der von kleinen Verhaltensvariationen erzeugte Reproduktionsprozess der Struktur wird als Strukturation bezeichnet.

Die Strukturdimension Signifikation (Sinnbildung) stellt den Akteuren Deutungsschemata zur Verfügung, die den Blick auf Prozesse innerhalb und außerhalb von Organisationen prägen. Die Kernfrage der Signifikationsdimension lautet hier: Was bedeutet das Handeln? Bspw. ist die Bedeutung von Schulnoten innerhalb und außerhalb der Organisation bekannt, sodass eine *Eins* als sehr gute Leistung gedeutet wird und eine *Sechs* das Sinnbild einer schlechten Leistung darstellt.

Die Strukturdimension Legitimation beinhaltet Normen und Vorgaben, die regulativen Charakter haben. Individuen richten ihre Handlungen an diesen Normen aus, wenn sie sich innerhalb der interpretativen Reichweite der Norm befinden. Bspw. richten Schüler ihren Lerneifer an der Klausur und der darauffolgenden Benotung aus. Durch die Bezugnahme der Handlungen auf die Noten („schau mal Mama, ich habe eine Eins geschrieben") erkennen sie die Strukturen an, reproduzieren diese und geben ihnen dadurch Legitimität. Die Kernfrage der Legitimitätsdimension lautet: Was oder wie soll man etwas tun bzw. was soll man nicht tun?

Die Strukturdimension Herrschaft basiert auf der Verteilung von Ressourcen. Einige Akteure verfügen über Machtmittel (Fazilitäten), die sie einsetzen können, um ihre Ziele besser durchsetzen zu können. Bspw. hat ein Lehrer die Macht, die gezeigte Leistung eines Schülers mit Noten zu bewerten. Durch die Bezugnahme auf die Noten (bspw. durch die Studienplatzvergabe) wird die Notengebung in ihrer Struktur reproduziert. Die Kernfrage der Herrschafts-dimension lautet: Welches Verhalten wird wie belohnt bzw. sanktioniert?

Schlüsselbegriffe des Kapitels 2.5:

Unter Ressourcen verstehen die ressourcenorientierten Ansätze alle materiellen Unternehmensressourcen (wie bspw. Sach- und Finanzanlagen) und alle immateriellen Ressourcen (bspw. Humankapital, also die Fähigkeiten und Fertigkeiten der Mitarbeiter und organisationale Ressourcen (bspw. Routinen, Praktiken oder Prozesse). Allerdings sind nicht alle potenziell in Frage kommenden Ressourcen in der Lage, Wettbewerbsvorteile zu erzielen. Daher sind auch nicht alle Ressourcen, die in das Gliederungsschema (materiell – immateriell) passen, in gleichem Maße als gewinnstiftend anzusehen.

Renten werden in der volkswirtschaftlichen Analyse häufig als der entstehende Nutzen einer Aktivität bezeichnet. Betriebswirtschaftlich lassen sich Renten als Ursachen für Gewinne interpretieren.

Als Ricardo-Renten werden Renten bezeichnet, die dem Unternehmen aus der Verfügungsgewalt über knappe Ressourcen zufallen. Hierzu wird bspw. eine überlegene Humanressourcenausstattung gezählt, die es einem Unternehmen ermöglicht, bei einem marktlichen Gleichgewichtspreis zu niedrigeren Durchschnittskosten zu produzieren und somit entsprechende Renten abzuschöpfen.

Als Quasi-Renten werden Renten bezeichnet, die ihre Ursache in der Spezifität von Humanressourcen haben. Aufgrund von spezifischen Merkmalen hat jede Ressource eine optimale Verwendungsmöglichkeit, die, wenn sie nicht entsprechend eingesetzt wird, nur einen kleineren Beitrag zum Unternehmenserfolg liefert. Quasi-Renten verdeutlichen, dass die Wichtigkeit, die richtigen Mitarbeiter mit der richtigen Aufgabe zu betrauen.

Monopol-Renten (auch Bain-Renten) entstehen durch Marktmacht (als Anbieter oder Nachfrager). Können Unternehmen, bspw. durch Reputation, Standortvorteile oder überlegenes Personalmarketing die geeignetsten Bewerber gewinnen, errichten sie für Konkurrenzunternehmen Markteintrittsbarrieren, die es Ihnen erlaubt, günstigere oder bessere Kandidaten für sich zu gewinnen.

Schumpeter-Renten ergeben sich aus der Fähigkeit, immer wieder Innovationen am Markt einzuführen und so Pioniergewinne abzuschöpfen.

Replikationsfähigkeit ist die organisationale Fähigkeit zur Vervielfältigung bereits vorhandener Prozesse. Erst wenn es durch Wiederholungen und Experimentieren gelingt, Routinen entstehen zu lassen bzw. zu verfestigen, kann (bspw. beim Aufbau einer neuen Fertigungsstätte oder bei dem Bearbeiten neuer Geschäftsfelder) vorhandenes Wissen repliziert werden und so Zeit-, Erfahrungs- und Kostenvorteile gegenüber Unternehmen, die neu in den Markt treten, realisiert werden.

Die Rekonfigurationsfähigkeit eines Unternehmens wird durch die Fähigkeit beschrieben, (1) möglichst frühzeitig die Notwendigkeit einer durchgreifenden Veränderung in der Ressourcenausstattung zu erkennen („Strategiekompetenz") und (2) in der Lage zu sein, die notwendigen Ressourcen und Fähigkeiten zu erwerben (bspw. durch Zukauf von Wissen), zu erlernen (durch die Veränderungs- oder Lernbereitschaft der Mitarbeiter) oder abrufen zu können („Umsetzungskompetenz").

Schlüsselbegriffe des Kapitels 2.6:

Der kritische Augenblick („critical juncture") ist der Moment der Entscheidung, der den Entscheidungsspielraum der Zukunft verengt. Sobald sich bspw. ein Unternehmen für einen Standort entschieden hat, folgen aus dieser einen Entscheidung viele weitere, die sich immer wieder auf diese eine Standortentscheidung beziehen. Alle Folgeentscheidungen berücksichtigen dann die einmal getroffene Auswahl des Standorts.

Hyperstabile Gleichgewichte bilden sich durch Pfadabhängigkeiten heraus. Sie sind dadurch gekennzeichnet, dass sie trotz evidenter Ineffizienzen beibehalten werden. Bspw. kann die einmal getroffene Wahl eines Standorts sich nach Jahren als ineffiziente Lösung herausstellen. Da aber in der Vergangenheit viele gleichgewichtsstabilisierende Entscheidungen getroffen wurden (bspw. Personal- und Strukturentscheidungen oder die Investition in die Renovierung alter Gebäude), nimmt man die Ineffizienzen billigend hin.

Schlüsselbegriffe des Kapitels 2.7:

Rationalitätsmythen sind Regeln und Annahmen, die rational in dem Sinne sind, dass sie plausible Ziele bestimmen und in sinnvoll erscheinender Weise festlegen, welche Mittel zur Verfolgung dieser Ziele angemessen sind. Sie sind Mythen in dem Sinne, dass ihre Wirksamkeit von einem geteilten Glauben an sie abhängt und keiner objektiven Prüfung unterzogen wird.

Isomorphismus durch Zwang entsteht insbesondere durch kulturelle Erwartungen der Gesellschaft, bspw. durch direkte rechtliche Regelungen (bspw. durch die gesetzliche Vorgabe einer Frauenquote in Aufsichtsräten).

Isomorphismus durch Nachahmung (bzw. mimetische Prozesse) bedeutet, dass die Strukturen und Verhaltensweisen anderer (erfolgreicher) Akteure imitiert werden (bspw. durch Benchmarking, Unternehmensberatungen, standardisierte Ausbildungen, Arbeitsplatzwechsel von Mitarbeitern, die das Know-How eines Unternehmens mit zu einem anderen nehmen). Aus Unsicherheit oder Sorge, die Etablierung wichtiger Organisationsmerkmale zu verpassen, orientieren sich Manager bei der Gestaltung eigener Strukturen und Prozesse an anderen Organisationen, die als vorbildlich gelten. So kann eine freiwillige Frauenquote eines erfolgreichen Unternehmens dazu führen, dass andere Unternehmen diese Struktur übernehmen.

Isomorphismus durch normativen Druck ergibt sich in erster Linie aus der zunehmenden Professionalisierung von Berufsgruppen und der damit verbundenen Vereinheitlichung von Denk- und Verhaltensweisen innerhalb dieser Berufsgruppe.

Schlüsselbegriffe des Kapitels 2.8:

Internal (vertical) fit beschreibt den Zustand, in dem Unternehmensstrategie und Personalstrategie aufeinander abgestimmt sind.

Internal (horizontal) fit beschreibt den Zustand, in dem die personalwirtschaftlichen Aktivitäten untereinander abgestimmt sind. Dies ist dann der Fall, wenn bspw. die Kriterien zur Personalauswahl mit den Kriterien der späteren Leistungsbeurteilung gekoppelt sind.

External fit beschreibt den Zustand, in dem die Strategien des Unternehmens mit den Umweltanforderungen abgestimmt sind.

Der Vorwurf der **Harmonisierungsideologie** angelsächsischer HRM-Ansätze greift die Kritik auf, dass die Ansätze Interessenkonflikte zwischen Anteilseignern, Management und Arbeitnehmern ausgeblendet werden. In den Ansätzen wird unterstellt, dass das Management die Strukturen, Handlungen und Ziele alleine bestimmen können und die Beschäftigten dem folgen. Die in Europa vorherrschenden Rahmenbedingungen, in denen Aufsichtsräte, Gewerkschaften, Betriebsräte und Arbeitnehmer verbindliche Partizipationsmöglichkeiten haben, finden sich in diesen Ansätzen nicht wider.

Schlüsselbegriffe des Kapitels 2.9:

Das System der Industriellen Beziehungen (häufig auch: Arbeitgeber-Arbeitnehmer-Beziehungen, Arbeitsbeziehungen, Arbeitspolitik, Sozialpartnerschaft, Konfliktpartnerschaft, Industrial Relations oder Labor Relations) beschreibt die Beziehungen zwischen den Akteuren der Arbeitswelt (Arbeitgeber, Arbeitnehmer, Gewerkschaft, Aufsichtsräte, Arbeitgeberverbänden und Betriebsrat) und deren Zusammenspiel. Der Begriff Industrielle Beziehungen hat sich als direkte Übersetzung des englischen Industrial Relations insb. in der Organisationssoziologie etablieren können. Dabei bezieht sich der Begriff nicht nur auf die produzierende Industrie, sondern auf alle denkbaren Bereiche, in denen es zu institutionalisierten Beziehungen zwischen Arbeitgebern und Arbeitnehmern kommen kann. Interessengegenstand der Erforschung der Industriellen Beziehungen ist die Analyse der Kommunikation, Konflikte, Verhandlungen und Strategien der Akteure.

2.2 Wissensprüfung

2.2.1 Wiederholungsfragen

Hinweise zur Lösung der folgenden Fragen finden Sie in Kap. 2.1 des Lehrbuchs.

Wiederholungsfrage 2-1
Erläutern Sie die von Max Weber identifizierten Herrschaftsformen.

Wiederholungsfrage 2-2
Nennen Sie die Kennzeichen legaler Herrschaft.

Wiederholungsfrage 2-3
Nennen Sie die Kennzeichen traditioneller Herrschaft.

Wiederholungsfrage 2-4
Erläutern Sie die vier Handlungsprinzipien Taylors, die die Basis des Scientific Managements ausmachen.

Hinweise zur Lösung der folgenden Fragen finden Sie in Kap. 2.2 des Lehrbuchs.

Wiederholungsfrage 2-5

Nennen Sie die Charakteristika des homo oeconomicus.

Wiederholungsfrage 2-6

Erläutern Sie die Entscheidungshilfen, die Unternehmen den Beschäftigten zur Verfügung stellen, sodass sie trotz begrenzter Rationalität sinnvolle Entscheidungen treffen können.

Hinweise zur Lösung der folgenden Fragen finden Sie in Kap. 2.3 des Lehrbuchs.

Wiederholungsfrage 2-7

Erläutern Sie die Basisannahmen personalökonomischer Ansätze.

Wiederholungsfrage 2-8

Die Transaktionskostentheorie kennt unterschiedliche Kostenarten. Nennen Sie die unterschiedlichen Kostenarten und geben Sie jeweils ein Beispiel.

Wiederholungsfrage 2-9

Die Transaktionskostentheorie kennt unterschiedliche Transaktionsbedingungen. Erläutern Sie die Transaktionsbedingungen.

Wiederholungsfrage 2-10

Erläutern Sie die Typen von Informationsasymmetrien im Kontext der Principal-Agent-Theorie.

Hinweise zur Lösung der folgenden Fragen finden Sie in Kap. 2.4 des Lehrbuchs.

Wiederholungsfrage 2-11

Erläutern Sie die Voraussetzungen für Mikropolitik.

Wiederholungsfrage 2-12

Erläutern Sie die Vor- und Nachteile von Mikropolitik.

Wiederholungsfrage 2-13

Welchen Machtbasen kennen Sie?

Hinweise zur Lösung der folgenden Fragen finden Sie in Kap. 2.5 des Lehrbuchs.

Wiederholungsfrage 2-14

Erläutern Sie die Unterschiede zwischen dem Market-based-View und dem Resource-based-View.

Wiederholungsfrage 2-15

Erläutern die Kriterien des Resource-based-View, anhand derer man die Wettbewerbsfähigkeit von Ressourcen beurteilen kann.

Wiederholungsfrage 2-16

Erläutern Sie die möglichen Rentenarten, die im Rahmen des Resource-based-View Wettbewerbsvorteile begründen können.

Hinweise zur Lösung der folgenden Fragen finden Sie in Kap. 2.6 des Lehrbuchs.

Wiederholungsfrage 2-17

Erläutern Sie die Annahmen der Pfadabhängigkeitstheorie.

Hinweise zur Lösung der folgenden Fragen finden Sie in Kap. 2.7 des Lehrbuchs.

Wiederholungsfrage 2-18

Erläutern Sie mögliche Entkopplungsprozesse, warum institutionalisierte Regeln im Kontext des Neoinstitutionalismus, nicht für alle Zeiten gelten müssen.

2.2.2 Multiple-Choice-Fragen

Hinweise zur Lösung: 2.1 Klassische Ansätze

MC-Frage 2-1

Das Wissen der Arbeiter soll systematisch gesammelt (bspw. durch Zeitstudien) und auf der Ebene des Managements zusammengeführt werden. Welche der vier Prinzipien des Scientific Managements wird hier beschrieben?
a) Trennung von Hand- und Kopfarbeit
b) Pensum und Bonus
c) Auslese und Anpassung der Arbeiter
d) Versöhnung von Arbeitern und Management durch Experten

MC-Frage 2-2

Unternehmen setzen Assessment Center ein, um geeignete Personen zu finden? Welche der vier Prinzipien des Scientific Managements wird hier beschrieben?
a) Trennung von Hand- und Kopfarbeit
b) Pensum und Bonus
c) Auslese und Anpassung der Arbeiter
d) Versöhnung von Arbeitern und Management durch Experten

MC-Frage 2-3

Welche der folgenden Aussagen zum Scientific Management ist zutreffend?
a) Durch die Spezialisierung erfolgt eine qualitative Aufwertung der Arbeit.
b) Die Effizienzgewinne, die durch den Einsatz von Scientific Management erzielt werden, sollen dem Arbeitgeber zufallen.
c) Durch Arbeitsteilung lassen sich Effizienzgewinne erzielen.
d) Der Arbeitgeber hat einen Anreiz, die Sollvorgaben zu erhöhen, da so durch das Nichterreichen der Sollvorgaben Lohnkürzungen durchgesetzt werden können.

MC-Frage 2-4

Ziel des Scientific Managements ist
a) eine Darstellung der Aufbauorganisation.
b) die Optimierung der Weiterbildung der Beschäftigten.
c) eine Steigerung der Produktivität durch die Auswahl von Personen anhand von Anforderungs- und Eignungsprofilen.
d) die Erhöhung der Produktivität durch Selbstkontrolle der Beschäftigten.

MC-Frage 2-5

Der Typus des Gehorchenden ist der Untertan und die Basis der Gehorsamspflicht ist die Treue. Welche Herrschaftsform wird laut Max Weber hier beschrieben?
a) Charismatische Herrschaft
b) Traditionelle Herrschaft
c) Legale Herrschaft
d) Relationale Herrschaft

MC-Frage 2-6

Die Nachfolge einer Position erfolgt durch eine qualifikationsgebundene Wahl. Welche Herrschaftsform wird laut Max Weber hier beschrieben?
a) Charismatische Herrschaft
b) Traditionelle Herrschaft
c) Legale Herrschaft
d) Relationale Herrschaft

MC-Frage 2-7

Die Basis der Gehorsamspflicht ist die Treue, der Typus des Befehlenden ist der Vorgesetzte. Welche Herrschaftsform wird laut Max Weber hier beschrieben?
a) Charismatische Herrschaft
b) Traditionelle Herrschaft
c) Legale Herrschaft
d) Keine der genannten Antworten a) bis c) ist zutreffend.

MC-Frage 2-8

Welche der folgenden Aussagen ist laut Max Weber zutreffend?
a) Charismatische Herrschaft ist eine vorrationale Herrschaftsform.
b) Das „stahlharte Gehäuse" ist für Weber der Idealzustand einer Bürokratie.
c) Der Karriereaufstieg in Bürokratien soll sich an der Leistung orientieren.
d) Der Typus des Verwaltungsstabs der legalen Herrschaft ist die Gemeinde.

Hinweise zur Lösung: 2.2 Verhaltenswissenschaftliche Ansätze

MC-Frage 2-9

Welche der folgenden Aussagen im Kontext des Human-Relations-Ansatzes zutreffend?
a) Der Hawthorne-Effekt bezeichnet das Phänomen des Leistungsrückgangs durch Nichtbeachtung.
b) Der Hawthorne-Effekt bezeichnet das Phänomen der Leistungssteigerung durch Nichtbeachtung.
c) Die Arbeitsproduktivität wird schon durch technische Bedingungen (bspw. Lichtverhältnisse oder technische Ausstattung) positiv beeinflusst.
d) Kritiker sehen den Ansatz als Fortsetzung des Taylorismus mit psychosozialen Mitteln.

MC-Frage 2-10

Welche der folgenden Aussagen im Kontext des Konzepts zur begrenzten Rationalität ist zutreffend?
a) Individuen handeln intentional rational mit stabiler Präferenzstruktur.
b) Individuen verlassen sich auf gelernte Entscheidungsmuster.
c) Individuen handeln rational, obwohl sie die Ziel-Mittel-Ergebnis-Verbindung nicht überblicken.
d) Individuen handeln rational, weil sie die Ziel-Mittel-Ergebnis-Verbindung nicht überblicken.

MC-Frage 2-11

Welche Entscheidungshilfe im Kontext des Konzepts der begrenzten Rationalität stellt der Einsatz betriebswirtschaftlicher Standardsoftware (bspw. SAP) dar?

a) Arbeitsteilung
b) Standardisierung
c) Herrschaft und Hierarchie
d) Kommunikation

MC-Frage 2-12

Welche Entscheidungshilfe im Kontext des Konzepts der begrenzten Rationalität stellt die Nutzung von Kennzahlencockpits dar?

a) Arbeitsteilung
b) Standardisierung
c) Herrschaft und Hierarchie
d) Kommunikation

Hinweise zur Lösung: 2.3 Personalökonomische Ansätze

MC-Frage 2-13

Von welchen Prämissen geht die Prinzipal-Agenten-Theorie aus?

a) Unendlich schnelle Informationsverarbeitung.
b) Zieldivergenzen zwischen Prinzipal und Agent.
c) Partizipation des Agenten am Entscheidungsprozess des Prinzipals.
d) Die Antworten a) bis c) sind zutreffend.

MC-Frage 2-14

Vor Vertragsschluss kann der Prinzipal die verborgenen Eigenschaften des Agenten erahnen, aber nicht mit abschließender Sicherheit erkennen. Dies wird bezeichnet als

a) Hidden selection
b) Hidden intention
c) Hidden action
d) Hidden characteristics

MC-Frage 2-15

Das Phänomen, das nur unterdurchschnittliche Agenten bereit sein werden, unterdurchschnittliche Vergütungen zu akzeptieren, führt zur Situation

a) der adverse selection.
b) des hold up.

c) des moral hazard.

d) Die Antworten a) bis c) sind nicht zutreffend.

MC-Frage 2-16

Wenn ein Versicherter, wenn er eine Diebstahlversicherung abgeschlossen hat, sorgloser mit seinem Fahrrad umgeht (es bspw. nachts nicht mit mehr mit einem Fahrradschloss sichert), kennzeichnet dies

a) adverse selection-Situationen.

b) moral hazard-Situationen.

c) hold-up-Situationen.

d) obiter-dictum-Situationen.

MC-Frage 2-17

Im Kontext der Principal-Agent-Theorie ist eine Führungskraft ...

a) in Bezug zu seinem Vorgesetzten der Principal.

b) in Bezug zu seinem Vorgesetzten der Agent.

c) in Bezug zu seinen Mitarbeitern der Agent.

d) Keine der Antworten a) bis c) ist zutreffend.

MC-Frage 2-18

Welche der Aussagen im Kontext der Prinzipal-Agenten-Theorie ist zutreffend?

a) Der Agent trägt das Risiko, dass der Prinzipal seine eigenen Interessen zum Nachteil des Agenten verfolgt.

b) Adverse-selection-Situationen entstehen nach Vertragsschluss.

c) Moral-hazard-Situationen entstehen während des Vertragsschlusses.

d) Moral-hazard-Situationen entstehen nach Vertragsschluss.

MC-Frage 2-19

Welche der Hypothesen der Property-Rights-Theorie ist zutreffend?

a) Je verdünnter die Verfügungsrechte, desto höher die Transaktionskosten und umso größer ist der Ertrag.

b) Je verdünnter die Verfügungsrechte, desto niedriger die Transaktionskosten und umso größer ist der Ertrag.

c) Je verdünnter die Verfügungsrechte, desto höher die Transaktionskosten und umso geringer ist der Ertrag.

d) Je konzentrierter die Verfügungsrechte, desto niedriger die Transaktionskosten und umso geringer ist der Ertrag.

MC-Frage 2-20

Welche der Hypothesen der Property-Rights-Theorie ist zutreffend?
a) Externe Effekte treten häufiger auf, wenn die Verfügungsrechte konzentriert sind.
b) Externe Effekte treten bei hohen Transaktionskosten auf.
c) Externe Effekte treten bei niedrigeren Transaktionskosten auf.
d) Keine der Antworten a) bis c) ist zutreffend.

MC-Frage 2-21

Das Recht, einen erzielten Unternehmensgewinn zu verprassen, wird bezeichnet als
a) ius usus fructus.
b) ius usus.
c) ius abusus.
d) ius successionis.

MC-Frage 2-22

Der Transaktionskostenansatz leistet aus der Sicht der betriebswirtschaftlichen Organisationstheorie einen Beitrag zum Verständnis darüber,
a) warum Prozesse intern erstellt oder extern am Markt zugekauft werden.
b) warum Unternehmen organisationsübergreifend miteinander kooperieren.
c) Die Antworten a) und b) sind zutreffend.
d) Die Antworten a) und b) sind nicht zutreffend.

MC-Frage 2-23

Eine Situation, in der einer der Transaktionspartner, Investitionen tätigen muss, die für andere Transaktionen unbrauchbar sind, beschreibt
a) die Transaktionshäufigkeit.
b) die Unsicherheit.
c) die Produktionskosten
d) die Spezifität.

MC-Frage 2-24

Zunehmende Spezifität führt zu
a) Sinkenden Produktionskosten
b) Steigenden Produktionskosten
c) Gleichbleibenden Produktionskosten
d) Die Frage lässt sich mit den gegebenen Informationen nicht beantworten

MC-Frage 2-25

Zunehmende Unsicherheit führt zu

a) sinkenden Produktionskosten

b) steigenden Transaktionskosten

c) gleichbleibenden Transaktionskosten

d) sinkenden Transaktionskosten

MC-Frage 2-26

Welche der folgenden Aussagen ist im Kontext der Transaktionskostentheorie zutreffend?

a) Der Stundensatz eines Leiharbeiters zählt zu den Anpassungskosten.

b) Der Stundensatz für einen Rechtsanwalt, der die Vertragsgestaltung überprüft, zählt zu den Suchkosten.

c) Abfindungen zählen zu den Auflösungskosten.

d) Kosten, die für die Prüfung des Wareneingangs anfallen, zählen zu den Beurteilungskosten.

MC-Frage 2-27

Der Abschluss eines Arbeitsvertrags mit einem Mitarbeiter bezeichnet in der Transaktionskostentheorie die Austauschbeziehung zweier Akteure über

a) den Markt.

b) eine hybride Vertragsform.

c) die Organisation.

d) Keine der Antworten a) bis c) ist zutreffend.

Hinweise zur Lösung: 2.4 Konflikt- und machtorientierte Ansätze

MC-Frage 2-28

Welche der folgenden Aussagen zum Konfliktorientierten Ansatz nach Marr/Stitzel ist zutreffend?

a) Ökonomische Ziele und Soziale Effizienz schließen sich aus.

b) Ökonomische Ziele und soziale Effizienz bedingen sich.

c) Basiskomplementarität und Partielle Zielkonkurrenz schließen sich gegenseitig aus.

d) Keine der Antworten a) bis c) ist zutreffend.

MC-Frage 2-29

Welche der folgenden Beispiele kennzeichnen im Ansatz von Marr/Stitzel Basiskomplementarität?

a) Durch den Einsatz von Lean Management ergeben sich finanzielle Spielräume, die für eine Sonderzahlung an die Mitarbeiter genutzt werden kann.

b) Das Management stimmt einer Dividendenausschüttung an die Anteilseigner zu.

c) Die höheren Umsatzziele für die Vertriebsmitarbeiter führen zu höheren Umsatz.

d) Keine der Antworten a) bis c) ist zutreffend.

MC-Frage 2-30

Welche der folgenden Aussagen ist zutreffend?

a) „Policy" ist gekennzeichnet durch den prozessorientierten Aspekt der Interessendurchsetzung.

b) „Policy" drückt sich durch Strategiepapiere oder Unterschriftenregelungen aus.

c) „Politics" drückt sich durch Strategiepapiere und Unterschriftenregelungen aus.

d) „Politics" bildet sich in der dokumentierten Unternehmensführung ab.

MC-Frage 2-31

Welche der folgenden Aussagen deckt sich nicht mit der Definition von Mikropolitik? Mikropolitik bezeichnet systematische Handlungen, die versuchen von der Organisation

a) nicht sanktionierte Ziele mit sanktionierten Mitteln zu erreichen.

b) sanktionierte Ziele mit sanktionierten Mitteln zu erreichen.

c) sanktionierte Ziele mit nicht-sanktionierten Mitteln zu erreichen.

d) nicht sanktionierte Ziele mit nicht-sanktionierten Mitteln zu erreichen.

MC-Frage 2-32

Welche der folgenden Fragen bildet die Grundlage zur Strukturdimension Signifikation im Kontext der Strukturationstheorie?

a) Was bedeutet das Handeln?

b) Was oder wie soll man etwas tun?

c) Welches Verhalten wird belohnt?

d) Warum ist es so, wie es ist?

MC-Frage 2-33

Welche der folgenden Fragen bildet die Grundlage zur Strukturdimension Herrschaft im Kontext der Strukturationstheorie?

a) Was bedeutet das Handeln?

b) Was oder wie soll man etwas tun?

c) Welches Verhalten wird belohnt?

d) Warum ist es so, wie es ist?

MC-Frage 2-34

Welche der folgenden Fragen bildet die Grundlage zur Strukturdimension Legitimation im Kontext der Strukturationstheorie?

a) Was bedeutet das Handeln?
b) Was oder wie soll man etwas tun?
c) Welches Verhalten wird belohnt?
d) Warum ist es so, wie es ist?

MC-Frage 2-35

Das Benutzen des betriebsindividuellen Vokabulars wird durch welche Strukturdimension im Rahmen der Strukturationstheorie abgebildet?

a) Signifikation
b) Legitimation
c) Herrschaft
d) Tradition

MC-Frage 2-36

Die Anpassung von Handlungen an die Kriterien einer Leistungsbeurteilung wird durch welche Strukturdimension im Rahmen der Strukturationstheorie abgebildet?

a) Signifikation
b) Legitimation
c) Herrschaft
d) Tradition

MC-Frage 2-37

Der Vorgesetzte zeichnet die Erfüllung der Zielvereinbarung ab, wodurch der Mitarbeiter eine Sonderzahlung erhält. Welche Strukturdimension im Rahmen der Strukturationstheorie wird hier abgebildet?

a) Signifikation
b) Legitimation
c) Herrschaft
d) Tradition

MC-Frage 2-38

Welche der folgenden Aussagen ist zutreffend?

a) Der Ansatz der AOEWL orientiert sich am Interessenausgleichskonszept.
b) Der Ansatz der AOEWL orientiert sich am Interessendurchsetzungskonzept.
c) Der Ansatz der konfliktorientierten Personalwirtschaft nach Marr/Sitzel orientiert sich am Interessendurchsetzungkonzept.
d) Keine der Antworten a) bis c) ist zutreffend.

MC-Frage 2-39

Welche der vier Voraussetzungen für Wettbewerbsvorteile wird in diesem Sachverhalt typisierend verletzt: Ein auf dem allgemeinen Arbeitsmarkt gesuchter Elektroingenieur wird in einer Schreinerei als Schreiner beschäftigt.

a) Nicht-Imitierbarkeit
b) Seltenheit
c) Spezifität
d) Nicht-Substituierbarkeit

MC-Frage 2-40

Ein Technologieunternehmen, in dessen Umkreis viele technische Hochschulen angesiedelt sind, kann welche Rentenart leichter realisieren im Vergleich zu Unternehmen in ländlichen Regionen, die nur schwer Zugang zu den Absolventen dieser Hochschulen erhalten.

a) Schumpeter-Rente
b) Quasi-Rente
c) Monopol-Rente
d) Ricardo-Rente

MC-Frage 2-41

Automobilunternehmen, denen es gelingt, durch die schnelle Entwicklung von Elektromotoren den aufkommenden Markt der Elektromobilität zu dominieren und Pioniergewinne abzuschöpfen, realisieren welche Renten?

a) Ricardo-Renten
b) Quasi-Renten
c) Monopol-Renten
d) Schumpeter-Renten

MC-Frage 2-42

Aus der Verfügungsgewalt über knappe Ressourcen lässt sich die folgende Rentenart realisieren?

a) Ricardo-Renten
b) Quasi-Renten
c) Monopol-Renten
d) Schumpeter-Renten

MC-Frage 2-43

Welche der folgenden Aussagen ist im Kontext der ressourcenorientierten Ansätze zutreffend?
a) Ressourcen sind am Markt gleichverteilt.
b) Bilanziell erfassbare Sachanlagen (bspw. Maschinen) werden nicht vom Ressourcenbegriff des Resource-based-View erfasst.
c) Humanressourcen werden im Ansatz des Resource-based-View stets als gewinnbringend angesehen.
d) Eine den Konkurrenten überlegene Logistikorganisation kann im Resource-based-View als eine gewinnbringende Ressource angesehen werden.

MC-Frage 2-44

Welche der folgenden Aussagen kennzeichnen Schumpeter-Renten?
a) Der Einsatz von Mitarbeitern auf Basis ihrer Fähigkeiten und Fertigkeiten.
b) Schumpeter-Renten sind inputorientiert.
c) Standortvorteile als Markteintrittsbarrieren.
d) Abschöpfen von Pioniergewinnen.

MC-Frage 2-45

Welche der folgenden Aussagen kennzeichnen Quasi-Renten?
a) Der Einsatz von Mitarbeitern auf Basis ihrer Fähigkeiten und Fertigkeiten.
b) Quasi-Renten sind inputorientiert.
c) Standortvorteile als Markteintrittsbarrieren.
d) Abschöpfen von Pioniergewinnen.

MC-Frage 2-46

Welche der folgenden Aussagen kennzeichnen Monopolrenten?
a) Der Einsatz von Mitarbeitern auf Basis ihrer Fähigkeiten und Fertigkeiten.
b) Quasi-Renten sind inputorientiert.
c) Standortvorteile als Markteintrittsbarrieren.
d) Abschöpfen von Pioniergewinnen.

MC-Frage 2-47

Welche der folgenden Aussagen zur Rekonfigurationsfähigkeit im Kontext des Dynamic-Capabilities-Ansatzes ist zutreffend? Rekonfigurationsfähigkeit beschreibt ...
a) die Fähigkeit, möglichst frühzeitig Veränderungsbedarf zu erkennen.
b) die Fähigkeit, die bereits existierenden Prozesse auf andere, vergleichbare Situationen zu übertragen.
c) Fähigkeit, Schumpeter-Renten zu realisieren.
d) Keine der genannten Antworten a) bis c) ist zutreffend.

Hinweise zur Lösung: 2.6 Pfadabhängigkeitstheorie

MC-Frage 2-48
Welche der folgenden Aussagen ist im Kontext der Pfadabhängigkeitstheorie zutreffend?
a) Die Vorhersage eines späteren Gleichgewichts ist möglich.
b) Das später gefundene Gleichgewicht ist zufällig entstanden.
c) Der Pfad ist von Anfang an irreversibel.
d) Keine der genannten Antworten a) bis c) ist zutreffend.

MC-Frage 2-49
Welche der folgenden Aussagen ist im Kontext der Pfadabhängigkeitstheorie zutreffend?
a) In Phase 1 können Entscheidungen ohne Bindung an die Vergangenheit getroffen werden.
b) Die Entscheidung im „kritischen Augenblick" wird ex-post rationalisiert.
c) Ursachen für positive Rückkopplungseffekte in Phase 2 können auch Heinen-Renten zurückgeführt werden.
d) Hyperstabile Gleichgewichte sind effizient.

Hinweise zur Lösung: 2.6 Neoinstitutionalismus

MC-Frage 2-50
Welche der folgenden Aussagen ist im Kontext des Neoinstitutionalismus zutreffend?
a) Das gesellschaftliche Umfeld wird in die Analyse nicht einbezogen.
b) Der Ansatz basiert auf der Annahme, dass Unternehmen ihre Strukturen an Effizienzanforderungen ausrichten.
c) Der Ansatz erklärt die Unternehmensentscheidungen ex-ante aus sachrationaler Perspektive.
d) Keine der genannten Antworten a) bis c) ist zutreffend.

MC-Frage 2-51
Institutionalisierung als Prozess beschreibt Situationen, in denen die von der Gesellschaft definierte „Wirklichkeit" bestimmt, ...
a) was Bedeutung besitzt.
b) welche Handlungen und Alternativen noch möglich sind.
c) was als naturgesetzlich, objektiv oder historisch richtig betrachtet wird.
d) Keine der genannten Antworten a) bis c) ist zutreffend.

MC-Frage 2-52

Welche der folgenden Aussagen ist im Kontext des Neoinstitutionalismus zutreffend?

a) Durch das Erfüllen von Erwartungen der Umwelt bekommen Unternehmen Legitimität zugeschrieben.

b) Isomorphismen wirken über Branchen hinweg gleich.

c) Isomorphismus durch Zwang beschreibt das Phänomen, dass sich Manager bei der Organisationsgestaltung an den Ausbildungskonzepten der Verbände orientierten.

d) Keine der genannten Antworten a) bis c) ist zutreffend.

MC-Frage 2-53

Die Verbreitung eines bestimmten Ausbildungsgangs und der damit verbundenen Vereinheitlichung von Denk- und Verhaltensweisen beschreibt welchen Isomorphismus? Isomorphismus durch ...

a) Zwang.

b) Nachahmung.

c) normativen Druck.

d) Legitimation.

MC-Frage 2-54

Unternehmen engagieren Unternehmensberatungen in der Hoffnung, dass diese ihnen bei der Einführung eines Branchenstandards helfen. Welcher Isomorphismus wird hier beschrieben? Isomorphismus durch ...

a) Zwang.

b) Nachahmung.

c) normativen Druck.

d) Legitimation.

MC-Frage 2-55

Das Arbeitsrecht eines Landes führt zur einheitlichen Behandlung eines personalwirtschaftlichen Sachverhalts. Welcher Isomorphismus wird hier beschrieben? Isomorphismus durch ...

a) Zwang.

b) Nachahmung.

c) normativen Druck.

d) Legitimation.

Hinweise zur Lösung: 2.8 Human Resource Management-Ansätze

MC-Frage 2-56

Welche der folgenden Aussagen ist im Kontext des HRM-Ansatzes der Michigan School zutreffend?

a) Internal (vertical) fit bezeichnet die Ausrichtung der Unternehmensstrategie mit der Personalstrategie.

b) Internal (vertical) fit bezeichnet die Ausrichtung der Personalstrategie an der Umwelt.

c) Internal (vertical) fit bezeichnet die Ausrichtung an kulturellen Entwicklungen.

d) Internal (vertical) fit bezeichnet die Abstimmung der personalwirtschaftlichen Instrumente untereinander.

MC-Frage 2-57

Welche der folgenden Aussagen ist im Kontext des HRM-Ansatzes der Michigan School zutreffend? Internal (horizontal) fit bezeichnet die ...

a) Ausrichtung der Unternehmensstrategie mit der Personalstrategie.

b) Ausrichtung der Personalstrategie an der Umwelt.

c) Abstimmung der personalwirtschaftlichen Instrumente untereinander.

d) Ausrichtung an kulturellen Entwicklungen.

MC-Frage 2-58

Welche der folgenden Aussagen ist im Kontext des HRM-Ansätze zutreffend?

a) Die Anordnung und Auswahl der einzelnen personalwirtschaftlichen Instrumente im Rahmen der HRM-Ansätze erfolgt zwingend.

b) Die HRM-Ansätze sind geprägt von einer Harmonisierung verschiedener Interessengruppen.

c) Die Wirkungsrichtungen der Elemente der HRM-Ansätze sind vorgegeben.

d) Keine der genannten Antworten a) bis c) ist zutreffend.

MC-Frage 2-59

Welche der folgenden Aussagen ist im Kontext des HRM-Ansätze zutreffend?

a) Die Personalaktivitäten sind eine nachgelagerte betriebswirtschaftliche Funktion.

b) Der Ansatz setzt auf die Selbstkontrolle der Mitarbeiter.

c) Die HRM-Ansätze sind konfliktorientiert.

d) Keine der genannten Antworten a) bis c) ist zutreffend.

Hinweise zur Lösung: 2.9 Theorien der Industriellen Beziehungen

MC-Frage 2-60

Welche der folgenden Aussagen ist im Kontext der Industriellen Beziehungen zutreffend? Industrielle Beziehungen beschreiben ...

a) die Beziehungen zwischen den Unternehmen einer Branche.
b) das Unternehmensverhalten innerhalb der (produzierenden) Industrie.
c) das Verhältnis von Lohnsteigerung, Personalkosten und Stückkosten.
d) die Beziehungen zwischen Arbeitgeber, Arbeitnehmer und Arbeitneh-mervertreter.

Lösungen zu den Multiple-Choice-Fragen

1) a	13) b	25) b	37) c	49) b
2) c	14) d	26) c	38) b	50) d
3) c	15) a	27) c	39) c	51) d
4) c	16) b	28) c	40) d	52) a
5) b	17) b	29) a	41) d	53) c
6) c	18) d	30) b	42) a	54) b
7) d	19) c	31) b	43) d	55) a
8) c	20) d	32) a	44) d	56) a
9) d	21) a	33) c	45) a	57) c
10) b	22) c	34) b	46) c	58) b
11) b	23) d	35) a	47) a	59) b
12) d	24) a	36) b	48) d	60) d

2.3 Reflexion

Reflexion 2-1: Bürokratietheorie

Max Weber hat selbst auf die negativen Folgen von Bürokratie hingewiesen. Beschreiben Sie mögliche Dysfunktionen von Bürokratien und diskutieren Sie den von Weber vorgeschlagenen Ausweg aus dem „stahlharten Gehäuse".

Lösungsvorschlag

Weber hat selbst auf die negativen Folgen der Bürokratie hingewiesen. Er beschrieb, wie Bürokratien ein Eigenleben entwickeln und warnte vor den Dysfunktionen von Bürokratien. Als Beispiel nannte er:

- Regeln werden zum Selbstzweck, die zur Starrheit und Entscheidungsschwäche führt
- Überhöhte Amtsdisziplin verhindert flexibles und vorausschauendes Verhalten

- Strikte Arbeitsteilung fördert Ressortdenken und verhindert die Berücksichtigung des Gesamtzusammenhangs
- Rationale Irrationalität droht, sodass Entscheidungen zwar aus einer inneren Sicht legitim und verlässlich getroffen werden, aus einer übergeordneten Perspektive aber falsch oder schädlich sind.
- Die sachliche und unpersönliche Aufgabenerfüllung führt zu Entscheidungen, die keine Rücksicht auf menschliche Problemlagen nimmt.

Max Weber bezeichnete die so verfestigten Verwaltungsstrukturen als „stahlhartes Gehäuse". Als Ausweg schlägt er vor, dass an der Spitze bürokratischer Strukturen charismatische Führer gestellt werden, die aus freienr und persönlichenr Wertvorstellungen verhindern, dass der bürokratische Apparat ein Eigenleben entwickelt. Dem Parlament traute Weber diese Rolle nicht zu. Vielmehr wollte er einen charismatischen Führer an der Spitze bürokratischer Organisationen sehen, der Leidenschaft, Augenmaß und Verantwortungsgefühlt vereint. Wie der Aufstieg Hitlers später zeigen sollte, ist Webers uneingeschränkte Bejahung des emotionalen (und schnell in die Demagogie abgleitenden) Elements nicht unproblematisch.

Reflexion 2-2: Scientific Management

Ein Vorwurf an Taylors Scientific Management lautet, dass der Ansatz eine Wissenschaft ohne Theorie ist. Nehmen Sie Stellung zu diesem Vorwurf.

Lösungsvorschlag

Die Experimente, die Taylor durchführte, dienten nicht der Überprüfung von Hypothesen, sondern der stichprobenartigen Lösung von Problemen der organisatorischen Gestaltung.

Darüber hinaus entsprachen die Experimente und die damit erzielten Ergebnisse nicht (heutigen) wissenschaftlichen Ansprüchen. So wurden meist nur kleine Stichproben mit zwei oder drei ausgesuchten Arbeitern durchgeführt, deren gute oder sehr gute Ergebnisse dann als Bestätigung und Referenz der wissenschaftlichen Betriebsführung aufgeführt wurden. Zudem wurden die so ausgewählten Arbeiter in einem kurzen Zeitraum in eine Extremsituation gebracht, sodass sie sich verausgabten, um bestmögliche Ergebnisse zu erzielen (bspw. durch doppelten Lohn oder dem Versprechen, häufiger für solche Arbeiten ausgewählt zu werden).

Reflexion 2-3: Scientific Management

Ein Vorwurf an Taylors Scientific Management lautet, dass der Ansatz eine vergangenheitsorientierte, konservierende Wirkung hätte. Nehmen Sie Stellung zu diesem Vorwurf.

Lösungsvorschlag

Die durch Taylors Prinzipien festgestellte optimale Arbeitsausführung entfaltet eine vergangenheitsorientierte, konservierende Wirkung. Veränderungen einer einmal als gut befundenen Arbeitsgestaltung, bspw. durch andere Materialien, Arbeitsausführungen oder Werkzeuge, waren zu unterlassen. Dadurch konnten sich keine neuen Techniken etablieren, die ggf. erst im Zeitverlauf Erfolg gezeigt hätten.

Reflexion 2-4: Scientific Management

Die Lehren Taylors galten spätestens seit den 1970er-Jahren als nicht mehr zeitgemäß. Dennoch finden sich die Prinzipien – wenn auch in modifizierter Form – in der heutigen Managementpraxis wieder. Zeigen Sie, wo heute noch die Grundprinzipien Taylors (Trennung von Kopf- und Handarbeit, Pensum und Bonus, systematische Auslese und Anpassung sowie die Herrschaft von Experten) angewendet werden.

Lösungsvorschlag

Die von Taylor propagierte Idee der Trennung von Kopf- und Handarbeit lässt sich in vielfältigen Arbeitsumgebungen erkennen. So versucht bspw. das Konzept des Wissensmanagements das Wissen der Arbeitnehmer zu erfassen, aufzubereiten und dem Unternehmen zur Verfügung zu stellen. Auch in der Logistik wird die Disposition zunehmend von der eigentlichen Ausführung getrennt. Während das System Lieferwege, Mengen, Zeitpunkte und Kontrollpunkte vorgibt, führen die Mitarbeiter, ausgestattet mit Handscannern, die kleinteiligen Arbeitsschritte aus.

Die Idee von Pensum und Bonus wird mittlerweile auf allen Hierarchieebenen umgesetzt. Leistungsabhängige Bezahlung (in Form von Leistungsbeurteilungen oder Zielvereinbarungen) finden sich nicht nur auf der Managementebene, sondern sind mittlerweile sogar Bestandteil von Tarifverträgen.

Die Durchführung von Assessment Center entspricht der modernen Variante der von Taylor geforderten systematischen Auslese und Anpassung der Arbeiter. Dabei stellen die heute in Assessment Center durchgeführten Übungen (bspw. die Postkorbübung, Persönlichkeitstests, Gruppendiskussionen oder Präsentationen) nur eine moderne Variante der Taylorschen Testbatterie dar. Darüber hinaus erkennt man an der Diskussion um online-gestützte Auswahlverfahren das Bemühen, die systematische Auswahl mit Hilfe von Social Media und Big Data zu verfeinern.

Die Idee der Herrschaft von Experten lässt sich ebenfalls beobachten. Mit Hilfe von Unternehmensberatungen, externen Gutachtern, REFA-Studien und Branchenverbänden sollen Prozessstandards im Unternehmen legitimiert und umgesetzt werden. Dabei gelten die genannten Akteure als neutrale Instanz, die ihr Expertenwissen zur Verfügung stellen.

Reflexion 2-5: Hawthorne-Effekt

Bei der Beurteilung der Wissenschaftlichkeit der Human-Relations-Studien (Hawthorne-Studien) kommt es häufig zum Vorwurf, dass die Ergebnisse eher ideologisch als wissenschaftlich geprägt waren. Dies gipfelt in der Aussage: „Sometimes an idea is more important than the evidence on which it is based". Nehmen Sie Stellung zu dieser Aussage.

Lösungsvorschlag

Nach der Verbreitung der Erkenntnisse hielten die „menschlichen Beziehungen" Einzug in die Forschung und Praxis. Die Human Relations-Bewegung löste den Taylorismus jedoch nicht ab, sondern setzten das Bestreben nach Rationalisierung und Effizienzsteigerung technokratisch mit anderen, in diesem Fall psychosozialen, Mitteln weiter fort (vgl. hierzu und im Folgenden Kieser, 2014b, S. 120 ff.).

Kritiker bemängeln zudem, dass die Forscher ideologisch befangen waren und die „Zufällig-keit" der Ergebnisse nur vorgetragen war, tatsächlich aber bewusst gesteuert wurde. So wurden die einzelnen Arbeiterinnen gezielt ausgewählt und später ergebnissichernd entweder der Test- oder Kontrollgruppe zugeordnet. Ebenso wurden Arbeiterinnen während der Experimente ausgetauscht, wenn absehbar war, dass deren Leistung die angestrebten Ergebnisse beeinträchtigen würden. Zudem wurde mit Zwang und Druck (und nicht nur durch einen kooperativen Führungsstil) Leistungssteigerungen herbeigeführt.

Auch einige Jahrzehnte später durchgeführte statistische Überprüfung der noch verfügbaren Datensätze konnte die damaligen Erklärungen und Interpretationen nicht stützen.

All diese schwerwiegenden Einwände ändern nichts an der Tatsache, dass die Hawthorne-Experimente eine Wende in der Betrachtung, Erforschung und Gestaltung menschlicher Arbeit herbeigeführt hatte.

Der durch die Veröffentlichung der Hawthorne-Studien gewandelte (oder forcierte) Zeitgeist etablierte bspw. die Organisationspsychologie als neue Disziplin und ließ neue Forschungsfelder entstehen (bspw. die Organisationsentwicklung, Gruppenverhalten oder Führungstheorien).

Dies konnte als Reaktion auf die Belastungen, die sich durch die Verbreitung des Taylorismus entstandenen Arbeitsumfeld, grassierenden Fluktuation, Absentismus, Wissens- und Leistungszurückhaltung, Streiks, mutwillige Beschädigung von Produktionsanlagen und in der Folge eine schlechtere Produktqualität sowie die aufkommende Sorge der Arbeitgeber, dass die weitere Fortführung des taylorischen Effizienzprogramms die Arbeiter in die Arme radikaler Gewerkschaften treiben würde.

Reflexion 2-6: Hawthorne-Effekt

Das heute als Hawthorne-Effekt bekannte Phänomen kennzeichnet Situationen, in denen alleine die besondere Zuwendung und Beachtung, die Probanden als Teilnehmer in einer Versuchssituation erfahren, zu einer Verhaltensänderung (bspw. zu einer Leistungssteigerung) führt.

Konzipieren Sie das Design einer Studie, wie man den Hawthorne-Effekt messen könnte.

Lösungsvorschlag

In der Vergangenheit gab es eine Reihe von Experimenten, die den Hawthorne-Effekt bestätigt haben. So hat man den Effekt bspw. dadurch aufgezeigt, in dem man in einer Studie eine Gruppe amerikanischer Haushalte mit einer Postkarte darüber informiert hat, dass in wenigen Tagen eine Untersuchung über ihren Stromverbrauch beginnen wird. Die Haushalte wurden darauf hingewiesen, dass sie ganz normal weiterleben sollen. Die Haushalte erhielten fortan mehrere Wochen regelmäßig Postkarten, die sie an die Studie erinnerte.

Eine andere Gruppe von Haushalten (Kontrollgruppe) wurde nicht über die Untersuchung informiert.

Als Ergebnis konnte man feststellen, dass sich bei der Kontrollgruppe der Stromverbrauch (erwartbar) nicht änderte. In den Haushalten, die über die Studie informiert wurden, sank der Stromverbrauch. Nachdem die Haushalte dann darüber informiert wurden, dass die Studie nun vorüber sei, stieg der Stromverbrauch schnell wieder auf das Ursprungsniveau an.

Reflexion 2-7: Verhaltenswissenschaftliche Ansätze

Zeigen Sie am Beispiel des Kaufs eines gebrauchten Autos auf, wie wir im Alltag die Annahmen des homo oeconomicus verletzen.

Lösungsvorschlag

Der homo oeconomicus kann
- Zieldimensionen spezifizieren,
- Nutzenfunktionen ableiten,
- Alternativen und Umweltzustände abschließend identifizieren,
- Konsequenzen für jede Alternative und jeden Umweltzustand berechnen,
- alle Informationen kostenlos und unmittelbar verarbeiten und
- Entscheidungen treffen, die ihm den größten Nutzen oder Gewinn einbringen.

Beim Kauf eines gebrauchten Autos müssten wir, wenn wir als homo oeconomicus agieren würden, unsere Zieldimension spezifizieren können. Dies gelingt ansatzweise, wenn wir uns im Klaren sind, welche Eigenschaften des Autos haben soll (bspw. Autofarbe, Motorisierung, Marke oder Ausstattungsmerkmale). Vielleicht gelingt es uns, eine ganze Reihe von Merkmalen zu benennen, allerdings werden wir nicht alle entscheidungsrelevanten Kriterien aufzählen können.

Selbst wenn uns das gelingt, wird es schwer, den für jedes Kriterium entstehenden Nutzen zu berechnen. Wir müssten so bspw. in einer Nutzenfunktion einen Wert für die Farbe, für die Motorisierung oder jedes Ausstattungsmerkmal abbilden und gegeneinander verrechnen können.

Auch wenn es durch die Nutzung von Vergleichsportalen, Anzeigen in Tageszeitungen und Vor-Ort-Besuche bei Händlern gelingt, schnell einen Marktüberblick zu erhalten, so werden wir nicht alle Alternativen identifizieren. Hinzu kommt, dass wir die Informationen kostenlos und unmittelbar verarbeiten können. Hier hilft uns zwar das Internet und die dort aufgearbeiteten Informationen, doch selbst hier nimmt die abschließende Suche Zeit in Anspruch.

Wenn wir nun jede Alternative kennen würden, so müssten wir jede Alternative mit unserer Nutzenfunktion auch berechnen und schließlich rational die Entscheidung treffen, die den größten Nutzen erbringt. Hier lassen wir uns meist von irrationalen, von Werbung oder Freundesmeinungen geprägten Wünschen von einer eigenen Nutzenmaximierung abbringen.

Reflexion 2-8: Personalökonomische Ansätze

Die Transaktionskostentheorie kennt unterschiedliche Kostenarten. Zeigen Sie an einem selbstgewählten Beispiel die Kostenarten der Transaktionskostentheorie auf.

Lösungsvorschlag

Zur Verdeutlichung könnte das Beispiel eines Bäckers herangezogen werden, der vor der Entscheidung steht, Backrohlinge zuzukaufen oder einen Bäckergesellen einzustellen, der die Rohlinge in der Bäckerei fertigt.

Ex ante-Kosten fallen vor einer Vereinbarung mit einem Vertragspartner an. Zu ihnen gehören bspw. Such-, Beurteilungs- und Abwicklungskosten:

- Suchkosten: Kosten für die Informationssuche und -beschaffung (hier bspw. zur Beantwortung der Fragen, welche Anbieter für Backrohlinge es überhaupt gibt oder wie hoch der Marktpreis für Backrohlinge ist).
- Beurteilungskosten: Kosten, die bei der Beurteilung der in Frage kommenden Vertragspartner entstehen (bspw. zur Beantwortung der Fragen, ob der ausgewählte Zulieferer die Vorgaben des Bäckers erfüllen kann oder wie zuverlässig der Vertragspartner sein wird).
- Vereinbarungskosten: Kosten für die Verhandlung und Vereinbarung von Vertragswerken (bspw. Rechtsanwaltskosten).

Transaktionskosten, die während oder nach Vertragsabschluss anfallen, werden als ex post-Kosten bezeichnet:

- Kontrollkosten: Kosten für die Überprüfung der zugesagten Leistungen (bspw. Termine, Qualität, Mengen, Preise oder sonstige Vereinbarungen).
- Anpassungskosten: Kosten für die Durchsetzung von vereinbarten Leistungen (bspw. für Rechtsanwälte, Nachverhandlungen, glaubwürdige Drohungen) oder Nachverhandlungen aufgrund geänderter Umstände.
- Auflösungskosten: Kosten für die Beendigung der Austauschbeziehung (bspw. Vertragsstrafen oder Abfindungen).

Die Transaktionskostentheorie kennt als dritte Kostenkategorie die Produktionskosten.

- Produktionskosten bezeichnen die reinen Ausführungshandlungen zur Erstellung von Gütern und Dienstleistungen (hier bspw. der Stückpreis des Backrohlings).

Reflexion 2-9: Personalökonomische Ansätze

Die Transaktionskostentheorie kennt unterschiedliche Transaktionsbedingungen. Zeigen Sie an einem selbstgewählten Beispiel die Transaktionsbedingungen auf.

Lösungsvorschlag

Zur Verdeutlichung könnte das Beispiel eines Automobilunternehmens herangezogen werden, das vor der Entscheidung steht, ob sie vorgestanzte Blechteile von einem Lieferanten beziehen oder diese selbst herstellen wollen.

Spezifität bezeichnet eine Situation, in der ein Transaktionspartner, wenn er ein Austauschverhältnis mit einem anderen Transaktionspartner eingeht, Investitionen tätigen muss, die für andere Transaktionen unbrauchbar sind. Der Nutzen der transaktionsspezifischen Bedingung hängt dann mit dem Bestehen der Transaktionsbeziehung ab. Da ein Wechsel des Transaktionspartners mit dem Verfall der einmal getätigten Investition einherginge, bleibt ihm zur Vermeidung von sunk costs nur die Aufrechterhaltung der Transaktionsbeziehung (lock-in-Effekt). Hier wären das bspw. der Bau einer Maschine, die nur das *eine* Blechteil herstellen kann.

Die Transaktionsbedingung Unsicherheit bezieht sich auf die Unsicherheit über die situativen Rahmenbedingungen der Transaktion. Hier wären das Fragen wie: wird die Herstellung des Blechs dauerhaft sein, wird es Substitutionsprodukte geben, wie wird sich der Zulieferer verhalten?

Das Merkmal der Transaktionshäufigkeit beeinflusst ebenfalls die Transaktionskosten. Mit zunehmender Häufigkeit gleichartiger Austauschhandlungen entstehen zum einen Größendegressionseffekte (für einen der Partner) und zum anderen ein Vertrauensverhältnis zwischen beiden Transaktionspartnern. Bei einer einmaligen Lieferung des Blechteils stehen sich die Partner noch als Fremde gegenüber, bei sich über Jahre erfolgreich durchgeführten Transaktionen entsteht ein wechselseitiger Reputationsaufbau, der vertrauensfördernd und damit kostensenkend (bspw. mit Blick auf Kontroll- oder Anpassungskosten) wirkt.

Reflexion 2-10: Personalökonomische Ansätze

Erläutern Sie an einem selbstgewählten Beispiel die Arten der Informationsasymmetrien im Kontext der Principal-Agent-Theorie.

Lösungsvorschlag

Das Basisproblem in Auftraggeber-Auftragnehmer-Beziehungen bilden die Informationsasymmetrien der beiden Akteure Prinzipal und Agenten. Am Beispiel einer Personalauswahl lassen sich die Informationsasymmetrien erläutern:

– Hidden characteristics: Vor Vertragsschluss kann der Prinzipal die verborgenen Eigenschaften des Agenten vielleicht erahnen, aber nicht mit Sicherheit erkennen. Dem Wunsch des Prinzipals nach vollständiger Offenlegung aller erfolgsrelevanten Eigenschaften wird der Agent regelmäßig nicht nachkommen. Der Agent wird nur da, wo es ihm nutzt, seine Qualitäten offenbaren. Bewerber werden sich bspw. größte Mühe geben, sich selbst in einem möglichst positiven Licht darzustellen, etwaige Schwächen zu kaschieren und ihre womöglich niedrige Leistungsbereitschaft nicht offenbaren.

– Hidden intention: Sowohl vor als auch nach Vertragsabschluss hat der Prinzipal keinen Einblick in die Absichten des Agenten. Der Prinzipal fürchtet, dass der Agent den einmal geschlossenen Vertrag zu seinen Gunsten ausnutzt und ihn nachträglich ausbeutet oder erpresst (hold up-Situation). Sobald der Bewerber eingestellt und erste Schulungen erhalten hat, kann er wieder auf Bewerbungssuche gehen und bei lukrativem Konkurrenzangebot den bisherigen Arbeitgeber „erpressen", eine Gehaltserhöhung zu erhalten oder den Arbeitgeber zu wechseln.

– Hidden action: Nach Vertragsabschluss kann der Agent unter Ausnutzung seines Informationsvorsprungs den Arbeitseinsatz steuern. Der Prinzipal kennt zwar das Ergebnis, kann aber nicht eindeutig auf die dahinterliegende Leistung schließen. Bspw. können die Umsätze eines Vertrieblers aufgrund einer guten gesamtwirtschaftlichen Nachfrage, nicht aber aufgrund des überragenden Einsatzes des Mitarbeitrers, gestiegen sein.

Reflexion 2-11: Machttheoretische Ansätze

Diskutieren Sie die Aussage: „Mikropolitik ist ein Störfall im ansonsten wohlgeordneten Betrieb".

Lösungsvorschlag

Die in der Regel negative Bewertung von Mikropolitik rührt von der sozialen Unerwünschtheit und der geringen gesellschaftlichen Akzeptanz der genannten Einflusstaktiken her:

- **Substitution von Leistung**: Wer sich sicher sein kann, dass er durch seine eigene Koalition („Seilschaft") auch bei reduziertem Engagement und minderer Leistung gedeckt wird, gerät in Versuchung, die tatsächliche Leistung zu reduzieren.
- **Aufgewendete Ressourcen**: Mikropolitik findet nicht nur in der Freizeit statt, sodass Arbeitszeit, Geld und Aufmerksamkeit für aufgabenfremde Aktionen verloren geht.
- **Partikularinteressen**: Langfristig dürften die meisten Mikropolitiker dazu tendieren, die Ziele und Interessen ihrer Koalition über diejenigen des Unternehmens zu stellen.
- **Verliererproblematik**: Mikropolitik erzeugt für die Verlierer mikropolitischer Spielhandlungen eine negative Arbeitsumgebung, die langfristig zu psychischen und physischen Leiden führen kann.

Auch wenn in der Diskussion um Mikropolitik meist auf die negativen Aspekte abgestellt wird, so kann Mikropolitik auch positive Effekte zeigen.
- **Gewinnerperspektive**: Mikropolitik schafft für diejenigen, die davon profitieren, eine förderliche Arbeitsumgebung (bspw. bei der Vergabe von Ressourcen, bei Karriereentscheidungen oder bei Ressourcenverteilungen).
- **Überwindung von Widersprüchen**: Mikropolitik kann bei unvermeidlich lückenhaften oder sogar widersprüchlichen Vorgaben die formale Handlungsunfähigkeit überbrücken.
- **Innovationsfunktion**: Organisatorischer Wandel kann zwar angeordnet werden, aber erst durch den Einsatz von Machtmitteln (bspw. Überzeugung oder Partizipation) vollzogen werden.
- **Führungshilfe**: Mikropolitik leitet Informationen. Aktive Mikropolitiker haben mehr Kontakt und damit Informationsquellen als politisch Passive. Diese Informationen können dazu bspw. genutzt werden, um negative Umweltänderungen zu antizipieren.

Reflexion 2-12: Machttheoretische Ansätze

Erläutern Sie mögliche Isomorphismen des Neoinstitutionalismus im Kontext der Diskussion um die Einführung und Umsetzung von Frauenquoten in Unternehmen.

Der Neoinstitutionalismus bezieht sich bei der Erklärung von Handlungen auf drei Isomorphismen:
- **Isomorphismus durch Zwang** entsteht insbesondere durch kulturelle Erwartungen der Gesellschaft, in der die Politik Unternehmen rechtliche Vorgaben zur Umsetzung von Frauenquoten, bspw. in Aufsichtsräten, macht.

- **Isomorphismus durch Nachahmung** bedeutet, dass die Strukturen und Verhaltensweisen anderer (erfolgreicher) Akteure imitiert werden. Die Pressemitteilungen und Erfolgsgeschichten erfolgreicher Unternehmen, die sich selbst der Umsetzung von Frauenquoten rühmen, können Nachahmungseffekte bei anderen auslösen. Dies kann bspw. an der Unsicherheit oder Sorge der anderen Unternehmen liegen, die Etablierung wichtiger Organisationsmerkmale zu verpassen oder an den Managern, die sich bei der Gestaltung eigener Strukturen und Prozesse an anderen Organisationen, die als vorbildlich gelten, orientieren.
- **Isomorphismus durch normativen Druck** ergibt sich in erster Linie aus der zunehmenden Professionalisierung von Berufsgruppen und der damit verbundenen Vereinheitlichung von Denk- und Verhaltensweisen. Wenn die Ausbildung von Studierenden im Bewusstsein der Notwendigkeit von Frauenquoten erfolgt, dann werden diese die Gedanken auch in die Arbeitswelt übernehmen.

Reflexion 2-13: Resource-based-View

Finden Sie Unternehmensbeispiele, die den Kerngedanken des Resource-based-View-Ansatzes verdeutlichen.

Beschreiben Sie dabei ein Unternehmen, das (1) tendenziell eher auf organisatorische Ressourcen zur Erlangung von Wettbewerbsvorteilen setzt und (2) ein Unternehmen, das sich (tendenziell) auf humane Ressourcen zur Erlangung von Wettbewerbsvorteilen konzentriert.

Konkretisieren Sie jeweils die Güte der (1) organisatorischen und (2) humane Ressourcen, in dem Sie die Kriterien Spezifität, Seltenheit, Imitationsschutz und Substitutionsschutz als Argumentationsmuster heranziehen.

Lösungsvorschlag

Ein multinationales Fastfood-Unternehmen könnte als Beispiel für ein Unternehmen dienen, das tendenziell eher auf organisatorische Ressourcen zur Erlangung von Wettbewerbsvorteilen setzt. Als organisatorische Ressourcen kommen bspw. Routinen, Logistikketten, organisatorische Skripte (Handbücher, Warenwirtschaftssysteme, Qualitätsmanagement, Richtlinien) in Betracht.

Hier erfüllen (tendenziell) eher die organisatorischen Ressourcen die Voraussetzungen im Vergleich zu humanen Ressourcen.

- Spezifität: Die Logistikketten und Warenwirtschaftssysteme sind so ausgestaltet, dass sie die unternehmerische Effektivität und Effizienz im Sinne der Strategie (qualitativ ausreichendes Essen kostengünstig zu produzieren) sichergestellt ist.
- Seltenheit: Die organisatorischen Ressourcen müssen in das übrige Produktionskonzept so eingebunden oder vertraglich so gestaltet sein, dass sie nicht am Markt eingekauft werden können. Ein erfolgreiches Fastfood-Unternehmen kann

bspw. durch langfristige, exklusive Lieferverträge oder durch eine unternehmensweite Vernetzung des Warenwirtschaftssystems seine organisatorischen Ressourcen schützen.

– Imitationsschutz: Hier gilt ebenso, die Ressourcen (zumindest eine gewisse Zeit) vor Imitation zu schützen. Dies kann bspw. dadurch geschehen, dass Patente angemeldet werden oder nur langwierig zu erzielende Erfahrungswerte (bspw. zur Schulung von Mitarbeitern, zur Gestaltung der Kochprozesse, Lieferantentreue, ...) aufgebaut werden.

– Substitutionsschutz: Das Unternehmen schützt seine organisatorischen Ressourcen vor Substitution, in dem es bspw. Flexibilität in die Produktionsprozesse einbaut, sodass es gelingen kann, auch veränderten Kundenwünschen (bspw. nach mehr Rind- statt Schweinefleisch, mehr vegetarische Kost) gerecht zu werden.

Auf der anderen Seite des Spektrums stehen Unternehmen, die durch ihre humanen Ressourcen Wettbewerbsvorteile erzielen möchten. Als klassische Beispiele dienen die personalintensiven Branchen Rechtsanwaltkanzleien, Softwareentwicklung oder Unternehmensberatung. Hier sind es weniger die organisatorischen Praktiken, sondern vielmehr die einzelnen Mitarbeiter, die die Voraussetzungen der Spezifität, Seltenheit, Imitationsschutz und Substitutionsschutz erfüllen müssen.

Reflexion 2-14: Pfadabhängigkeit

Konkretisieren Sie die Aussagen der Pfadabhängigkeitstheorie durch ein selbst gewähltes Beispiel aus der Unternehmenspraxis. Gehen Sie dabei auf die einzelnen Phasen, den kritischen Augenblick, den Lock-In-Zeitpunkt sowie auf die sog. „positiven Rückkopplungen" in Phase 2 ein.

Lösungsvorschlag

Am Beispiel der Einführung eines ERP-Systems (bspw. SAP) lässt sich die zunehmende Pfadabhängigkeit nachvollziehen.

– Phase 1: Bei der Wahl eines ERP-Systems sind die Unternehmen weitgehend frei und können sachlich-rational mögliche Alternativen von möglichen ERP-System-Anbieter vergleichen.

– Kritischer Augenblick: Sobald eine Entscheidung für einen ERP-Anbieter gefallen ist, verengt sich der Entscheidungsspielraum des Unternehmens für viele weitere Entscheidungen.

– Phase 2: Zunehmende Schließung der möglichen Handlungs- und Entscheidungsspielräume. Erste positive Rückkopplungen bestärken die vielleicht anfangs noch umstrittene Entscheidung. So ergeben sich bspw. Skalenerträge durch Fixkosten-

degression, da ein einheitliches System im Vergleich zum im vorherigen Zustand vielen Einzelprogrammen realisieren lassen. Ggf. ergeben sich nun auch Netzwerkeffekte, da die einzelnen Abteilungen des Unternehmens nun durch das ERP-System über eine einheitliche Schnittstelle kommunizieren können, sodass der eigene Nutzen durch die Zunahme der Verbreitung ansteigt (bspw. kann die Personalabteilung die Urlaubsadministration durch einen einheitlichen Workflow unternehmensweit einfacher regeln; die Arbeitszeitmessung lässt sich mit der Produktionsplanung verbinden oder die Finanzbuchhaltung kann auf Daten des Warenbestands zurückgreifen. Darüber hinaus gewöhnen sich die Mitarbeiter an das neue System, sodass ein Umstieg mit der Zeit schwerer fallen würde (Lerneffekte). Mit der Zeit werden für anfallende Einzelprobleme für das gewählte ERP-System kompatible Add-Ons eingekauft, die einen Wechsel des Anbieters zusätzlich erschweren würde.
- Lock-In-Effekt: Durch Zeitablauf wird die Wahl des einen ERP-Anbieters zunehmend irreversibel.
- Phase 3: Folgeentscheidungen basieren von da an immer auf den historischen Entscheidungen. Denkbare Alternativen sind zwar vorhanden, aber werden nicht ernsthaft durchdacht.

Reflexion 2-15: HRM-Ansätze

Konkretisieren Sie die einzelnen Felder des SHRM-Ansatzes der Michigan-School durch ein selbstgewähltes Unternehmensbeispiel. Konkretisieren Sie die dabei die Umwelteinflüsse des Unternehmens, die Strategie, Struktur und Personalpolitik des Unternehmens und die Funktionen Auswahl, Beurteilung, Vergütung und Personalentwicklung.

Lösungsvorschlag

Bei der Diskussion sollten die einzelnen Felder für ein selbstgewähltes Unternehmen konkretisiert werden. Bspw. könnte für ein Automobilunternehmen folgende Informationen gesucht werden:

Umwelteinflüsse:
- Politische Umwelt: Bspw. könnten die in Abhängigkeit der Unternehmensgröße geltenden Gesetze aufgezählt werden (Mitbestimmungsgesetz, Betriebsverfassungsgesetz oder das Gesetz zur Steigerung der Frauenquote in Aufsichtsräten). Darüber hinaus könnte der ggf. einschlägige Tarifvertrag genannt werden (Tarifvertrag für die Metall- und Elektroindustrie, ...)
- Gesellschaftliche Umwelt: Hier könnte über die Alters- oder Wertestruktur der Branche diskutiert werden.

– Ökonomische Umwelt: Die Arbeitsmarktentwicklungen in der Branche, Arbeitsmarktentwicklungen in der Region oder die Konjunkturentwicklung der Branche könnten hier Gegenstand der Analyse sein.

Zentrale Ebene des Ansatzes:
– Strategie: Aus dem Geschäftsbericht lässt sich bspw. das Produkt-Markt-Konzept ablesen.
– Struktur: Auf der Homepage vieler Unternehmen finden sich Aussagen bezüglich der Organisation (bspw. Matrix, funktionale oder divisionale Struktur) eines Unternehmens.
– Personalstrategie: Ebenfalls im Geschäftsbericht oder auf der Homepage finden sich Informationen über die Verbindung von Strategie und personalbezogener Grundaussagen.

Dezentrale Ebene des Ansatzes:
– Detaillierte Aussagen zur Personalauswahl, Beurteilung, Vergütung und Personalentwicklungsstrategien sind von außen schwerer zu ermitteln. Dennoch lassen sich, gerade für große Unternehmen, immer wieder beispielhafte Darstellungen einzelner funktionaler Personalinstrumente in Fach- oder Konferenzbeiträgen finden.

2.4 Anwendung

Anwendungsbeispiel 2-1: Transaktionskostentheoretische Analyse der Weiterbildung

Die Transaktionskostentheorie stellt ein Analyseraster bspw. zur Beantwortung der Frage bereit, ob ein Unternehmen ein Produkt oder eine Dienstleistung selbst herstellen soll oder am Markt die Leistung zukaufen möchte. In der Betriebswirtschaftslehre wird dieses Grundproblem als „Make-or-buy-Entscheidung" bezeichnet.

Die Grundbegriffe und Zusammenhänge der Transaktionskostentheorie können am Beispiel der Frage untersucht werden, ob ein Unternehmen eine Weiterbildungsmaßnahme für ihre Mitarbeiter selbst durchführen (make-Entscheidung) oder einen externen Anbieter mit der Durchführung beauftragen soll (buy-Entscheidung).

Nehmen Sie an, ein externer Dienstleister bietet die Schulung als Komplettpreis für 50.000 Euro an. Dagegen stehen Kosten der internen Durchführung von 60.000 Euro (bspw. für Stundensätze der damit beauftragten internen Mitarbeiter, Verwaltungskosten, Ausstellen von Bescheinigungen oder für das Erstellen von Lehrmaterialien).

Der oberflächliche Kostenvergleich spricht für die Wahl eines externen Dienstleisters. Allerdings liefert die Transaktionskostentheorie weitere Hinweise, die in eine Analyse einbezogen werden sollten. Analysieren Sie mit dem Instrumentarium der Transaktionskostentheorie (ex ante-Kosten, ex post-

Kosten, Produktionskosten unter den Bedingungen Häufigkeit, Spezifität und Unsicherheit) die beiden Ausgangsentscheidungen (vgl. hierzu und im Folgenden Nienhüser/Jans/Köckeritz, 2012).

Lösungsvorschlag

Welche internen Kosten sind noch nicht berücksichtigt worden? Als ex ante-Kosten sind noch Informations-, Beurteilungs- und Verhandlungskosten zu berücksichtigen: Wie viel Zeit und Geld kostet es, sich über alle Anbieter am Markt zu informieren, Informationen über die Reputation und die Qualität des externen Anbieters zu erhalten oder den Vertrag auszuhandeln (benötigt das Unternehmen Unterstützung aus der Rechtsabteilung oder muss ein Rechtsanwalt hinzugezogen werden)? Zu den noch zu berücksichtigende ex post-Kosten zählen dann die anfallenden Kosten für die Qualitätskontrolle, eventuelle Nachverhandlungen oder Kosten für mögliche Rechtsstreitigkeiten.

Wie wird sich der Anbieter im nächsten Jahr verhalten? Die Transaktionskostentheorie geht davon aus, dass sich der Transaktionspartner opportunistisch verhalten wird. Wird er die Preise erhöhen, weil sowohl das Unternehmen als auch der Anbieter wissen, dass der externe Dienstleister der einzige Anbieter ist, der diese Schulung anbieten kann und so die Preise ohne Konkurrenzdruck erhöhen kann? Wird der Dienstleister nächstes Jahr noch die gleiche Qualität liefern oder schlechte Trainer schicken, um Kosten einzusparen?

Darüber hinaus liefert die Theorie Anhaltspunkte zur Analyse der jeweiligen Transaktionsbedingungen. Nienhüser/Jans/Köckeritz (2012) unterscheiden hierzu zwei Szenarien. Im ersten Szenario nehmen sie an, dass die Spezifität und die Unsicherheit hoch sind. Im zweiten Szenario sind die Transaktionsbedingungen Spezifität und Unsicherheit niedrig ausgeprägt. In beiden Szenarien wird die Weiterbildungsmaßnahme häufig durchgeführt.

Die jeweiligen (ordinalen) Ergebnisse sind in Tab. 2.1 dargestellt. Es wäre auch ein anderes Ergebnis denkbar gewesen. So könnte das Unternehmen auch zum Schluss kommen, dass ein einmal eingekaufter Dienstleister aufgrund der hohen Spezifität nur noch das Unternehmen als Kunden hat, sodass es in den Folgejahren Preissenkungen durchsetzen kann. Allerdings müsste sich das Unternehmen dann gegen sinkende Qualitätsstandards vertraglich absichern, was automatisch zu erhöhten ex ante-Kosten (bspw. längere Vertragsverhandlungen) oder ex post-Kosten (bspw. steigende Wahrscheinlichkeit, die Ansprüche gerichtlich durchsetzen zu müssen) führen würde.

Tab. 2.1: Szenarien einer Make-or-buy-Entscheidung (vgl. Nienhüser/Jans/Köckeritz, 2012).

Szenario 1	„Make"	„Buy"
Institutionelles Arrangement	Organisation (synonym: Linie, Hierarchie)	Markt
Beschreibung	Weiterbildungsmaßnahme wird mit internen Trainern selbst durchgeführt	Weiterbildungsmaßnahme wird als Dienstleistung von einem externen Anbieter eingekauft
Produktionskosten	60.000 €	50.000 €
Bedingungen Häufigkeit Hohe Spezifität Hohe Unsicherheit	Häufige Durchführung Keine Nachverhandlungen zu erwarten Kosten geringer, da das Unternehmen die beauftragten Mitarbeiter kennt und konstante Qualität erwartet	Häufige Durchführung Nachverhandlungen sind zu erwarten Kosten höher, da Kontrolle, ggf. rechtliche Durchsetzung der Vertragsansprüche zu erwarten sind
Ergebnis	Kosten ggf. niedriger	Kosten ggf. höher

Szenario 2	„Make"	„Buy"
Institutionelles Arrangement	Organisation (synonym: Linie, Hierarchie)	Markt
Beschreibung	Weiterbildungsmaßnahme wird mit internen Trainern selbst durchgeführt	Weiterbildungsmaßnahme wird als Dienstleistung von einem externen Anbieter eingekauft
Produktionskosten	60.000 €	50.000 €
Bedingungen Häufigkeit Hohe Spezifität Hohe Unsicherheit	Häufige Durchführung Keine Nachverhandlungen zu erwarten Kaum Kontrollbedarf, aber fixe Verwaltungskosten	Häufige Durchführung Keine Nachverhandlungen zu erwarten Kaum Kontrollbedarf, da Anbieter jederzeit gewechselt werden kann
Ergebnis	Kosten ggf. höher	Kosten ggf. niedriger

Anwendungsbeispiel 2-2: Principal-Agent-theoretische Analyse der Weiterbildung

Arbeitgeber haben regelmäßig ein Interesse daran, Mitarbeiter weiterzubilden, da sie nach der Weiterbildung über die positiven Erträge der (hoffentlich) gesteigerten Qualifikation und Motivation der Mitarbeiter verfügen können.

Damit die Investition in die Weiterbildung nutzbringend ist, ist es für das Unternehmen notwendig, dass der Mitarbeiter (1) das Unternehmen nach der Weiterbildungsmaßnahme nicht verlässt und (2) die neuen Fähigkeiten und Kenntnisse auch einsetzen will.

Allerdings kann das Unternehmen im Vorfeld der Weiterbildung nicht abschließend einschätzen, ob die beiden Voraussetzungen, trotz der Zusage des Mitarbeiters, überhaupt gegeben sind. Es ist eine Informationsasymmetrie entstanden, da nur der Mitarbeiter weiß, warum er an der Weiterbildung teilnimmt und wie er nach der Weiterbildung mit dem neu erworbenen Wissen umgehen will.

Analysieren Sie mit dem Analyseraster der Principal-Agent-Theorie (hidden characteristics, hidden intention und hidden action) mögliche Problemfelder und Lösungsansätze (bspw. self selection, Interessenangleichung oder adäquate Anreizsysteme) (vgl. hierzu und im Folgenden Mroß, 2001):

Lösungsvorschlag

Die Principal-Agent-Theorie bietet für solche alltäglichen Ausgangssituationen ein Analyseraster und liefert Gestaltungshinweise. Betrachtet man den vorliegenden Fall aus der Perspektive aus der Principal-Agent-Theorie so entstehen drei Problemfelder (vgl. hierzu und im Folgenden Mroß, 2001):

- Hidden characteristics (das Risiko der Qualitätsunsicherheit): Das Unternehmen kann nicht mit Sicherheit einschätzen, ob der Mitarbeiter überhaupt in der Lage ist, die Schulungsinhalte zu Verstehen und später in der Praxis umzusetzen. Ohne diese Begabung selbst beeinflussen zu können, ist es Mitarbeitern dennoch bekannt, inwieweit sie in der Lage sind, Gelerntes in akzeptablen Zeiträumen kompetent in ihrem Aufgabenfeld zu integrieren. Allerdings werden die Mitarbeiter die kognitiven Grenzen von sich aus nicht offenbaren.

- Hidden intention (das Risiko der verborgenen Absichten): Das Unternehmen muss es hinnehmen, dass der Mitarbeiter nach der Weiterbildung (also mithin nach erfolgter Vorleistung des Unternehmens) die Möglichkeit besitzt, seine Gegenleistung noch zu beeinflussen. Zwar liegt der Finanzierung der Weiterbildung durch den Arbeitgeber die unausgesprochene und nicht schriftlich fixierte Erwartung zugrunde, dass der Mitarbeiter das Gelernte auch innerhalb des Unternehmens zum Einsatz bringen wird, doch steht es dem Mitarbeiter frei, dieses ungeschriebene Gesetz zu missachten. So ist es denkbar, dass der Mitarbeiter nach der Schulungsmaßnahme beschließt, seine nun verbesserten Fähigkeiten in einem anderen Unternehmen lukrativer einzusetzen oder dass der Mitarbeiter nur zu neuen, verbesserten Konditionen bereit ist, das Erlernte einzusetzen.

- Hidden action (das Risiko der nicht beobachtbaren Aktivitäten): Der Mitarbeiter ist nach der Weiterbildung in der Lage das neue Wissen anzuwenden oder nicht, ohne dass es dem Unternehmen möglich ist, zu beurteilen, ob sich der Mitarbeiter korrekt verhalten hat. Zwar kann das Unternehmen das Ergebnis der Arbeitsleistung beobachten, doch weiß es nicht, ob es durch Glück, Anstrengung oder veränderte Umweltsituationen zustande kam. Ebenso weiß das Unternehmen nicht, ob der Mitarbeiter nur an der Weiterbildung teilnimmt, um in der Zeit keiner regulären Arbeitstätigkeit nachzugehen (moral hazard) oder hofft, das erlernte Wissen bei zunehmender Leistungszurückhaltung bei gleicher Produktivität zu nutzen (shirking).

Die Principal-Agent-Theorie hält Lösungsmuster für die beschriebenen Probleme bereit. Das im Fallbeispiel angesprochene Weiterbildungsrisiko kann bspw. durch sog. Rückzahlungsklauseln die Risiken der Informationsasymmetrien gesenkt werden. So könnte sich ein Arbeitgeber die Kosten der Weiterbildungsmaßnahme zurückerstatten lassen, wenn der Mitarbeiter die im Nachgang der Schulung durchgeführten Wissenstests nicht besteht (unabhängig davon, ob dies überhaupt juristisch durchsetzbar ist) oder das Unternehmen innerhalb einer bestimmten Frist nach Ende der Weiterbildung verlassen möchte (vgl. Mroß, 2001). Die Theorie liefert für das zu erwartende Verhalten des Mitarbeiters folgende Erklärungsbeiträge:

- **Self selection**: Die Hoffnung des Arbeitgebers könnte darin bestehen, dass die Mitarbeiter auf die Teilnahme verzichten, die um ihre Lernprobleme wissen (Lösung des Problems der hidden characteristics) oder die heute schon wissen, dass sie die Weiterbildung nur besuchen, um auf dem Arbeitsmarkt bessere Chancen zu haben (Lösung des Problems der hidden intention).
- **Interessenangleichung**: Mitarbeiter, die zwar die Weiterbildungsmaßnahme besucht hätten, im Vorfeld aber wussten, dass sie dies nur tun würden, um nachher ein höheres Gehalt zu verlangen bzw. alternativ das Unternehmen zu wechseln, müssen mit einer Rückzahlungsklausel die möglichen Kosten der Gehaltserhöhung gegen die drohende Gefahr, die Weiterbildung selbst bezahlen zu müssen, abwägen (Lösung des Problems der hidden intention).
- **Anreizsysteme**: Das Unternehmen kann versuchen, den Problemen des moral hazards und des shirkings zu begegnen, in dem es vor der Weiterbildungsmaßnahme in Aussicht stellt, das neu erworbene Wissen als Argument für eine anspruchsvollere Zielvereinbarung zu nutzen. So könnte die Vergütung des Agenten eher am Unternehmenserfolg und weniger an der individuell gezeigten Leistung ausgerichtet werden. Die Zielangleichung reduziert das Risiko von bewusst vertragswidrigen Verhaltensweisen oder von Leistungszurückhaltung.

2.5 Weiterführende Literaturhinweise

Kieser, A./Ebers, M. (Hrsg.): Organisationstheorien, 8. Aufl., Stuttgart 20194.
Wolf, J.: Organisation, Management, Unternehmensführung. Theorien, Praxisbeispiele und Kritik, 65. Aufl., Wiesbaden 20192.

In den beiden Lehrbuch-Klassiker diskutieren die Autoren die wichtigsten Organisations- und Managementtheorien der vergangenen Jahrzehnte.

Mroß, M. D.: Personalvermögen – ein kritisches Investitionsobjekt, FB/IE, Heft 4, 2001, S. 169–174.

Nienhüser, W./Jans, M./Köckeritz, M.: Grundbegriffe und Grundidee der Transaktionskostentheorie – am Beispiel von „Make" or „Buy"-Entscheidungen über Weiterbildungsmaßnahmen. Diskussionsbeiträge aus dem Fachbereich Wirtschaftswissenschaften, Universität GH Essen, 2012.

Die beiden Anwendungsbeispiele aus Kap. 2.4 werden hier noch ausführlicher dargestellt.

Alewell, D.: Zum Verhältnis von Arbeitsökonomik und Verhaltenswissenschaften, in: Die Betriebswirtschaft, Heft 5, 1996, S. 667–683.

Backes-Gellner, U.: Personalwirtschaftslehre – eine ökonomische Disziplin?, in Zeitschrift für Personalforschung, Heft 4, 1993, S. 513–529.

Grieger, J.: Ökonomischer Imperialismus als Krise der Personalwirtschaftslehre? Stellungnahme, in: Die Betriebswirtschaft, Heft 1, 2005, S. 79–82.

Martin, A.: A Plea for a Behavioural Approach in the Science of Human Resource Management, in: management revue, Heft 2, 2004, S. 201–214.

Matiaske, W./Nienhüser, W.: Sinnprovinzen in der Personalwirtschaft. Befunde einer empirischen Untersuchung, in: Zeitschrift für Personalforschung, Heft 2, 2004, S. 117–138.

Sadowski, D. et al.: Weitere 10 Jahre Personalwirtschaft – ein ökonomischer Silberstreif am Horizont. Sammelrezension, in: Die Betriebswirtschaft, Heft 3, 1994, S. 397–410.

Staffelbach, B.: Personalökonomik oder die Obsolenz der Konkurrenz zwischen Ökonomik und Psychologie in der Personalwirtschaft. Ergänzende Bemerkungen, in: Die Betriebswirtschaft, Heft 1, 1997, S. 119–121.

Weibler, J.: Ökonomische vs. verhaltenswissenschaftliche Ausrichtung der Personalwirtschaftslehre. Eine notwendige Kontroverse?, in: Die Betriebswirtschaft, Heft 5, 1996, S. 649–665.

Weibler, J.: Personalwirtschaftslehre auf der Suche nach Identität. Replik, in: Die Betriebswirtschaft, Heft 1, 1997, S. 127–131.

Weibler, J./Wald, A.: 10 Jahre personalwirtschaftliche FOrschung. Ökonomische Hegenomie und die Krise einer Disziplin, in: Die Betriebswirtschaft, Heft 3, 2004, S. 259–275.

Weibler, J./Wald, A.: Von Teilen und Ganzen. Zum Verhältnis von Personalökonomik und Personalwirtschaftslehre. Replik, in: Die Betriebswirtschaft, Heft 1, 2005, S. 95–100.

Wunderer, R./Mittmann, J.: 10 Jahre Personalwirtschaftslehre – von Ökonomie nur Spurenelemente, in: Die Betriebswirtschaftslehre, Heft 4, 1983, S. 623–655.

Süß, S.: Weitere 10 Jahre später: Verhaltenswissenschaft und Ökonomik. Eine Chance für die Personalwirtschaftslehre, in: Zeitschrift für Personalforschung, Heft 2, 2004, S. 222–242.

Die Kontroverse zwischen einer personalökonomischen und verhaltensswissenschaftlichen Ausrichtung im Personalmanagement lässt sich anhand der hier genannten Zeitschriftenbeiträge, insb. die sich aufeinander beziehenden Diskussionsbeiträge und Repliken der Zeitschrift Die Betriebswirtschaft, nachvollziehen. Sowohl die Zustimmung als auch die Ablehnung der Autoren zu einer der beiden Ausrichtungen waren zu dieser Zeit massiv und zwischen den Protagonisten zum Teil auch persönlich geprägt. Eine chronologische Lektüre lohnt sich.

3 Umweltkontext von Personal und Arbeit

3.1 Schlüsselbegriffe

Schlüsselbegriffe des Kapitels 3.1.1:

Das Individualarbeitsrecht konzentriert sich zum einen auf das einzelne Arbeitsverhältnis zwischen einem Arbeitgeber und einem Arbeitnehmer (Arbeitsvertragsrecht) und zum anderen auf das Arbeitsschutzrecht (technischer und sozialer Arbeitsschutz).

Das kollektive Arbeitsrecht regelt die Beziehungen zwischen Arbeitgebern und Arbeitnehmern, die sich für die kollektive Durchsetzung ihrer Interessen zusammenschließen (zu Betriebsräten oder Gewerkschaften). Daher betrachtet das kollektive Arbeitsrecht auch die möglichen Folgen solcher Zusammenschlüsse (bspw. die betriebliche oder unternehmerische Mitbestimmung oder Streiks).

Nach dem Rangprinzip gehen Normen auf den oberen, zentralen Ebenen des Systems den nachgelagerten, dezentralen Ebenen vor.

Durchbrochen wird das Rangprinzip durch das Günstigkeitsprinzip. Hiernach geht bei unterschiedlichen Bestimmungen auf verschiedenen Ebenen die Regelung auf der unteren Ebene der oberen dann vor, wenn sie für den Arbeitnehmer günstigere Bestimmungen enthält.

Das Spezialitätsprinzip regelt die Interessenskollision auf gleicher Ebene und weist der jeweils spezielleren, ggf. auch neueren oder sachlich näheren Regelung den Vorrang vor den allgemeiner gehaltenen Regelungen zu.

Das Verständnis dieser Interaktions- und Kollisionsnormen ist notwendig, da die vorgestellten Regelungsinstrumente ungleiche Wirkungsweisen und -weiten haben, nebeneinander existieren können und zwischen unterschiedlichen Vertragsparteien abgeschlossen werden, wodurch sich gesonderte Handlungsspielräume ergeben können (vgl. Hromadka/Maschmann, 2018, S. 44).

Schlüsselbegriffe des Kapitels 3.1.3:

Soziale Sicherung bedeutet, dem Einzelnen in Notlagen, die aus eigener Kraft nicht mehr bewältigt werden können, zu unterstützen. Das soziale Sicherungssystem konkretisiert sich durch die Zweige der Sozialversicherungen (gesetzliche Unfallversicherung, Arbeitslosigkeitsversicherung, Rentenversicherung, Pflegeversicherung und Krankenversicherung).

https://doi.org/10.1515/9783110988611-003

Arbeitgeberverbände sind für die Tarif- und Sozialpolitik der Arbeitgeber zuständig und in der Spitzenorganisation der Bundesvereinigung der deutschen Arbeitgeberverbände (BDA) zusammengeschlossen.

Die Arbeitnehmerseite schließt sich in Gewerkschaften zusammen. Stärkster Ver-band ist der Deutsche Gewerkschaftsbund (DGB), zu dem sich die bedeutendsten Industriegewerkschaften zusammengeschlossen haben. Daneben gibt es die Ver-einte Dienstleistungsgewerkschaft (ver.di), die im Jahre 2001 als Zusammenschluss vieler Einzelgewerkschaften gegründet wurde sowie eine Reihe weiterer Gewerk-schaften und Verbände (bspw. Christlicher Gewerkschaftsbund (CGB) oder Beam-tenbund und Tarifunion (dbb)).

Die Friedenspflicht kennzeichnet den Zeitraum, in dem (noch) nicht gestreikt wer-den darf. Die relative Friedenspflicht muss dabei nicht gesondert vereinbart werden, da diese jedem Tarifvertrag immanent ist. Der Arbeitgeber soll während der Laufzeit eines Tarifvertrags planbare Arbeitsbedingungen erhalten, die Gewerkschaften müssen den einmal geschlossenen Vertrag akzeptieren und Arbeitskampfmaßnahmen unterlas-sen. Eine absolute Friedenspflicht muss gesondert vereinbart werden und erstreckt sich auf einen definierten Zeitraum, in dem kein Arbeitskampf (auch für bisher ungeregelte Sachverhalte oder schon ausgelaufene Tarifverträge) stattfinden soll (vgl. Hromadka/ Maschmann, 2014, S. 158).

Corporate Governance bezeichnet den rechtlichen und faktischen Ordnungsrahmen für die Unternehmensleitung und -überwachung (vgl. Hopt/Prigge, 1998). Der Rege-lungsbereich auf Unternehmensebene umfasst dabei die Auseinandersetzung mit der Mitbestimmung auf Unternehmensebene im Leitungs- und Kontrollorgan von Kapital-gesellschaften als Ausprägung einer funktionsfähigen Corporate Governance.

Das in der Bundesrepublik Deutschland vorzufindende Corporate Governance Sys-tem, das auch als zweistufiges bzw. Trennungsmodell (two tier-system) bezeichnet wird, ist durch eine institutionelle Trennung von Unternehmungsführung und Überwachung charakterisiert (Hauptversammlung, Aufsichtsrat und Vorstand).

Das Vereinigungsmodell ist weltweit am weitesten verbreitet (vgl. Macharzina/ Wolf, 2012). Ein wesentlicher Unterschied zum deutschen Modell der Corporate Gover-nance besteht darin, dass die Funktionen der Leitung und Kontrolle in einem einzigen Gremium, dem so genannten Board, vereint sind (one tier-system). Damit geht die Verpflichtung einher, dass das Board das eigene Handeln zu überwachen und zu kon-trollieren hat. Dieses Gremium ist mit unternehmungsinternen (Inside Directors) und unternehmungsexternen Mitgliedern (Outside Directors) besetzt, wobei Erstere Angestellte der Unternehmung sind und Letztere gegenüber der Unternehmung eine unabhängige Position einnehmen.

Schlüsselbegriffe des Kapitels 3.1.6:

Durch die Sperrwirkung des Tarifvorbehalts sind Betriebsvereinbarungen unzulässig, soweit sie Regelungen über materielle (oder sonstige) Arbeitsbedingungen enthalten, die bereits durch den Tarifvertrag geregelt sind oder üblicherweise dort geregelt werden. Daher können bspw. Betriebsvereinbarungen, die über einen Ersatz tarifvertraglicher Entgeltbestandteile entscheiden oder auch nur die Wahl zwischen Tarifeinkommen und Erfolgsbeteiligung erwägen nicht abgeschlossen werden. Allerdings gibt es hiervon Ausnahmen, wenn der Tarifvertrag für diesen speziellen Fall eine sog. Öffnungsklausel vorsieht, der es den Betriebsparteien ermöglicht, hier doch Betriebsvereinbarungen abzuschließen.

Daneben ergibt sich aus § 87 Abs. 1 BetrVG ein Tarifvorrang. Dieser besagt, dass das Mitbestimmungsrecht des Betriebsrats nur soweit besteht, solange keine höherrangigen Normen, also gesetzliche oder tarifliche Regelungen, bestehen, die einen Sachverhalt in Bezug auf die betroffene Materie abschließend und vollständig regeln. Selbst das Günstigkeitsprinzip wird, als Konsequenz des Tarifvorrangs, ausgeschlossen. Das heißt, selbst wenn die Betriebsparteien ein höheres Grundentgelt gewähren möchten als der Tarifvertrag vorsieht, kann hier keine Betriebsvereinbarung abgeschlossen werden.

Die Rechte der Mitbestimmung aus § 87 BetrVG werden in Betriebsvereinbarungen konkretisiert. Betriebsvereinbarungen kommen als Vertrag durch übereinstimmende Willenserklärung von Arbeitgeber und Betriebsrat zustande. Die Rechtsnormen einer Betriebsvereinbarung gelten, ebenso wie die Normen des Tarifvertrags, unmittelbar und zwingend für beide Parteien. Die Betriebsvereinbarung endet, wenn diese befristet ist, mit Ablauf der bestimmten Frist, sonst mit Kündigung oder Aufhebung. Insbesondere ist hier zu beachten, dass eine jüngere Betriebsvereinbarung eine ältere automatisch außer Kraft setzt, wenn sie denselben Regelungsgegenstand betrifft.

Die Einigungsstelle besteht aus einer gleichen Anzahl von Beisitzern der Arbeitgeber- und Arbeitnehmerseite mit einem neutralen Vorsitzenden. Die Einigungsstelle hat die Funktion eines Konfliktlösungsmechanismuses, indem ihr Spruch den Kon-flikt zwischen Arbeitgeber und Betriebsrat entscheidet und beendet (vgl. Hromadka/Maschmann, 2020).

Schlüsselbegriffe des Kapitels 3.1.7:

Als Arbeitsverhältnis werden die zwischen Arbeitgeber und Arbeitnehmer bestehenden Rechtsbeziehungen verstanden (davon ist der psychologische Vertrag abzugren-zen, siehe unten).

Innerhalb der Gruppe der Arbeitnehmer unterscheiden sich leitende Angestellte dadurch, dass sie Arbeitgeberfunktionen in einer Schlüsselstellung ausüben (vgl. § 5

Abs. 3 und 4 BetrVG). Somit stehen sie trotz ihrer Eigenschaft als Arbeitnehmer in einem gewissen Interessengegensatz zur übrigen Belegschaft, weswegen für sie besondere Regelungen gelten (bspw. Ausnahme aus dem Arbeitszeitgesetz oder Nichtanwendbarkeit des BetrVG).

Der psychologische Vertrag hingegen beinhaltet rechtlich nicht einforderbare sub-jektiver Versprechungen und Erwartungen seitens Arbeitnehmer und Arbeitgeber hinsichtlich Leistungen und Gegenleistungen.

Schlüsselbegriffe des Kapitels 3.2:

Kultur kann verkürzt als „kollektive Programmierung" bezeichnet werden (vgl. Hofstede, 2006, S. 4). Dies bedeutet, dass jeder Mensch unter bestimmten kulturellen Gegebenheiten aufwächst und dadurch die für sein Leben in der Gesellschaft und seine Bezugsgruppen und -personen sozial wesentlichen Erfahrungen und Verhaltensweisen erwirbt. Die Mitglieder innerhalb einer Kultur haben durch ihre Sozialisation ein ähnliches Wahrnehmungs- und Verhaltenssystem, wodurch das Zusammenleben erleichtert wird. Schwieriger wird es, wenn es zu Situationen kommt, in denen sich Kulturen überschneiden.

Werte gelten als Vorstellungen von Menschen darüber, wie zentrale Aspekte des Daseins (bspw. die Gesellschaft, die soziale Umgebung, die eigene Lebensform oder die Arbeit), gestaltet sein sollen.

(Kultureller) Wertewandel bedeutet, dass sich die Verhaltensprämissen einer Gruppe oder einer Gesellschaft verändern.

Die Inglehart-Hypothese postuliert eine lineare, sich gegenseitig substituierende Werteverschiebung von materiellen hin zu postmateriellen Werten. Materielle Werte sind bspw. Wohlstand, soziale Sicherheit und stabile Versorgung, als postmaterielle Werte werden bspw. Selbstverwirklichung, Autonomie, interessante Tätigkeit sowie Verantwortungsübernahme angesehen.

Die Wertewandelhypothese (häufig auch Klages-Hypothese; Helmut Klages, ein deutscher Soziologe) sieht die Veränderung gesellschaftlicher Werte in Form einer Bedeutungsverschiebung der „Pflicht- und Autoritätsakzeptanz" hin zu Selbstentfaltungswerten. Der Unterschied zur Inglehart-Hypothese liegt darin, dass die Wertedimensionen unabhängig voneinander sind. Das heißt, dass Wertdimensionen gleichzeitig in unterschiedlicher Gewichtung auftreten können.

3.2 Wissensprüfung

3.2.1 Wiederholungsfragen

Hinweise zur Lösung der folgenden Fragen finden Sie in Kap. 3.1.1 des Lehrbuchs.

Wiederholungsfrage 3-1
Nennen Sie die Regelungsebenen des Arbeitsrechts

Wiederholungsfrage 3-2
Erläutern Sie die Gestaltungsprinzipien Rangprinzip, Günstigkeitsprinzip und Spezialitätsprinzip.

Hinweise zur Lösung der folgenden Fragen finden Sie in Kap. 3.1.2 des Lehrbuchs.

Wiederholungsfrage 3-3
Erläutern Sie den Unterschied zwischen primären und sekundären Gemeinschaftsrecht im europäischen Arbeits- und Sozialrecht.

Wiederholungsfrage 3-4
Welche Regelungsinstrumente des sekundären Gemeinschaftsrechts haben verbindlichen Charakter?

Hinweise zur Lösung der folgenden Fragen finden Sie in Kap. 3.1.3 des Lehrbuchs.

Wiederholungsfrage 3-5
Nennen Sie Beispiele für den technischen und persönlichen Arbeitsschutz sowie der Sozialen Sicherung.

Hinweise zur Lösung der folgenden Fragen finden Sie in Kap. 3.1.4 des Lehrbuchs.

Wiederholungsfrage 3-6
Erläutern Sie den Unterschied zwischen Flächentarifverträgen und Haustarifverträgen.

Wiederholungsfrage 3-7

Erläutern Sie, den Begriff der Friedenspflicht und zeigen sie auf, welche Bedeutung der Friedenspflicht zukommt.

Wiederholungsfrage 3-8

Erläutern Sie die individuelle Wirkung von Streiks auf den Status der Krankenversicherung, Rentenversicherung, in der Arbeitslosenversicherung und Unfallversicherung.

Hinweise zur Lösung der folgenden Fragen finden Sie in Kap. 3.1.5 des Lehrbuchs.

Wiederholungsfrage 3-9

Erläutern Sie den Anwendungsbereich sowie das Zusammenspiel zwischen Vorstand, Hauptversammlung und Aufsichtsrat nach dem Drittelbeteiligungsgesetz.

Wiederholungsfrage 3-10

Erläutern Sie den Anwendungsbereich sowie das Zusammenspiel zwischen Vorstand, Hauptversammlung und Aufsichtsrat nach dem Montan-Mitbestimmungsgesetz.

Wiederholungsfrage 3-11

Erläutern Sie den Anwendungsbereich sowie das Zusammenspiel zwischen Vorstand, Hauptversammlung und Aufsichtsrat nach dem Mitbestimmungsgesetz 1976.

Wiederholungsfrage 3-12

Zeigen Sie anhand geeigneter Kriterien auf, worin der Unterschied zwischen dem Trennungs- und Vereinigungsmodell der Corporate Governance besteht.

Wiederholungsfrage 3-13

Erläutern Sie die Vor- und Nachteile der deutschen Unternehmensmitbestimmung.

Hinweise zur Lösung der folgenden Fragen finden Sie in Kap. 3.1.6 des Lehrbuchs.

Wiederholungsfrage 3-14

Nennen Sie die Organe der Betriebsverfassung auf der Ebene Konzern, Unternehmen, Betrieb und Abteilung getrennt nach Beschäftigten, Jugendliche und Azubis und Leitende Angestellte.

Wiederholungsfrage 3-15

Erläutern Sie die Beteiligungsformen der Mitwirkung und Mitbestimmung sowie deren Konfliktlösungsmechanismus.

Wiederholungsfrage 3-16

Erläutern Sie Tarifvorbehalt und Tarifvorrang.

Hinweise zur Lösung der folgenden Fragen finden Sie in Kap. 3.2 des Lehrbuchs.

Wiederholungsfrage 3-17

Erläutern Sie die Kultur-Dimensionen von Hofstede.

Wiederholungsfrage 3-18

Erläutern Sie den Unterschied zwischen dem Cross-Culture-Management-Ansatz und dem Ansatz der Vergleichenden Managementforschung.

Wiederholungsfrage 3-19

Erläutern Sie die Unterschiede zwischen dem ökonomischen und sozialwissenschaftlichen Wertebegriff.

3.2.2 Multiple-Choice-Fragen

Hinweise zur Lösung: 3.1.1 Grundstrukturen und Prinzipien des Arbeitsrechts

MC-Frage 3-1

Eine Regelung auf höherer Rechtsebene geht einer Regelung auf nachgelagerter Ebene vor. Welches Ordnungsprinzip wird hier beschrieben?
a) Günstigkeitsprinzip
b) Spezialitätsprinzip
c) Rangprinzip
d) Legalitätsprinzip

MC-Frage 3-2

Eine für den Arbeitgeber günstigere Regelung geht einer höheren, aber spezialisierteren Regeulung vor. Welches Ordnungsprinzip wird hier beschrieben?
a) Günstigkeitsprinzip
b) Spezialitätsprinzip
c) Rangprinzip
d) Keine der genannten Antworten a) bis c) ist zutreffend.

Hinweise zur Lösung: 3.1.2 Internationale Rechtsebene

MC-Frage 3-3

Der „Vertrag über die Arbeitsweise der EU" zählt zu
a) Primären Gemeinschaftsrecht
b) Sekundären Gemeinschaftsrecht
c) Richtlinien
d) Verordnungen

MC-Frage 3-4

Eine von der EU verabschiedeten Richtlinie ...
a) hat unmittelbare Rechtswirkung.
b) hat keine unmittelbare Rechtswirkung.
c) ist nur gegenüber dem Adressaten rechtsverbindlich.
d) hat den Rechtscharakter einer Empfehlung.

Hinweise zur Lösung: 3.1.3 Nationale Ebene des Arbeitsrechts

MC-Frage 3-5

Welche der Sozialversicherungen wird zu 100% vom Arbeitgeber finanziert?
a) Arbeitslosenversicherung
b) Unfallversicherung
c) Rentenversicherung
d) Pflegeversicherung

MC-Frage 3–6

Welche der Sozialversicherungen wird zu 50% vom Arbeitgeber finanziert?
a) Rentenversicherung
b) Unfallversicherung
c) Betriebliche Altersvorsorgeversicherung
d) Keine der genannten Antworten a) bis c) ist zutreffend.

Hinweise zur Lösung: 3.1.5 Unternehmensmitbestimmung

MC-Frage 3–7
Welche der folgenden Aufgaben nimmt der Aufsichtsrat nicht wahr?
a) Bestellung und Abberufung der Vorstandsmitglieder
b) Überwachung des Vorstands
c) Prüfung der Bücher und Vermögensgegenständen
d) Beschluss über die Verwendung des Bilanzgewinns

MC-Frage 3–8
Welche der folgenden Aufgaben nimmt die Hauptversammlung nicht wahr?
a) Entlastung der Vorstands- und Aufsichtsratsmitglieder
b) Wahl und Abberufung der Aktionärsvertreter in den Aufsichtsrat
c) Entscheidung über die Verwendung des Bilanzgewinns
d) Bestellung und Abberufung der Vorstandsmitglieder

MC-Frage 3–9
Welches Gesetz gilt für ein Unternehmen mit folgenden Merkmalen: Nicht-Montan-Unternehmen, Rechtsform der Aktiengesellschaft, 1999 Mitarbeiter?
a) Drittelbeteiligungsgesetz
b) MontanMitbestG
c) Mitbestimmungsgesetz 76
d) Keine der in a) bis c) genannten Antworten ist richtig.

MC-Frage 3–10
Welches Gesetz gilt für ein Unternehmen mit folgenden Merkmalen: Nicht-Montan-Unternehmen, Rechtsform der GmbH, 2002 Mitarbeiter?
a) Drittelbeteiligungsgesetz
b) MontanMitbestG
c) Mitbestimmungsgesetz 76
d) Keine der in a) bis c) genannten Antworten ist richtig.

MC-Frage 3–11
Welches Gesetz gilt für ein Unternehmen mit folgenden Merkmalen: Montan-Unternehmen, Rechtsform der GmbH, 999 Mitarbeiter?
a) Drittelbeteiligungsgesetz
b) MontanMitbestG

c) Mitbestimmungsgesetz 76
d) Keine der in a) bis c) genannten Antworten ist richtig.

MC-Frage 3–12
Dem deutschen System der Unternehmensmitbestimmung wird als Effizienzdefizit vorgeworfen, dass ausländische Belegschaften nicht in Aufsichtsräten ihrem Anteil entsprechend repräsentiert sind. Welcher Kritikpunkt wird hiermit angesprochen?
a) Kompromissdefizit
b) Qualifikationsdefizit
c) Organisationsdefizit
d) Keine der in a) bis c) genannten Antworten ist richtig.

MC-Frage 3–13
Dem deutschen System der Unternehmensmitbestimmung wird als Effizienzdefizit vorgeworfen, dass übergroße Gremien zu einer Überwachungsineffizienz führen. Welcher Kritikpunkt wird hiermit angesprochen?
a) Kompromissdefizit
b) Qualifikationsdefizit
c) Organisationsdefizit
d) Interessenskonflikt

MC-Frage 3–14
Dem deutschen System der Unternehmensmitbestimmung wird als Effizienzdefizit vorgeworfen, dass der Aufsichtsrat zwar dem Wohl des Unternehmens verpflichtet sind, Gewerkschaftsvertreter aber auch ihrer eigenen Organisation verpflichtet sind. Welcher Kritikpunkt wird hiermit angesprochen?
a) Kompromissdefizit
b) Qualifikationsdefizit
c) Organisationsdefizit
d) Interessenskonflikt

MC-Frage 3–15
Welche der folgenden Aussagen ist zutreffend?
a) Das Direktorialprinzip findet sich im Voice-geprägten Corporate Governance-System.
b) In Deutschland herrscht das Trennungsmodell.
c) Trennung von Geschäftsführung und Kontrolle und Exit-Prinzip prägen das deutsche System der Corporate Governance.
d) Das Exit-Prinzip und das monistische System prägen das deutsche System der Corporate Governance-System.

Hinweise zur Lösung: 3.1.4 und 3.1.6

MC-Frage 3–16

Welche der folgenden Aussagen ist richtig?

a) Der Betriebsrat schließt spezielle Haustarifverträge mit dem Arbeitgeber ab.

b) Wird ein Tarifvertrag für allgemeinverbindlich erklärt, dann gelten die Bestimmungen dieses Tarifvertrags für alle Arbeitnehmer in Deutschland.

c) Für tarifvertragliche Auseinandersetzungen gibt es keinen gesetzlich festgeschriebenen Konfliktlösungsmechanismus.

d) Ein gewerkschaftlich organisierter Arbeitnehmer, der bei einem nicht tarifgebundenen Arbeitgeber beschäftigt ist, profitiert vom Tarifvertrag.

MC-Frage 3–17

Welche der folgenden Aussagen ist richtig?

a) Auf Betriebsebene darf nur außerhalb der Friedenspflicht gestreikt werden.

b) Die Schutzfunktion des Tarifvertrags dient dem Arbeitgeber zum Schutz vor ungerechtfertigten Streiks der Arbeitnehmer.

c) Die Ordnungsfunktion des Tarifvertrags sichert bundesweit vergleichbare Arbeitsstandards über unterschiedliche Branchen hinweg.

d) Tarifpartner können Gewerkschaften, Arbeitgeber-Verbände und einzelne Arbeitgeber sein.

MC-Frage 3–18

Bestimmungen zur Urlaubsgeldberechnung finden sich immer

a) im Manteltarifvertrag.

b) im Rahmentarifvertrag.

c) im Entgelttarifvertrag.

d) Keine der genannten Antworten a) bis c) ist zutreffend.

MC-Frage 3–19

Der Arbeitgeber

a) kann ebenso streiken wie die Arbeitnehmer.

b) kann einen Streik verweigern.

c) kann Arbeitnehmer aussperren.

d) Keine der genannten Antworten a) bis c) ist zutreffend.

MC-Frage 3-20

Welche der folgenden Forderungen können einen rechtmäßigen Streik für einen Flächentarifvertrag begründen?

a) Veränderung der Schichtzeiten in einem Betrieb.

b) Höhere Schichtzuschläge innerhalb der Branche.

c) Für eine steuerliche Besserstellung von Schichtzuschlägen

d) Keine der genannten Antworten a) bis c) ist zutreffend.

MC-Frage 3-21

Die tarifvertragliche Friedenspflicht bedeutet,

a) dass während der Laufzeit eines Tarifvertrags nicht gestreikt werden darf.

b) dass die Streikforderungen mit den Arbeitgebern abgestimmt werden müssen.

c) dass die Arbeitskampfhandlungen keine wirtschaftlich unbeteiligte Dritte treffen darf.

d) Keine der genannten Antworten a) bis c) ist zutreffend.

MC-Frage 3-22

Welche der folgenden Aussagen ist richtig?

a) Trifft eine tarifvertragliche Regelung über die Urlaubsdauer auf eine betriebliche Vereinbarung zur Urlaubsdauer gilt die tarifvertragliche Regelung.

b) Trifft eine tarifvertragliche Regelung über die Urlaubsdauer auf eine betriebliche Vereinbarung zur Urlaubsdauer gilt die für die Arbeitnehmer günstigere Regelung.

c) Trifft eine tarifvertragliche Regelung über die Urlaubsdauer auf eine betriebliche Vereinbarung zur Urlaubsdauer gilt die betriebliche Regelung.

d) Trifft eine tarifvertragliche Regelung über die Urlaubsdauer auf eine betriebliche Vereinbarung zur Urlaubsdauer kann der Betriebsrat entscheiden, welche Regelung anzuwenden ist.

MC-Frage 3-23

Die Konfliktlösung im Falle eines Beratungsrechts erfolgt

a) durch das Arbeitsgericht.

b) durch den Arbeitgeber.

c) durch die Einigungsstelle.

d) durch die Schlichtungsstelle.

MC-Frage 3-24

Welche der folgenden Aussagen ist zutreffend?

a) Ein amerikanisches Unternehmen gründet eine 100%-Tochter unter amerikanischer Leitung in Deutschland in der Rechtsform der GmbH. Das Tochterunternehmen unterliegt nicht dem Betriebsverfassungsgesetz.

b) Ein Arbeitgeber möchte einen Teilbereich eines aktuell und künftig profitablen Geschäftsfelds aufgeben. Das Arbeitsgericht wird den darauffolgenden betriebsbedingten Kündigungen daher nicht rechtgeben.

c) Einem Antrag des Betriebsrats in einer Sache, in der er ein Initiativrecht hat, muss der Arbeitgeber grundsätzlich nachkommen.

d) Der Geltungsbereich des Betriebsverfassungsgesetzes richtet sich nach der Mitarbeiteranzahl, der Branche und der Rechtsform eines Betriebs.

MC-Frage 3-25

Ein Tarifvertrag mit einer Laufzeit von 18 Monaten verbietet Streikmaßnahmen für die kommenden 20 Monate. Das Streikverbot im 19. Monat beruht auf …

a) der absoluten Friedenspflicht.

b) der relativen Friedenspflicht.

c) keiner Friedenspflicht.

d) einer restriktiven Friedenspflicht.

MC-Frage 3-26

Die Konfliktlösung im Falle eines Zustimmungsverweigerungsrechts obliegt …

a) der Einigungsstelle.

b) dem Arbeitgeber.

c) dem Betriebsrat.

d) dem Arbeitsgericht.

MC-Frage 3-27

Welches Mitwirkungs- oder Mitbestimmungsrecht wird hier beschrieben? Arbeitgeber und Betriebsrat müssen sich in Form einer Betriebsvereinbarung einigen.

a) Initiativrecht

b) Zustimmungsverweigerungsrecht

c) Mitbestimmungsrecht

d) Beratungsrecht

MC-Frage 3-28

Aus welchem Mitwirkungs- oder Mitbestimmungsrecht kann die Einigungsstelle ange-
rufen werden?
a) Initiativrecht
b) Zustimmungsverweigerungsrecht
c) Mitbestimmungsrecht
d) Beratungsrecht

MC-Frage 3-29

Das Beratungsrecht des Betriebsrats bedeutet, dass
a) die Unternehmensleitung auf die Argumente des Betriebsrats reagieren und eine
   Ablehnung dessen Vorschläge begründen muss.
b) die Unternehmensleitung Argumente des Betriebsrats zustimmen muss.
c) die Unternehmensleitung Vorschläge des Betriebsrats – soweit es die wirtschaftlichen Rahmenbedingungen erlauben – umsetzen muss.
d) der Betriebsrat die Streitfrage an die Einigungsstelle zur Beratung weiterleiten
   darf.

MC-Frage 3-30

Bei einem Zustimmungsverweigerungsrecht des Betriebsrats entscheidet bei Nicht-
Einigung
a) das Arbeitsgericht.
b) die Einigungsstelle.
c) der Arbeitgeber.
d) Keine der genannten Antworten a) bis c) ist zutreffend.

MC-Frage 3-31

Bei einem Mitbestimmungsrecht des Betriebsrats entscheidet bei Nicht-Einigung …
a) das Arbeitsgericht.
b) die Einigungsstelle.
c) der Arbeitgeber.
d) Keine der genannten Antworten a) bis c) ist zutreffend.

MC-Frage 3-32

Welche der Aussagen bezogen auf die Mitbestimmung auf Betriebsebene ist zutreffend?
a) Maßnahmen des Arbeitskampfs zwischen Arbeitgeber und Betriebsrat sind nur
   dann zulässig, wenn in Tarifverhandlungen keine Einigung erzielt wird.
b) In Angelegenheiten, bei denen der Betriebsrat ein Vorschlagsrecht hat, wird im
   Konfliktfall zwischen Arbeitgeber und Betriebsrat die Einigungsstelle eingeschaltet.

c)   Die Kosten der Einigungsstelle trägt das Arbeitsgericht.

d)   Keine der in a) bis c) genannten Antworten ist richtig.

Hinweise zur Lösung: 3.1.7 Regelungen auf arbeitsvertraglicher Ebene

MC-Frage 3-33

Welche der folgenden Aussagen ist zutreffend?

a)   Schadensabwendung und Entgeltzahlung zählen beide zu den Hauptpflichten eines Arbeitsverhältnisses.

b)   Die Fürsorgepflicht ist eine Hauptpflicht des Arbeitgebers.

c)   Die Treuepflicht des Arbeitnehmers ist eine Hauptpflicht.

d)   Gehorsamspflicht und Direktionsrecht leiten sich aus den Hauptpflichten eines Arbeitsverhältnisses ab.

Hinweise zur Lösung: 3.2 Gesellschaftliche Umwelt

MC-Frage 3-34

Mitarbeiter, die die Staatsangehörigkeit des Gastlandes besitzen, in der sich die Tochtergesellschaft befindet, nennt man ...

a)   parent country nationals.

b)   third party nationales.

c)   host country nationals.

d)   base country nationals.

MC-Frage 3-35

Welche der folgenden Aussagen ist zutreffend?

a)   Kulturalisten erkennen eine übergreifende, globale Kultur im Arbeitsleben.

b)   Kulturalisten sehen das Management überall in gleicher Weise gestaltbar.

c)   Unternehmenskulturen sind aus der Perspektive der Kulturalisten, unternehmensweit zu vereinheitlichen.

d)   Keine der genannten Antworten a) bis c) ist zutreffend.

MC-Frage 3-36

Für welche Hypothese gilt der folgende Satz: „In den letzten Jahren rückte der Wert der materiellen Sicherheit genauso in den Vordergrund wie der Wunsch nach Selbstverwirklichung".

a) Gewichtungs-Hypothese
b) Wertewandel-Hypothese
c) Klages-Hypothese
d) Inglehart-Hypothese

MC-Frage 3-37

Für welche Hypothese gilt der folgende Satz: „An die Stelle von Wohlstandsmehrung ist der Wert der Selbstverwirklichung getreten".

a) Gewichtungs-Hypothese
b) Wertewandel-Hypothese
c) Klages-Hypothese
d) Inglehart-Hypothese

MC-Frage 3-38

Die Schlussfolgerung, dass die Generation Y eher andere Wege bei der Jobsuche bestreitet als ihre Vorgängergenerationen (bspw. Jobdatenbanken statt Samstagsausgabe der Regionalzeitung) ließe sich auch auf welchen Effekt zurückführen?

a) Generationseffekt
b) Alterseffekt
c) Präferenzeffekt
d) Trendeffekt

Lösungen zu den Multiple-Choice-Fragen

1) c	11) a	21) a	31) b
2) d	12) d	22) a	32) d
3) a	13) c	23) b	33) d
4) b	14) d	24) c	34) c
5) b	15) b	25) a	35) d
6) a	16) c	26) d	36) b
7) d	17) d	27) c	37) d
8) d	18) d	28) c	38) d
9) a	19) c	29) a	
10) c	20) b	30) a	

3.3 Reflexion

Reflexion 3-1: Internationale Ebene des Arbeitsrechts

Die International Labor Organisation (ILO) verfolgt das Ziel, durch Formulierung von Mindeststandards länderübergreifend sozial gerechte Arbeitsbedingungen zu erreichen. Welches Interesse Deutschland an der Verabschiedung von Mindeststandards hat, wenn diese nur wenig bis keine Auswirkung auf den nationalen Arbeitsschutz haben?

Lösungsvorschlag

Neben der offiziellen Zielsetzung, bspw. der Etablierung einer globalen sozialen Gerechtigkeit oder der Umsetzung menschenwürdiger Arbeit für alle Menschen auf der Welt, können auch weitere Überlegungen eine Rolle spielen.

So kann Deutschland als Lobbyarbeit in eigener Sache versuchen, die Mindeststandards für Arbeit zu erhöhen, um so die anderen zu höheren Mindeststandards und den damit verbundenen Kosten zu zwingen, wohingegen im Inland die Mindeststandards schon umgesetzt sind.

Dadurch werden die Arbeitskosten im Inland zwar nicht billiger, aber die Arbeitskosten der Länder, die nun die Mindeststandards umsetzen müssen, höher (wodurch sich Deutschlands Arbeitskosten relativ verbilligen).

Reflexion 3-2: Tarifliche Ebene des Arbeitsrechts

Erläutern Sie, warum ein Streik gegen Vulkanausbrüche nicht zulässig sein kann.

Lösungsvorschlag

Das Kampfziel eines Streiks muss der Abschluss eines Tarifvertrags sein. Demnach kann auch nur für Ziele gestreikt werden, die tarifvertraglich verhandelbar sind. Politische Streiks (bspw. die Erhöhung der gesetzlichen Rentenzahlungen oder die Abschaffung der sog. Hartz IV-Regelungen) sind daher nicht zulässig. Ebenso darf nicht für den Abschluss von Betriebsvereinbarungen gestreikt werden, da diese den Betriebsparteien vorbehalten sind.

Reflexion 3-3: Tarifliche Ebene des Arbeitsrechts

Ein Tarifvertrag wurde mit einer Laufzeit bis 31.12.2019 befristet abgeschlossen. Im Tarifvertrag findet sich außerdem die Klausel, nach der innerhalb des ersten Quartals 2020 keine Arbeitskampfmaßnahmen stattfinden dürfen. Im Juli des Jahres 2019 ruft die Gewerkschaft dennoch zu einem Streik auf. Nachdem man der Gewerkschaft erklärt hat, dass dies nicht zulässig sei, warteten sie bis Mitte Januar 2020, um erneut zum Streik aufzurufen.
Warum ist der Streikaufruf in den Sommerferien 2019 und Januar 2020 nicht zulässig?

Lösungsvorschlag

Der Streikaufrufe zu beiden Zeitpunkten fallen in die Friedenspflicht. Die Friedenspflicht kennzeichnet den Zeitraum, in dem (noch) nicht gestreikt werden darf.

Der Streik in den Sommerferien 2019 wird durch die relative Friedenspflicht rechtswidrig. Diese muss nicht gesondert vereinbart werden, da diese jedem Tarifvertrag immanent ist.

Der Streikaufruf im Januar 2020 wäre grundsätzlich zulässig, da die relative Friedenspflicht abgelaufen ist. Doch fällt das Streikverbot im ersten Quartal 2020 unter den Vorbehalt einer absoluten Friedenspflicht. Diese muss (wie im Sachverhalt angegeben) gesondert vereinbart werden und erstreckt sich auf einen definierten Zeitraum, in dem kein Arbeitskampf stattfinden soll.

Reflexion 3-4: Tarifliche Ebene des Arbeitsrechts

Korrigieren Sie die arbeitsrechtlichen Fehler, denen die Protagonisten dieser fiktiven Geschichte unterlaufen sind.

„Die Kollegen in der Produktion ärgerten sich über den neuen Chef, der ihnen vorgesetzt wurde. Sie beschlossen, dass sie ab sofort streiken werden. Schnell sammelten sie Forderungen, die sie dem Arbeitgeber stellen wollten. Unter anderem berieten sie, dass sie sich neben einer Verringerung der Arbeitszeit und der Forderung nach höherem Entgelt auch um die Probleme dieser Welt kümmern könnten.

Daher forderten sie, dass Erdbeben generell und speziell die Regelungen des Datenschutzgesetzes abgeschafft werden sollen.

Als der Chef sie darauf aufmerksam machte, dass sie wenigstens den neu erworbenen milliardenteuren Steam Cracker am Laufen halten sollen, da dieser nicht auskühlen darf, erwiderten sie, dass das halt nun mal der Witz am Streik sei, dass man die Arbeit niederlegt. Ein paar Kollegen kamen sogar auf die Idee, die 3D-Zeichnungen, die sie von der F&E-Abteilung erhalten haben, meistbietend an chinesische Konkurrenten zu verkaufen, schließlich sind die Hauptpflichten während eines Streiks suspendiert. Sie einigten sich darauf, dass sie so lange streiken werden, bis mindestens die Arbeitsministerin eine Einigung mit ihnen und dem Arbeitgeber herbeiführt.

Lösungsvorschlag

Die Möglichkeit zu streiken, ist ein Grundrecht. Dieses Grundrecht kann aber nur kollektiv ausgeübt werden. D. h., dass eine Störung des Arbeitsfriedens als Merkmal des Streiks nur mit Legitimation der Gewerkschaft möglich ist. Hier haben sich ein paar Kollegen zusammengetan, was als „wilder Streik" zu klassifizieren wäre. Diese sind nicht rechtmäßig.

Das Kampfziel eines rechtmäßigen Streiks muss der Abschluss eines Tarifvertrags sein. Demnach kann auch nur für Ziele gestreikt werden, die tarifvertraglich verhandelbar sind. Die Forderung, Erdbeben zu verbieten oder politische Streiks zur Abschaffung eines Gesetzes sind daher nicht zulässig.

Streiks sind aus rechtlicher Perspektive Arbeitsniederlegung ohne Einhaltung von Kündigungsfristen. Das Recht zur Arbeitsniederlegung ist aber nicht grenzenlos. Die Streikenden sind zur Durchführung von Notstandsarbeiten und Erhaltungsarbeiten im bestreikten Betrieb verpflichtet. Die Notstandsarbeiten an einer Maschine oder Anlage, die durch Stillstand oder Leerlauf, unbrauchbar würde, fällt unter die Notstandsarbeiten.

Streiks suspendieren die arbeitsvertraglichen Hauptpflichten, d. h., es erfolgt keine Arbeitsleistung und keine Lohnzahlung. Nebenpflichten bleiben aber erhalten. Dazu zählt bspw. auch die Pflicht zur Geheimniswahrung. Eine Weitergabe von Betriebsgeheimnissen in der Streikphase ist nicht rechtmäßig.

Die Beendigung eines Streiks erfolgt bei Erreichen eines Verhandlungsergebnisses. Eine staatliche Zwangsschlichtung existiert auf Tarifebene nicht. Das Einschalten eines Externen ist möglich, dieser wird aber regelmäßig nur die Rolle eines Mediators einnehmen und keine verbindliche Entscheidung herbeiführen können.

Reflexion 3-5: Unternehmensmitbestimmung

Ein Automobilunternehmen hat 1100 Mitarbeiter und die Rechtsform der GmbH. Skizzieren Sie die Mitbestimmungsarchitektur (Verhältnis von Vorstand, Aufsichtsrat und Hauptversammlung).
   Was ändert sich, wenn das Unternehmen die Rechtsform der SE hat?
   Was ändert sich, wenn das Unternehmen in Familienbesitz ist und schon seit 1910 existiert?

Lösungsvorschlag

Im ersten Fall unterliegt das Unternehmen dem Mitbestimmungsgesetz von 1976. Der Zusammenhang zwischen Aufsichtsrat, Hauptversammlung und Aufsichtsrat ist in Abb. 3.1 dargestellt.

Die Rechtsform der Europäischen Aktiengesellschaft (SE) unterliegt keinem Zwangsmodell der Mitbestimmung. Vielmehr kann mit der Gründung einer SE zwischen

Abb. 3.1: Mitbestimmungsgesetz von 1976.

dem dualistischen oder dem monistischen System gewählt werden. Die Entscheidung über die Art und den Umfang der Mitbestimmung wird dem sog. besonderen Verhandlungsgremium (bestehend aus Arbeitgeber- und Arbeitnehmervertreter) überlassen. Erst, wenn in den Verhandlungen kein Konsens erzielt wird, greifen gesetzliche Auffangregeln, die meist den Status Quo der höchsten Mitbestimmung festlegen.

Im dritten Fall ändert sich nichts. Die besondere Situation einer Familiengesellschaft, die vor 1994 in das Handelsregister eingetragen wurde, gilt nur für eine Mitarbeiterzahl bis 500. Da das Unternehmen mehr als 1001 Mitarbeiter hat, gilt unabhängig davon das MitbestG 1976.

Reflexion 3-6: Unternehmensmitbestimmung

Das deutsche System der Corporate Governance wird mit einigen Vor- und Nachteilen in Verbindung gebracht. Erläutern Sie die Argumente mit selbstgewählten Beispielen.

Lösungsvorschlag

Die Vor- und Nachteile sollen am Beispiel einer strategischen Neuausrichtung eines Geschäftsbereichs skizziert werden.

Entscheidungen im Aufsichtsrat werden fast immer im Konsens getroffen. Die konsensuale Entscheidungsfindung führt dazu, dass Entscheidungen, die vom Aufsichtsrat mitgetragen werden, reibungsloser im Unternehmen umgesetzt werden können (Konsenseffizienz). Bspw. könnte eine Neuausrichtung eines Geschäftsbereichs, die vom Aufsichtsrat und damit auch von den Arbeitnehmervertretern konsensual mitgetragen wird, breitere Akzeptanz in der Belegschaft finden.

Zudem verfügen die Arbeitnehmervertreter aufgrund ihrer Vertrautheit mit der konkreten Neuausrichtung sehr frühzeitig und umfassende Kenntnis über das Unternehmens- und Betriebsgeschehen (Informationseffizienz).

Da der Vorstand um seine Berichtspflichten weiß, wird er diese, in Vorausahnung des kritischen Punkts der Neuausrichtung, das Vorhaben intern schon kritisch hinterfragen, um mit guten Argumenten vor den Aufsichtsrat zu treten (Disziplinierungseffizienz).

Die Aufsichtsräte führen zu großen Überwachungsorganen, die eine zielführende Gremienarbeit und damit die Überwachungseffizienz insgesamt behindern können (Organisationsdefizit). Bspw. hat der Aufsichtsrat eines Automobilzulieferers mit mehr als 2000 Mitarbeiter 20 Mitglieder.

Die Aufgaben des Aufsichtsrats stellen hohe Qualifikationsanforderungen an die Aufsichtsratsmitglieder. Die Vertreter der Arbeitnehmer im Aufsichtsrat werden von der Belegschaft gewählt, wobei primär interessenpolitische Erwägungen sowie Machtverhältnisse und weniger fachliche Qualifikationsprofile wahlentscheidend sein können (Qualifikationsdefizit).

Als weiterer Nachteil wird das Kompromissproblem gesehen. So könnte der Vorstand, im Wissen um die mögliche Kontroverse im Aufsichtsrat und die zu erwartenden Widerstände schon im Vorfeld die Neuausrichtung zum allgemeinen Wohlgefallen modifizieren bzw. gar nicht vorbringen (obwohl strategisch notwendig) oder die Zustimmung der Arbeitnehmerseite durch eine sachfremde Verquickung von unternehmerisch-strategischen Fragen mit betrieblich-operativen Angelegenheiten vorbereiten (Kompromissdefizit).

Die Interessenlagen der vertretenen Arbeitnehmer sind nicht homogen. Während die als Betriebsrat gewählten Aufsichtsräte immer am Wohlergehen ihres jeweiligen Betriebs interessiert sind, spielen für die Gewerkschaftsvertreter unternehmensfremde Belange eine Rolle, bspw., wenn Aufsichtsratsmitglieder in ihrer Eigenschaft als Gewerkschaftsfunktionäre tarifliche Auseinandersetzungen mit dem Unternehmen führen (Interessengegensatz-Defizit).

In international ausgerichteten Unternehmen entstehen Legitimationsprobleme. Die Vorschriften des Mitbestimmungsgesetzes sehen vor, dass die Arbeitnehmervertreter im Aufsichtsrat allein von den inländischen Arbeitnehmern gewählt werden. Der Aufsichtsrat eines internationalen Automobilunternehmens mit mehr als 2000 Mitarbeiter in Deutschland, aber bspw. 10.000 Mitarbeitern im Ausland, wird nur von den inländischen Arbeitnehmern gewählt. Die 10.000 ausländischen Mitarbeiter haben kein Wahlrecht. Damit fehlt dem Aufsichtsrat die Legitimation durch den ausländischen Teil der Belegschaft. Das Legitimationsdefizit ist dabei umso größer, je höher der Anteil ausländischer Mitarbeiter an der Gesamtbelegschaft ist.

Reflexion 3-7: Vor- und Nachteile des Betriebsrats

Auf der Ebene der Mitbestimmung werden Vor- und Nachteile eines mitbestimmten Aufsichtsrats diskutiert. Übertragen Sie passende Argumente auf den Betriebsrat

Lösungsvorschlag

Entscheidungen im Aufsichtsrat werden fast immer im Konsens getroffen. Dieser Befund lässt sich auch auf die Betriebsebene übertragen, da die wenigsten Entscheidungen durch das Arbeitsgericht oder durch die Einigungsstelle gelöst werden.

Die konsensuale Entscheidungsfindung führt dazu, dass Entscheidungen, die vom Betriebsrat mitgetragen werden, reibungsloser im Unternehmen umgesetzt werden können (Konsenseffizienz). Dies wird immer wieder als entscheidender Vorteil der Mitbestimmung aufgefasst. Zudem verfügen die Arbeitnehmervertreter aufgrund ihrer Vertrautheit mit dem Unternehmens- und Betriebsgeschehen über vergleichsweise detaillierte interne Kenntnisse (Informationseffizienz). Die Arbeitnehmervertreter setzen das Spezialwissen ein, um Vorhaben des Vorstands zu hinterfragen und zwingen den Arbeitgeber zu einer fundierten Planung konsistenter Maßnahmen (Disziplinierungseffizienz).

Auf der anderen Seite führen die Mitbestimmungsgesetze zu großen Betriebsratsorganen, die eine zielführende Gremienarbeit und insgesamt behindern können (Organisationsdefizit). Die Aufgaben des Betriebsrats stellen hohe Qualifikationsanforderungen an die Arbeitnehmervertreter. Die Betriebsräte werden von der Belegschaft gewählt, wobei primär interessenpolitische Erwägungen sowie Machtverhältnisse und weniger fachliche Qualifikationsprofile wahlentscheidend sein können (Qualifikationsdefizit).

Als weiterer Nachteil wird das Kompromissproblem gesehen. Der erzielte bzw. gewahrte Konsens wird entweder in Hinblick auf die zu erwartenden Widerstände schon im Vorfeld modifiziert bzw. gar nicht vorgebracht oder die Zustimmung der Arbeitnehmerseite durch eine sachfremde Verquickung von unternehmerisch-strategischen Fragen mit betrieblich-operativen Angelegenheiten abhängig gemacht (Kompromissdefizit).

Das Argument der Defizite durch Interessengegensätze, welches auf den Aufsichtsrat zutrifft, kann nicht ohne Weiteres auf den Betriebsrat übertragen werden. Auch lässt sich das Legitimationsdefizit des Aufsichtsrats nicht übertragen, da der Betriebsrat immer nur für den jeweiligen Betrieb zuständig ist, von dem er gewählt wurde.

Reflexion 3-8: Betriebliche Mitbestimmung

Ein Betrieb hat 1002 Arbeitnehmern. Wie viele Betriebsräte können in diesem Betrieb gewählt werden und wie viele sind davon dauerhaft für Betriebsratstätigkeiten freigestellt?

Lösungsvorschlag

§ 9 BetrVG sieht bei dieser Anzahl von Arbeitnehmer 15 Betriebsratsmitglieder vor, von denen nach § 38 BetrVG 3 dauerhaft für Betriebsratstätigkeiten freigestellt sein können.

Reflexion 3-9: Betriebliche Mitbestimmung

§ 102 BetrVG regelt das Recht des Betriebsrats bei Kündigungen von Beschäftigten im Betrieb. Welche Rechte stehen dem Betriebsrat zu? Kann der Arbeitgeber trotz eines Widerspruchs des Betriebsrats kündigen?

Lösungsvorschlag

§ 102 BetrVG normiert ein Anhörungsrecht des Betriebsrats (Mitwirkungsrecht). Die Anhörung ist dadurch gekennzeichnet, dass der Arbeitgeber die Wünsche, Anregungen oder Einwendungen des Betriebsrats anhören und sich mit ihnen auseinandersetzen muss.

Der Betriebsrat ist vor jeder Kündigung zu hören. Der Arbeitgeber hat ihm die Gründe für die Kündigung mitzuteilen. Eine ohne Anhörung des Betriebsrats ausgesprochene Kündigung ist unwirksam. Zwar kann der Betriebsrat innerhalb der Frist des Absatzes 2 Satz 1 der ordentlichen Kündigung widersprechen, doch berührt das nicht die Kündigungswirksamkeit an sich.

Reflexion 3-10: Werte und Wertewandel

Die Anzahl der Jugendlichen, die schon länger als drei Monate im Ausland gelebt haben, ist so hoch wie noch nie zuvor. Daraus könnte man die Schlussfolgerung ziehen, dass die Generation Y (oder eine andere Generationsbezeichnung) eine andere Einstellung zu Internationalität hat als ihre Vor- und Vorvorgängergeneration.

Diskutieren Sie diese Schlussfolgerung kritisch unter dem Aspekt möglicher Trend-, Alters- und Generationseffekte.

Lösungsvorschlag

Offensichtlich gab es hier in den vergangenen Jahren einen quantitativen Unterschied von Auslandsaufenthalten. Daraus den Schluss zu ziehen, dass die Generation Y ganz anders sei, ist aus methodischer Sicht jedoch problematisch, da man eben nicht weiß, ob die Vorgängergenerationen nicht die gleichen Präferenzen und den gleichen Idealismus oder den gleichen Wunsch in ihrer Jugend hatten, diesen nur nicht verwirklichen konnten.

Zur Beantwortung der Frage, ob die Beobachtung auf eine tatsächliche Andersartigkeit zurückzuführen ist oder ob Auslandsaufenthalte auf einen

- Trendeffekt (bspw., weil Flüge nun billiger sind als vor dreißig Jahren, weil die Planung eines Auslandsaufenthalts durch die Informationsbeschaffung über das Internet leichter ist oder weil die Sprachkenntnisse heute besser vermittelt werden als früher),
- Alterseffekt (junge Menschen heiraten später und bekommen später Kinder, sodass sie mehr Freiheiten haben, für eine bestimmte Zeit im Ausland zu studieren oder zu arbeiten) oder tatsächlich auf einen
- Generationeneffekt („junge Menschen sind heute internationaler eingestellt" nicht eher auf einen Trendeffekt hindeutet: „Auslandsaufenthalte muss man sich leisten können")

zurückzuführen sind.

Reflexion 3-11: Internationales Personalmanagement

Ein deutsches Unternehmen mit einem Tochterunternehmen in den USA beschäftigt sowohl Expatriates aus den USA in Deutschland als auch Expatriates aus Deutschland in den USA. Hinzu kommen in beiden Ländern Beschäftigte aus Indien.

Ordnen Sie den Beschäftigten den Status host country nationals, parent country nationals und third country nationals zu.

Lösungsvorschlag

In diesem Fall sind deutschen Mitarbeiter in den USA parent country nationals. US-amerikanische Mitarbeiter in der Tochtergesellschaft werden als host country nationals bezeichnet. Die indischen Mitarbeiter sind in beiden Unternehmen third party nationals.

3.4 Anwendung

Anwendungsbeispiel 3-1: Regelungsebenen im Zusammenspiel

Herr Müller möchte wissen, wie lange er wöchentlich arbeiten muss. In seinem jahrzehntealten Arbeitsvertrag findet er keinen Hinweis auf die Arbeitszeit. Er ist zwar kein Gewerkschaftsmitglied, doch sein Arbeitgeber unterliegt einem Tarifvertrag, den er per Bezugnahmeklausel auf alle Beschäftigten anwendet und hat eine Betriebsvereinbarung mit dem Titel „Verkürzung der tariflichen Wochenarbeitszeit um eine Stunde".

Welche Antwort würden Sie Herrn Müller geben?

Lösungsvorschlag

Im Arbeitszeitgesetz finden sich nur Höchstgrenzen. In § 3 ArbZG findet sich die Formulierung, dass die „werktägliche Arbeitszeit der Arbeitnehmer ... acht Stunden nicht überschreiten darf. Sie kann auf bis zu zehn Stunden nur verlängert werden, wenn innerhalb von sechs Kalendermonaten oder innerhalb von 24 Wochen im Durchschnitt acht Stunden werktäglich nicht überschritten werden." Daher lässt sich ableiten, dass die wöchentliche Maximalarbeitszeit 48 Stunden im langfristigen Durchschnitt nicht überschreiten darf (6 mal 8 Stunden – das Arbeitszeitgesetz, so wie auch das Bundesurlaubsgesetz, gehen von einer 6-Tage-Woche aus).

Da das ArbZG nur eine Höchstgrenze vorsieht, kann durch Tarifvertrag zugunsten der Arbeitnehmer abgewichen werden. Nehmen wir fiktiv an, dass der Tarifvertrag seines Arbeitgebers eine wöchentliche Arbeitszeit von 40 Stunden vorsieht.

Im Beispielfall ist Herr Müller zwar kein Gewerkschaftsmitglied, aber in seinem Arbeitsvertrag wird auf den Tarifvertrag Bezug genommen. Daher muss Herrn Müller auch nur die 40 Stunden pro Woche arbeiten.

Es liegt im Beispielsfall eine Betriebsvereinbarung vor. In der „Betriebsvereinbarung zur Verkürzung der tariflichen Wochenarbeitszeit um eine Stunde" wurde zwischen Betriebsrat und Arbeitgeber vereinbart, dass die wöchentliche Arbeitszeit um eine Stunde verkürzt wird.

Die Betriebsvereinbarung über die Absenkung der wöchentlichen Arbeitszeit ist aber nicht wirksam, da sie nach § 77 Abs. 3 BetrVG „gesperrt" ist. Auch wenn die Regelung in der Betriebsvereinbarung für den Arbeitnehmer günstiger ist, so darf trotzdem keine Betriebsvereinbarung Sachverhalte regeln, die im Tarifvertrag abschließend bestimmt sind.

Die Antwort auf die Frage lautet demnach, dass Herr Müller 40 Stunden pro Woche arbeiten muss.

Anwendungsbeispiel 3-2: Mitbestimmung des Betriebsrats

In § 99 BetrVG wird das Recht des Betriebsrats normiert, unter bestimmten Voraussetzungen einer personellen Einzelmaßnahme zu widersprechen. Skizzieren Sie die Voraussetzungen unter denen der Betriebsrat einer Einzelmaßnahme widersprechen kann und finden Sie zu jeder dieser Voraussetzung ein Beispielfall.

Lösungsvorschlag

Bei bestimmten personellen Einzelmaßnahmen hat der Betriebsrat umfangreiche Beteiligungsrechte. Zu den Einzelmaßnahmen zählen bspw. Einstellungen, Versetzungen oder Umgruppierungen.

Der Arbeitgeber darf in diesen Fällen nicht ohne Zustimmung des Betriebsrats handeln und der Betriebsrat kann die Zustimmung nur aus den gesetzlich vorgegebenen Gründen verweigern (§ 99 Abs. 1 S. 1, Abs. 2 BetrVG). Um diese Rechte zu aktivieren, muss der Betrieb mindestens 20 wahlberechtigte Arbeitnehmer aufweisen.

Der Betriebsrat darf seine Zustimmung aber nur aus den in § 99 Abs. 2 BetrVG Nr 1–5 genannten Gründen verweigern. Beispiele für die Zustimmungsverweigerung zu

- Nr. 1: Die personelle Maßnahme könnte gegen ein Gesetz oder eine Regelung aus dem Tarifvertrag verstoßen, wenn bspw. ein Tarifvertrag eine Mindeststundenzahl von 10 Wochenstunden vorsieht, der neue Mitarbeiter aber mit einer Arbeitszeit von nur 6 Wochenstunden eingestellt werden soll.
- Nr. 2: Die Einstellung verstößt gegen eine betriebsinterne Auswahlrichtlinie oder der darin aufgestellten Kriterien, wenn eine betriebliche Auswahlrichtlinie die Beurteilung von Schulnoten bei der Bewerberauswahl untersagt. Hat der Arbeitgeber in der Bewerbung aber Schulzeugnisse verlangt, könnte der Betriebsrat der Einstellung daraufhin widersprechen.
- Nr. 3: Es besteht die Besorgnis, dass durch die Einstellung dieses Mitarbeiters anderen Beschäftigten gekündigt werden oder andere Nachteile erleiden. Dies ist eng auszulegen. Nicht jede Sorge oder Vermutung des Betriebsrats löst das Zustimmungsverweigerungsrecht aus. Der Betriebsrat könnte bspw. widersprechen, wenn der Arbeitgeber aus betrieblichen Gründen einen Arbeitnehmer entlassen und an seiner Stelle einen anderen, möglicherweise besser qualifizierten einstellen wollte. Nicht aber, wenn er einen Mitarbeiter aus Gründen in seinem Verhalten oder in seiner Person kündigen und für ihn einen Ersatz einstellen möchte (vgl. Hromadka/Maschmann, 2012, S. 434).
- Nr. 4: Dieser Fall scheidet bei Bewerbern aus.
- Nr. 5: Wenn eine vorher vom Betriebsrat verlangte interne Stellenausschreibung vor der Einstellung unterblieben ist oder der Arbeitgeber die interne Stellenausschreibung mit höheren Anforderungen versehen hat, als die später ausgeschrie-

bene externe Stellenausschreibung. Kein Zustimmungsrecht ergibt sich aus der bloßen Tatsache, dass ein externer Bewerber eingestellt wird.

Anwendungsbeispiel 3-3: Mitbestimmung bei der SAP

Das Zusammenspiel der unterschiedlichen Ebenen der Arbeitgeber-Arbeitnehmer-Beziehungen kann am Beispiel der Gründung eines Betriebsrats bei der SAP AG veranschaulicht werden.

Die SAP AG war lange Zeit das einzige börsennotierte DAX-Unternehmen in Deutschland, in dem kein Betriebsrat existierte. Dies hatten seit der Gründung des Unternehmens im Jahr 1972 sowohl Vorstand als auch Arbeitnehmer stets abgelehnt.

Erst als das Unternehmen 1988 an die Börse ging und zu einer Aktiengesellschaft wurde, musste sich das Unternehmen institutionell mit der Mitbestimmung beschäftigen. Das Mitbestimmungsgesetz für Aktiengesellschaften mit mehr als 2.000 Mitarbeitern sieht einen paritätisch besetzten Aufsichtsrat von Vertretern der Anteilseigner und Arbeitnehmer vor. Diesen richtete SAP ein. Da weder ein Betriebsrat existierte, noch der Wunsch aufkam, einen Betriebsrat zu installieren, übernahmen im Aufsichtsrat die Vertreter der Arbeitnehmer die Aufgaben und Funktionen eines Betriebsrats. Dabei orientierten sich Vorstand und Aufsichtsrat an den im Betriebsverfassungsgesetz vorgesehen Regeln für die betriebliche Mitbestimmung.

Diese Übereinkunft zwischen Arbeitnehmern und Vorstand hielt knapp zwanzig Jahre, bis Anfang 2006 drei Mitarbeiter von mittlerweile weltweit 35.000 Mitarbeitern (davon 13.000 in Deutschland) doch einen Betriebsrat gründen wollten.

Dass damit die einzigartige Konstruktion der Arbeitsbeziehungen (keine institutionalisierte Mitbestimmung auf Betriebsebene, Delegation der betrieblichen Mitbestimmung auf die Unternehmensebene) eines so großen Unternehmens vor dem Umbruch stand, konnte man bereits an den Überschriften vieler Zeitschriftenartikel erkennen (SPIEGEL (11/2006): „Ausweitung der Kampfzone" (11/2006), manager magazin (6/2006): „Betriebsrat wider Willen" (manager magazin, 6/2006) oder taz (04.03.2006): „SAP will keinen Betriebsrat".

Die Idee, bei der SAP AG einen Betriebsrat einzusetzen, kam drei SAP-Mitarbeitern, die, unterstützt durch die IG Metall, zu einer Betriebsversammlung einluden, um über die Gründung eines Betriebsrats zu diskutieren.

Auf der Betriebsversammlung stimmten dann 5.100 (rund 91 %) der rund 5.600 anwesenden Beschäftigten gegen die Einrichtung eines Betriebsrats.

Der Widerwille der Beschäftigten drückte sich in der aufgeladenen Stimmung der Betriebsversammlung aus. Die Mitarbeiter zeigten sich mit den Arbeitsbedingungen sehr zufrieden und forderten die Initiatoren auf, Gründe zu nennen, wofür man einen Betriebsrat benötigen würde. Redebeiträge der Initiatoren und weitere Fürsprecher wurden ausgebuht und durch rhythmisches Klatschen gestört.

Trotzdem fühlten sich die drei Mitarbeiter im Recht, da das Betriebsverfassungsgesetz bestimmt, dass in Betrieben mit in der Regel mindestens fünf wahlberechtigten Arbeitnehmern Betriebsräte gewählt werden.

Die SAP teilte in einer Pressemitteilung am 14.03.2006 daraufhin mit: „Mit dem eindeutigen Votum gegen die Bestellung eines Wahlvorstands zur Durchführung von Betriebsratswahlen haben die Mitarbeiter der SAP AG (...) gezeigt, dass sie mehrheitlich keinen Betriebsrat wollen. Diese Entscheidung verpflichtete auch den Vorstand, alle Möglichkeiten zu prüfen, diesem klaren Mitarbeitervotum zu entsprechen."

Der Vorstand akzeptierte aber die geltende Rechtslage, wonach auch wenige Beschäftigte gegen den Mehrheitswillen einen Betriebsrat gründen können und versuchte, die Kontrolle über das Verfahren zurückzugewinnen, um einen von der IG Metall dominierten und gesteuerten Betriebsrat zu vermeiden. Die Idee dahinter war, dass "Wenn es einen Betriebsrat bei SAP geben muss, dann einen Betriebsrat aus unserer Mitte, der sich unserer besonderen Firmenkultur und unseren Werten verpflichtet fühlt", sagte Henning Kagermann, Vorstandssprecher der SAP in einer Pressemitteilung. „Der Vorstand der SAP AG begrüßt vor diesem Hintergrund die heutige Entscheidung der Arbeitnehmervertreter im Aufsichtsrat, die Wahl eines Betriebsrats nun selbst zu organisieren. Die Arbeitnehmervertreter werden in den kommenden Wochen eine Betriebsversammlung einberufen mit dem Ziel, einen Wahlvorstand zur Durchführung von Betriebsratswahlen für die rund 9.000 Mitarbeiter ... zu wählen. ... Es ist uns wichtig, im Rahmen der gesetzlichen Vorgaben die Zusammenarbeit in unserem Unternehmen so zu gestalten, dass die vorhandenen Freiräume bestmöglich genutzt werden."

Der Aufruf zeigte Wirkung. Bei der anschließenden Wahl stellten sich mehr als 400 Kandidaten auf mehreren Wahllisten als Betriebsrat zur Verfügung. Mit einer Wahlbeteiligung von 65 % kamen fünf der bisher acht Arbeitnehmervertreter des Aufsichtsrats in den Betriebsrat. Die übrigen Plätze verteilten sich auf mehrere Listen. Bemerkenswert dabei war, dass die Liste „Pro Mitbestimmung", die mehrheitlich aus IG Metall- und verdi-Mitgliedern (darunter auch die Initiatoren der Betriebsratswahl) bestand, nur drei der 37 Sitze bekam. Die Betriebsratswahl 2010 bestätigte weitgehend die Ergebnisse. Die gewerkschaftsnahe Liste konnte einen Sitz mehr gewinnen.

Bei der mittlerweile dritten Wahl im Jahr 2014 haben sich auch bei der SAP AG die in Großunternehmen üblichen **Rituale und Streitereien** zwischen den konkurrierenden Listen vor und nach Betriebsratswahlen eingeschlichen. So wurde im Vorfeld der Wahl die Liste „Frischer Wind" vom Wahlvorstand abgelehnt. Die Kandidaten der Liste erstritten sich vor dem Arbeitsgericht trotzdem die Zulassung zur Wahl. Es bewarben sich schließlich 15 unterschiedliche Listen um die 39 Betriebsratssitze. Die Konflikte zwischen unterschiedlichen Listen lassen sich, wie in anderen Unternehmen auch, meist auf Machtfragen, persönliche Zerwürfnisse oder unterschiedliche gewerkschaftliche Hintergründe zurückführen.

Die Wahlbeteiligung ist kontinuierlich von 65 % über 58 % (2010) auf knapp 48 % (2014) gefallen. Der bisherige Betriebsratsvorsitzende wurde trotz hohem Stimmenverlust wieder bestätigt. Die Liste „Pro Mitbestimmung", die durch den Initiator der Betriebsratswahlen angeführt wird, konnte sechs der 41 Betriebsratsplätze gewinnen.

Die Darstellungen zeigen, dass sich die SAP AG mittlerweile in die **Konstruktionslogik der deutschen Arbeitgeber-Arbeitnehmer-Beziehungen** auf mehreren Ebenen eingefunden hat. Die Mitbestimmung wird auf Unternehmens- und Betriebsebene durch Aufsichtsrat und Betriebsrat vollzogen. Lediglich einen Tarifvertrag konnten die Gewerkschaften bisher noch nicht durchsetzen.

Erläutern Sie, ob die Aufforderung in § 1 BetrVG („in Betrieben ... werden Betriebsräte gewählt") als gesetzliche Pflicht zur Betriebsratswahl zu verstehen ist.

Diskutieren Sie, ob eine Reform des BetrVG dahingehend sinnvoll wäre, bspw. ein Mindestquorum an Zustimmung zu einer Betriebsratswahl zu verlangen.

Lösungsvorschlag

In § 1 BetrVG heißt es hierzu: „In Betrieben mit in der Regel mindestens fünf ständigen wahlberechtigten Arbeitnehmern ... werden Betriebsräte gewählt."

Dies eröffnet die Möglichkeit, aber nicht die Pflicht einen Betriebsrat zu wählen. Wenn tatsächlich kein Betriebsrat gewählt wird, ist dies kein Gesetzesverstoß.

Die SAP AG wollte, trotz der eindeutigen Rechtslage, alle arbeitsrechtlichen Möglichkeiten bis hin zum Bundesverfassungsgericht ausschöpfen, um den Mehrheitswillen der Beschäftigten, keinen Betriebsrat zu installieren, umzusetzen.

Die Prüfung der Rechtslage ergab, „dass uns die geltenden Gesetze keine Möglichkeit geben, ... die Einsetzung eines Wahlvorstands per Gerichtsentscheid zu verhindern", so das Ergebnis einer Pressemitteilung der SAP AG.

Dieses Ergebnis war wenig überraschend, da der Gesetzgeber eindeutig festgelegt hat, dass eine Betriebsversammlung zur Etablierung eines Wahlvorstands durch „drei wahlberechtigte Arbeitnehmer" einberufen werden kann (§ 17 BetrVG). Die drei SAP-Mitarbeiter reichten daher beim zuständigen Arbeitsgericht in Mannheim einen Antrag auf Einsetzung eines Wahlvorstands ein.

Der Konzernsprecher teilte mit: „Wir sind enttäuscht, dass das Gesetz einer kleinen Minderheit die Gelegenheit gibt, eine überwältigende Mehrheit mündiger Mitarbeiter zwangszubeglücken." (zitiert aus FAZ, 05.03.2006).

Da die Wahl des Betriebsrats auch nur mit einer Stimme möglich ist (bspw., wenn sich alle anderen Beschäftigten der Wahl entziehen), wäre es mit Blick auf die demokratische Legitimation eine Reformoption, dass die Beschäftigten darüber abstimmen, ob ein Betriebsrat gewählt werden soll.

Anwendungsbeispiel 3-4: Kulturalisten-Universalisten-Kontroverse

Während die Universalisten das Management als unabhängig von den kulturellen Bedingungen und immer und überall in gleicher Weise gestaltbar (culture-free-These) betrachten, heben die Kulturalisten die Kulturabhängigkeit der Managementkonzepte und -instrumente hervor. Demzufolge sind Managementpraktiken nicht problemlos in andere Kulturkreise übertragbar (culture-bound-These) (vgl. dazu auch Süß, 2004, S. 26).
Erläutern Sie mögliche Argumente beider Seiten.

Lösungsvorschlag

Die Universalisten führen an, dass es im Zuge von Globalisierungsbemühungen zu einer Angleichung unterschiedlicher Kulturen kommt, da die dahinterliegenden Effizienzbemühungen einer globalen Wirtschaft den Raum für kulturelle Besonderheiten zunehmend einengen.

Eine, zumindest in Europa, vereinheitliche Studiensystematik, die auf der ganzen Welt verfüg- und verschiebbaren Technologien, standardisierte Managementmethoden (Lean Management, KVP, Balanced Scorecard, ...) sowie der globale Effizienzmaßstab Gewinn bzw. Rentabilität wird dazu führen, dass kulturelle Besonderheiten nur noch dort Platz finden, wo sie die weltweiten Finanz- und Produktströme nicht behindern. In der Folge wird die Kulturabhängigkeit im ersten Schritt aus dem Arbeitsleben, folgend aus der Ausbildungszeit und letztlich auch im Privatleben zurückgedrängt.

Die Kulturalisten-These wird damit begründet, dass die fundamentale Prägung durch das Elternhaus und die Schulsozialisation im Kindes- und Jugendalter außerhalb der Sphäre des Gloablisierungsdrucks stattfindet. Daher werden die außerhalb von Gloablisierungstendenzen sozialisierten Menschen ihre frühkindliche und jugendliche Prägung auch im Erwachsenenalter beibehalten.

Anwendungsbeispiel 3-5: Kulturbegriff

Hofstede entwickelte kulturelle Cluster auf der Basis von unterschiedlich definierten Kulturdimensionen.

Diskutieren Sie die Dimensionen und finden Sie Beispiele aus Ihren Erfahrungen mit unterschiedlichen Arbeitskulturen und vergleichen Sie diese mit der von Hofstede auf Basis empirischer Untersuchungen entwickelten Einteilung.

Lösungsvorschlag

Als Begründer der vergleichenden Kulturforschung gilt Geert Hofstede. Er untersuchte kulturelle Wertvorstellungen in über 50 Ländern bei über 100.000 Mitarbeitern. Hofstede untersuchte fünf zentrale Kulturdimensionen zur Beschreibung kultureller Gemeinsamkeiten und Unterschiede. Er bildete jeweils Begriffsgegensätze, deren Ausprägungen zur Beschreibung einer nationalen Kultur herangezogen werden konnte:
- Hohe Machtdistanz vs. geringe Machtdistanz,
- Individualismus vs. Kollektivismus,
- Maskulinität vs. Feminität,
- Hohe Unsicherheitsvermeidung vs. geringe Unsicherheitsvermeidung und
- Langfrist- vs. Kurzfristorientierung

Hier finden Sie die Kurzdefinitionen mit Beispielen zur Orientierung. Die Dimension Machtdistanz beschreibt das Verhältnis zu Autoritäten und den Umgang mit sozialer Ungleichheit. Es geht dabei um die Akzeptanz von Macht, die durch oder in Organisationen ausgeübt wird bzw. sogar erwartet wird. Machtdistanz drückt demnach aus, wie hierarchisch eine Kultur aufgebaut ist, wie groß der Unterschied zwischen den Hierarchien ist, wieviel Privilegien akzeptiert werden bzw. wie gleichberechtigt sich die Mitglieder ansehen oder wie die Abneigung gegenüber Privilegien einzelner Gruppen ausgeprägt ist (vgl. zur Beschreibung der Kulturdimensionen Bode/Alfter, 2011).

Mit dem Begriffspaar Individualismus/Kollektivismus werden die Beziehungen zwischen dem Individuum und der Gruppe beschrieben. In individualistischen Gesellschaften bestehen eher lose Beziehungen zwischen den Individuen. Jeder achtet in erster Linie auf sich und seine Kernfamilie. In kollektivistischen Gesellschaften ist der Einzelne Teil einer kohäsiven Gruppe, die sich gegenseitig Schutz gewährt und Loyalität zeigt. In ausgeprägt individualistischen Ländern wird konfrontatives Verhalten eher akzeptiert als in kollektivistischen Ländern, die eher harmonieorientiert sind.

Beim Begriffspaar Maskulinität/Feminität geht es um die Rollenverteilung zwischen den Geschlechtern. In maskulin geprägten Gesellschaften haben Wettbewerb, Anerkennung, Beförderung, sozialer Status und Einkommen eine größere Bedeutung. In feminin geprägten Kulturen wird eher Wert auf Kooperation, Harmonie, Bescheidenheit und Lebensqualität gelegt.

Toleranz gegenüber Unsicherheit und Mehrdeutigkeit kennzeichnet die Dimension Unsicherheitsvermeidung. Je stärker eine Gesellschaft bemüht ist, Unsicherheit und Mehrdeutigkeit zu vermeiden, desto mehr Regeln und Gesetze gibt es, die alle Lebensbereiche und -risiken abzudecken versuchen. Dies geht einher mit einem hohen Formalisierungsgrad und geringer Risikobereitschaft. Kulturen mit niedriger Unsicherheitsvermeidung tolerieren neue und ggf. unstrukturierte Situationen eher.

Langzeitorientierte Kulturen messen Werten wie Ausdauer, Sparsamkeit oder Beharrlichkeit einen höheren Stellenwert zu als Kulturen, die den gegenwärtigen Erfolg höher schätzen.

Aus Hofstedes Studien bzw. den vielen Folgestudien lassen sich Regionen mit ähnlichen Kulturen zu kulturellen Clustern zusammenfassen (vgl. Tab. 3.1). Beurteilen Sie auf Basis Ihrer Erfahrung, ob Sie die kulturelle Verwandtschaft nachvollziehen können.

Tab. 3.1: Kulturelle Cluster.

Cluster	Länder	Beschreibung
Nordeuropa	Dänemark, Finnland, Schweden	Gemeinsame skandinavische Geschichte, der Sozialstaatsgedanke, sprachliche und religiöse Gemeinsamkeiten sowie die Gleichbehandlung von Mann und Frau
Germanisches Europa	Deutschland, Österreich, Holland, Schweiz	Gemeinsame Sprache, die Liebe zur Freiheit, die starke Zukunftsorientierung sowie eine geringe Unsicherheitstoleranz
Angelsachsen	Irland, Kanada, Australien, England, Neuseeland, USA und Südafrika (weiß)	Englisch als gemeinsame Sprache, Kurzfristorientierung und eine hohe Unsicherheitstoleranz
Lateineuropa	Spanien, Portugal, Italien, Frankreich, Schweiz (französisch), Israel	Romanisch geprägte Länder eint die hohe Maskulinität und die gemeinsame Sprache
Lateinamerika	Brasilien, Bolivien, Ecuador, Venezuela, Mexiko, Kolumbien, Argentinien	Romanische Wurzeln und die gemeinsame Religion prägen die kollektivistische Kultur

Tab. 3.1 (fortgesetzt)

Cluster	Länder	Beschreibung
Osteuropa	Griechenland, Ungarn, Albanien, Slowenien, Polen, Russland, Georgien	Dominante und selbstbewusste Persönlichkeiten mit hoher Maskulinität und Machtdistanz
Mittlerer Osten	Katar, Türkei, Ägypten, Kuwait, Marokko	Zeichnet sich durch den Islam, die gemeinsame Sprache, die Machtdistanz und Maskulinität aus
Sub-Sahara	Sambia, Zimbabwe, Südafrika (schwarz), Namibia, Nigeria	Hohe Diversität und Offenheit gegenüber anderer Sprachen, Religionen und Kulturen
Südasien	Philippinen, Indonesien, Malaysia, Indien, Thailand, Iran	Stark von Indien beeinflusst. Hoher Kollektivismus prägt die Kultur
Konfuzianisches Asien	Singapur, Hongkong, Südkorea, Taiwan, Japan	Ebenfalls hoher Kollektivismus und ausgeprägte Langfristorientierung bei hoher Machtdistanz

3.5 Weiterführende Literaturhinweise

Dutz, W./Thüsing, G.: Arbeitsrecht, 23. Aufl., München 2018.

Hromadka, W./Maschmann, F.: Arbeitsrecht Band II, Kollektivarbeitsrecht + Arbeitsstreitigkeiten, 6. Aufl., Berlin/Heidelberg 2014.

Hromadka, W./Maschmann, F.: Arbeitsrecht Band I, Individualarbeitsrecht, 5. Aufl., Berlin/Heidelberg 2012.

Im Arbeitsrecht gibt es viele sehr gute Lehrbücher. Die drei hier genannten Lehrbücher sind zu empfehlen.

www.iwd.de
www.boeckler.de
www.arbeitgeber.de
www.igmetall.de
www.gesamtmetall.de

Auf den Internetseiten der Gewerkschaften und gewerkschaftsnahen Stiftungen sowie auf den Seiten der Arbeitgeberverbände finden sich viele Anregungen, Auseinandersetzungen, Argumente und geschichtliche Hintergründe zu arbeitsrechtlichen Themen.

http://www.bertelsmann-stiftung.de/fileadmin/files/BSt/Publikationen/GrauePublikationen/GP_Diskus
sionsentwurf_eines_Arbeitsvertragsgesetzes.pdf
http://library.fes.de/fulltext/asfo/00627011.htm
http://www.weltderarbeit.de/start12.pdf

Im Auftrag der Bertelsmann-Stiftung haben die Professoren Henssler und Preis einen Versuch unternommen, das in viele Einzelgesetze zersplitterte Arbeitsrecht und das durch Richterrecht geformte Arbeitsrecht in ein einheitliches Arbeitsvertragsgesetz zu überführen. Es lohnt sich, um die Schwierigkeit des Projekts zu erfassen, einzelnen Stellungnahmen, Kritik und Diskussionsbeiträge, wenn auch nur kursorisch, zu lesen.

Biemann, T./Weckmüller, H.: Generation Y. Viel Lärm um fast nichts, in: Personal quarterly, Heft 1, 2013, S. 46–49.

Der Aufsatz diskutiert die These, dass die Generation Y anders sei als die Generationen vor ihnen. Die Autoren legen alternative Interpretationen vor und untermauern diese mit einem zusammenfassenden Überblick über die Studienlage zu diesem Thema.

4 Personalstrategien

4.1 Schlüsselbegriffe

Schlüsselbegriffe des Kapitels 4.1:

Die Personalstrategie bildet den Orientierungsrahmen für die operative Ausgestaltung sämtlicher Handlungsfelder des betrieblichen Personalmanagements (bspw. Personalbeschaffung, Entgeltgestaltung, Personalentwicklung oder Mitarbeiterführung), indem sie die Ziele und Gestaltungsgrundsätze des Personalmanagements festlegt. Entscheidungen innerhalb des Personalmanagements sind dann als strategisch zu qualifizieren, wenn sie eine hohe Bindungswirkung haben (schwer revidierbar sind), Grundsatzcharakter aufweisen (den Entscheidungsspielraum für Folgeentscheidungen einengen), eine Vielzahl von Mitarbeitern betreffen (im Unterschied zu personellen Einzelentscheidungen) und die Vermögens- und Ertragslage entscheidend beeinflussen (finanzwirtschaftlich relevant sind).

Der universalistische Ansatz geht davon aus, dass es eine bestmögliche Ausgestaltung („best-practice") des Personalmanagements unabhängig von unternehmensspezifischen, situativen Bedingungen gibt („one size fits all").

Der Kontingenzansatz hingegen fordert, das Personalmanagement müsse der Wettbewerbsstrategie des Unternehmens angepasst sein und sich unternehmensindividuell als funktionale Strategie aus der Wettbewerbsstrategie ableiten („best-vertical-fit").

Der Konsistenzansatz hingegen betont, dass das Personalmanagement aus einer Vielzahl an Instrumenten besteht und fordert eine höchstmögliche interne Kohärenz dieser Instrumente („best-horizontal-fit"). Aufeinander bezogene und abgestimmte Teilaktivitäten fügen sich dann zu einem konsistenten Ganzen und ergeben hierdurch die Personalstrategie des Unternehmens.

Die Unternehmenskultur umfasst die gewohnte und tradierte Weise des Denkens und Handelns im Unternehmen, wie sie in mehr oder minder starker Weise von allen Mitgliedern geteilt wird („how things are done around here") und die die Identität des Unternehmens ausmacht. Es handelt sich um die geltenden, zumeist unhinterfragten, Selbstverständlichkeiten in Unternehmen. Nach dem „Drei-Ebenen-Modell" von Edgar Schein besteht die Unternehmenskultur aus Basisannahmen, Werten und Artefakten. Die Basisannahmen bilden den Kern der Unternehmenskultur. Sie beinhalten die im Unternehmen nicht hinterfragten, als selbstverständlich geltenden Überzeugungen und Haltungen (bspw. Menschenbild, Kundenbild, Verhältnis zur Umwelt, Verhältnis zum Staat, Marktverständnis, Zeitverständnis des Unternehmens). Diese Basisannahmen bilden den Nährboden für die grundlegenden Werte, die im Unternehmen Gültigkeit besitzen. Werte sind Konzeptionen des Wünschenswerten und bringen zum Ausdruck, was im Unternehmen als richtig und falsch erachtet wird

https://doi.org/10.1515/9783110988611-004

(bspw. Verhaltenskodizes, Verbote, Handlungsmaximen). Artefakte als die Oberfläche der Unternehmenskultur machen diese Werte äußerlich sichtbar. Es handelt sich um sinnlich wahrnehmbare Manifestationen in Form von Symbolen (bspw. Logo, Architektur, Sprache, Rituale, Umgangsformen). Die Unternehmenskultur kann stark oder schwach ausgeprägt sein. Bei Unternehmen mit einer starken Kultur weist die Unternehmenskultur eine hohe Prägnanz (hohe Klarheit und Eindeutigkeit), einen großen Verbreitungsgrad (wird von fast allen Mitarbeitern geteilt, kaum Subkulturen) und eine große Verankerungstiefe (starke Internalisierung des kulturellen Musters durch die Mitarbeiter).

Bei der Erfassung der Unternehmenskultur lassen sich der funktionale Ansatz und der interpretative Ansatz unterscheiden. Der funktionale Ansatz versteht Unternehmenskultur als eine Variable im System Unternehmen. Dieser Richtung folgend ist die Unternehmenskultur bewusst beeinflussbar und gestaltbar. Die interpretative Sichtweise negiert die aktive Gestaltungsfähigkeit, da Unternehmen nicht eine Kultur *haben*, sondern Kulturen *sind*. Demnach ist die Unternehmenskultur als solches auch nicht isolierbar, fassbar oder beobachtbar. In diesem Sinne werden Kulturen als kaum beeinflussbare Resultate des Zusammenwirkens vieler vernetzter Einflussfaktoren betrachtet. Der Gestaltungswille der Funktionalisten wird in der interpretativen Sichtweise durch den Willen zum Verstehen der Kultur ersetzt.

4.2 Wissensprüfung

4.2.1 Wiederholungsfragen

Hinweise zur Lösung der folgenden Fragen finden Sie in Kap. 4.1 des Lehrbuchs.

Wiederholungsfrage 4-1
Welche Merkmale müssen erfüllt sein, damit eine Entscheidung als strategisch angesehen werden kann?

Wiederholungsfrage 4-2
Welche Ausprägungen kann das Verhältnis von Unternehmens- und Personalstrategie annehmen?

Wiederholungsfrage 4-3
Erläutern Sie die Leitfragen des universalistischen Ansatzes, des Kontingenzansatzes und des Konsistenzansatzes.

Wiederholungsfrage 4-4

Welche strategische Ausprägung kann die Vergütung in Abhängigkeit der Personal-
und Wettbewerbsstrategie Innovationsführerschaft, Qualitätsführerschaft und Kostenführerschaft annehmen?

Hinweise zur Lösung der folgenden Fragen finden Sie in Kap. 4.2 des Lehrbuchs.

Wiederholungsfrage 4-5

Welche Ebenen unterscheidet das Unternehmenskultur-Modell von Schein?

Wiederholungsfrage 4-6

Wie unterscheiden sich der funktionale und der interpretative Ansatz der Unternehmenskultur?

4.2.2 Multiple-Choice-Fragen

Hinweise zur Lösung: 4.1 Konzeptualisierung von Personalstrategien

MC-Frage 4-1

Welcher Strategietypus wird hier beschrieben: Die Personalstrategie ist dadurch gekennzeichnet, dass die Kriterien der Bewerberauswahl und die Kriterien der variablen Entgeltfindung sowie die Fragen nach den Weiterbildungsbedarfen aufeinander abgestimmt
sind.
a) Konsistenzstrategie
b) Kontingenzstrategie
c) Universalistische Strategie
d) Aus den gegebenen Antworten lassen sich keine Rückschlüsse auf die Strategieposition ziehen.

MC-Frage 4-2

Auf welche Strategieposition zielt die folgende Kritik ab? „In der Verwechslung von
Korrelation und Kausalität sowie dem Problem der umgekehrten Erfolgszuschreibung
liegen die Grenzen dieser Strategieposition"
a) Kontingenzansatz
b) Universalistische Position
c) Kontingenzansatz
d) Aus den gegebenen Antworten lassen sich keine Rückschlüsse auf die Strategieposition ziehen.

MC-Frage 4-3

Derivative Personalstrategien …

a) weisen keinen inhaltlichen Bezug zur Unternehmensstrategie auf.
b) leiten sich aus der Unternehmensstrategie ab.
c) bilden die Grundlage für die Unternehmensstrategien.
d) und Unternehmensstrategien beeinflussen sich gegenseitig.

MC-Frage 4-4

Der universalistische Ansatz des Strategischen Personalmanagements …

a) betont das Erfordernis der internen Abgestimmtheit und Widerspruchsfreiheit (Konsistenz) der Personalinstrumente.
b) fordert die Ableitung der Personalstrategie als funktionale Teilstrategie aus der übergeordneten Unternehmensstrategie
c) geht davon aus, dass es eine für alle Unternehmen passende Ausgestaltung (best practice) des Personalmanagements gibt.
d) Keine der Antworten a) bis c) ist zutreffend.

MC-Frage 4-5

Welche Strategieausprägung lässt sich mit der Leitfrage „Welche personalwirtschaftlichen Instrumente setzen erfolgreiche Unternehmen ein, die weniger erfolgreiche Unternehmen nicht einsetzen?" beschreiben?

a) Konsistenzstrategie
b) Kontingenzstrategie
c) Fit-Strategie
d) Universalistische Strategie

MC-Frage 4-6

Welche Strategieausprägung lässt sich mit der Leitfrage „Ist die Personalstrategie mit der Unternehmensstrategie abgestimmt?" beschreiben?

a) Konsistenzstrategie
b) Kontingenzstrategie
c) Wettbewerbsstrategie
d) Universalistische Strategie

MC-Frage 4-7

Welche Strategieausprägung lässt sich mit der Leitfrage „Sind die einzelnen personalwirtschaftlichen Instrumente widerspruchsfrei und stimmig aufeinander abgestimmt?" beschreiben?

a) Konsistenzstrategie
b) Kontingenzstrategie

c) Wettbewerbsstrategie
d) Universalistische Strategie

MC-Frage 4-8
Welche personalpolitische Ausrichtung im Rahmen des Kontingenzansatzes wird durch enge Karrierewege, Spezialisierung auf Effizienz und kurzfristige Orientierung beschrieben?
a) Innovationsführerschaft
b) Qualitätsführerschaft
c) Kostenführerschaft
d) Marktanteilsführerschaft

MC-Frage 4-9
Welche personalpolitische Ausrichtung im Rahmen des Kontingenzansatzes wird durch hohe Bedeutung der Personalentwicklung, überdurchschnittlicher Vergütung und langfristiger Orientierung beschrieben?
a) Innovationsführerschaft
b) Qualitätsführerschaft
c) Kostenführerschaft
d) Marktanteilsführerschaft

MC-Frage 4-10
Welche personalpolitische Ausrichtung im Rahmen des Kontingenzansatzes wird beschrieben durch hohe Bedeutung der Personalentwicklung, überdurchschnittlicher Vergütung und mittelfristige Orientierung?
a) Innovationsführerschaft
b) Qualitätsführerschaft
c) Kostenführerschaft
d) Marktanteilsführerschaft

Hinweise zur Lösung: 4.2 Unternehmenskultur als „gelebte Personalpolitik"

MC-Frage 4-11
Welcher Ebene des Unternehmenskulturmodells von Schein werden die Grundannahmen einer Gruppierung über richtiges und falsches Verhalten im Unternehmenskontext zugeordnet?
a) Basisannahmen
b) Artefakte

c) Werte

d) Keine der Antworten a) bis c) ist zutreffend.

MC-Frage 4-12

Welcher Ebene des Unternehmenskulturmodells von Schein werden die Selbstverständlichkeiten einer Gemeinschaft, die nicht mehr hinterfragt werden, zugeordnet?

a) Symbole

c) Artefakte

c) Werte

d) Basisannahmen

MC-Frage 4-13

Die Unternehmenskultur eines Unternehmens …

a) wirkt verhaltenssteuernd auf die Mitarbeiter.

b) bietet Mitarbeitern die Möglichkeit, sich in Theater- und Musikgruppen zu engagieren.

c) ist statisch.

d) umfasst die Aktivitäten des Kultursponsorings von Unternehmen.

MC-Frage 4-14

Gemäß dem Drei-Ebenen-Modell von Schein umfasst die Unternehmenskultur …

a) Artefakte, Werte und Basisannahmen des Unternehmens.

b) Texte, Lieder und Filme des Unternehmens.

c) Wissen, Fertigkeiten und Einstellungen der Mitarbeiter.

d) Keine der Antworten a) bis c) ist zutreffend.

MC-Frage 4-15

Welche der folgenden Aussagen ist im Kontext der Unternehmenskultur zutreffend?

a) Artefakte sind grundlegende Annahmen über Menschenbilder, soziale Beziehungen und Umwelten.

b) Werte sind Annahmen über als richtig oder falsch bewertete Handlungsmaximen, Verhaltensweisen und Verbote.

c) Basisannahmen sind sichtbare Handlungsmuster und Symbole.

d) Keine der Antworten a) bis c) ist zutreffend.

MC-Frage 4-16

Welche der folgenden Aussagen ist im Kontext der Unternehmenskultur zutreffend?

a) Artefakte sind grundlegende Annahmen über Menschenbilder, soziale Beziehungen und Umwelten.

b) Werte sind sichtbare Handlungsmuster und Symbole.

c) Basisannahmen sind Annahmen über als richtig oder falsch bewertete Handlungsmaximen, Verhaltensweisen und Verbote.

d) Keine der Antworten a) bis c) ist zutreffend.

MC-Frage 4-17

Welche der folgenden Aussagen ist im Kontext der Unternehmenskultur zutreffend?

a) Artefakte sind sichtbare Handlungsmuster und Symbole.

b) Werte sind grundlegende Annahmen über Menschenbilder, soziale Beziehungen und Umwelten.

c) Basisannahmen sind Annahmen über als richtig oder falsch bewertete Handlungsmaximen, Verhaltensweisen und Verbote.

d) Keine der Antworten a) bis c) ist zutreffend.

MC-Frage 4-18

Welche der folgenden Aussagen ist im Kontext der Unternehmenskultur zutreffend?

a) Artefakte sind Annahmen über als richtig oder falsch bewertete Handlungsmaximen, Verhaltensweisen und Verbote.

b) Werte sind sichtbare Handlungsmuster und Symbole.

c) Basisannahmen sind grundlegende Annahmen über Menschenbilder, soziale Beziehungen und Umwelten.

d) Keine der Antworten a) bis c) ist zutreffend.

Lösungen zu den Multiple-Choice-Fragen

1) a	5) d	9) b	13) a	17) a
2) b	6) b	10) a	14) a	18) c
3) b	7) a	11) c	15) b	
4) c	8) c	12) d	16) d	

4.3 Reflexion

Reflexion 4-1: Konsistenzansatz des Strategischen Personalmanagements

Der Konsistenzansatz des Strategischen Personalmanagements fordert eine hohe interne Stimmigkeit und Widerspruchsfreiheit der personalwirtschaftlichen Instrumente. Illustrieren Sie anhand eines Beispiels eine Situation, in der keine Konsistenz vorliegt.

Lösungsvorschlag

Es ist beispielsweise widersprüchlich, wenn unternehmensseitig Hochschulabsolventen Traineeprogramme zum Berufseinstieg angeboten werden, um damit ambitionierte Führungsnachwuchskräfte zu gewinnen und den Trainees – im Unterschied zu den Direkteinsteigern – zugleich lediglich befristete Arbeitsverträge angeboten werden. Zudem ist es widersprüchlich, wenn einerseits eine Leistungskultur propagiert wird und zugleich eine senioritätsbasierte Entgeltpolitik praktiziert wird. Darüber hinaus wäre es bspw. widersprüchlich, wenn Mitarbeiter kaum Handlungsspielräume bei der Durchführung ihrer Tätigkeit gelassen werden (z. B. durch Prozessbeschreibungen oder Arbeitsvorschriften) und andererseits Zielvereinbarungen als Instrument der Mitarbeiterführung eingesetzt werden.

Reflexion 4-2: Kontingenzansatz des Strategischen Personalmanagements

Inwiefern unterscheidet sich gemäß dem Kontingenzansatz des Strategischen Personalmanagements die Ausgestaltung der Personalbeschaffung und Personalauswahl bei einem Unternehmen, das die Wettbewerbsstrategie der Kostenführerschaft verfolgt gegenüber einem Unternehmen, das die Wettbewerbsstrategie der Differenzierung verfolgt?

Lösungsvorschlag

Unternehmen, deren Strategie der Kostenführerschaft zuzurechnen ist, betreiben sinnvollerweise eine Personalbeschaffung mit geringstmöglichem Aufwand (bspw. durch Entfristung vormals befristet beschäftigter Mitarbeiter, Übernahme von bewährten Leasingkräften). Die Auswahl erfolgt primär über schnell und kostengünstig zu realisierende Beurteilungsschritte, bspw. durch Sichtung der Bewerbungsunterlagen und telefonischer Vorstellungsgespräche. Ggf. wird die tatsächliche Personalauswahl auch erst auf die Zeit nach der Einstellung verlagert, in dem die Probezeit als Auswahlindikator genutzt wird.

Unternehmen, deren Strategie als Differenzierungsstrategie zu bezeichnen ist, zeichnen sich durch eine selektive und zielgruppenfokussierte Personalbeschaffung aus (bspw. auf Bewerbermessen oder durch Präsentationen in Fachzeitschriften). Die Auswahl erfolgt meist durch eignungsdiagnostisch elaborierte Personalauswahlinstrumente (bspw. mittels teil-strukturierten Interviews oder Assessment Center) und auf Basis einer Anforderungsanalyse zur Vermeidung von Fehlbesetzungen.

Reflexion 4-3: Unternehmenskultur

Ist es für Unternehmen stets erstrebenswert eine starke Unternehmenskultur zu entwickeln bzw. ist eine schwache Unternehmenskultur stets von Nachteil?
  Diskutieren Sie die möglichen Vor- und Nachteile.

Lösungsvorschlag

Die Vorteile einer starken Unternehmenskultur liegen in der klaren Handlungsorientierung für die Mitarbeiter, die zu einer Kompexitätsreduktion führt, da schon ein Wahr-/Falsch-Interpretationsschema für richtiges und falsches Verhalten erzeugt wird. Gleichzeitig gestaltet sich Kommunikation effizienter, da die Wahrscheinlichkeit von Missverständnissen geringer ist. Eine starke Unternehmenskultur, die von den Mitarbeitern internalisiert wurde, führt zu einer stärkeren Selbstkontrolle und reduziert die erforderliche Fremdkontrolle durch Vorgesetzten. Durch die starke kollektive Identität (Wir-Gefühl) erhöht sich das Commitment und die Loyalität der Mitarbeiter.

Tab. 4.1: Vor- und Nachteile starker Unternehmenskulturen.

Vorteile	Nachteile
– Handlungsorientierung	– Tendenz zur Abschließung
– Effiziente Kommunikation	– Implementationsbarrieren
– Geringer Kontrollaufwand	– Fixierung auf traditionelle Erfolgsmotive
– Hohe Motivation und Loyalität	

Auf der anderen Seite besteht die Gefahr, dass sich Unternehmen mit starker Unternehmenskultur oftmals nach außen abschotten, da eine feste Überzeugung zu Kritikimmunität führen kann. Ebenfalls neigen Unternehmen mit starker Unternehmenskultur zur Fixierung auf traditionelle Erfolgsmuster, da das Analysespektrum durch die normative Verengung der Wirklichkeit nicht mehr ausreicht.

Reflexion 4-4: Personalstrategie

Welche empirischen Phänomene sprechen gegen das Paradigma des universalistischen Ansatzes des Strategischen Personalmanagements?

Lösungsvorschlag

Es gibt Unternehmen, die das an Best-Practice-Vorgaben orientierte Personalmanagement betreiben und dennoch nicht betriebswirtschaftlich erfolgreich sind und zum anderen gibt es betriebswirtschaftlich erfolgreiche Unternehmen, die kein vorbildliches Personalmanagement im Sinne des universalistischen Ansatzes betreiben.

Diese Erkenntnis lässt sich auf vielfältige empirische Probleme zurückführen. Hierzu zählen bspw. die Verwechslung von Korrelation und Kausalität. Die Studien können nur das häufige Auftreten zweier Variablen untersuchen. Ob hier ein kausaler Zusammenhang vorliegt, lässt sich auch mit fortschrittlichen Methoden der Statistik nicht beantworten (erinnert sei hier an die Erklärung des beobachtbaren Zusammenhangs zwischen der quantitativen Häufigkeit von Störchen und der Geburtenrate in einem Landkreis).

Ebenso könnte der Zusammenhang auch umgekehrt sein. Wenn wir hören, dass erfolgreiche Unternehmen extensive Personalentwicklung betreiben, so konstruieren wir schnell einen plausiblen Zusammenhang (bspw. der, dass gut ausgebildete Mitarbeiter Marktchancen durch einen Qualifikationsvorsprung leichter umsetzen können). Jedoch könnte der Zusammenhang auch umgekehrt erklärt werden. Vielleicht können sich erfolgreiche Unternehmen erlauben, extensive Personalentwicklung zu betreiben, weil sie erfolgreich und profitabel sind und nicht umgekehrt.

Reflexion 4-5: Personalstrategie

Erläutern Sie, welche Folgen (nach der Maximum-, Minium- und Strategie-These) eine universalistische Personalstrategie für ein Unternehmen haben kann?

Lösungsvorschlag

Die Ausgangslage ist im Beispielfall dadurch gekennzeichnet, dass das Personalmanagement alle fünf Aktivitäten auf mittlerem Niveau ausführt. Das Personalmanagement teilt Aktivität C auf mittlerem Niveau die meisten Ressourcen (bspw. in Form von Mitarbeitern, Zeit, Aufmerksamkeit oder Budget) zu, wohingegen Aktivität B und E nur mit geringen Ressourcen ausgestattet werden. Die Aufmerksamkeit und Verteilung der Ressourcen auf die einzelnen Aktivitäten könnte historisch so gewachsen sein.

Verfolgt nun das Personalmanagement bspw. die universalistische, an Best-Practice-Beispielen ausgerichtete Strategieperspektive, werden sich die Ausprägungen der Aktivitäten allesamt erhöhen (Maximum-These). Hintergrund ist die Orientierung an Unternehmen, die in diesem Feld die jeweils umfangreichste Aktivität entwickelt haben. Da sich in der Forschungs- und populärwissenschaftlichen Literatur für

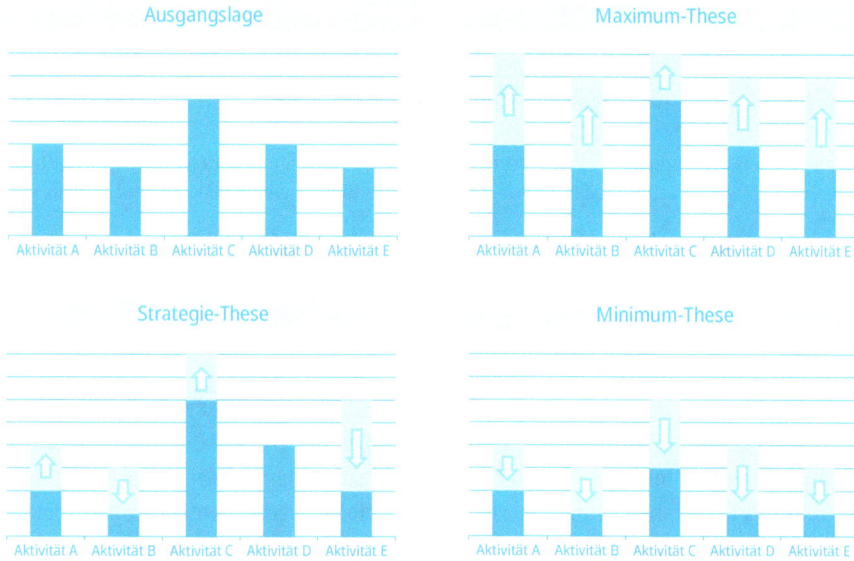

Abb. 4.1: Konsequenzen der Strategiespezifitäten.

jede denkbare Aktivität Best Practice-Beispiele finden lassen, maximieren sich die Einzelaktivitäten im Laufe der Zeit, sodass sich das Gesamtsystem nach oben verschiebt.

Auch wenn das Ergebnis aus der Perspektive des Personalmanagements auf den ersten Blick erfreulich scheint (Ressourcenkumulation im Personalbereich), so führt dies langfristig eher zur Verfestigung der Vorurteile gegenüber dem Personalmanagement („kreisen um sich selbst", „Personaler verstehen das Business nicht", „verursachen nur Kosten und keinen Nutzen", ...) und zu Legitimationsdefiziten.

Die Strategie-These beschreibt eine Situation, in der das Personalmanagement versucht, einzelne, strategierelevante Bereiche zu stärken und Bereiche, die keinen Mehrwert für die Verfolgung des Produkt-Markt-Konzepts bringen, soweit wie möglich zu reduzieren. In der Summe führt dies zu einer Schwerpunktsetzung und Perfektionierung der Aktivitäten, die dem Unternehmen dabei helfen, Wettbewerbsvorteile zu erzielen und zu einem niedrigeren Ressourcenbedarf bei den übrigen Aktivitäten. Konzeptionell ist diese Perspektive mit dem Kontingenzansatz verbunden.

Ein weiteres, aber in Wissenschaft und Praxis unbeliebtes Szenario, lässt sich durch die Minimum-These beschreiben. Vertreter dieses Ansatzes gehen davon aus, dass das Personalmanagement dann am besten ist, wenn es sich auf wenige, unverzichtbare Aktivitäten beschränkt. Die verbliebenen Aktivitäten sollen dann bei einem gegebenen Qualitätsniveau mit möglichst geringen Kosten erzielt werden.

Reflexion 4-6: Unternehmenskultur

Bei der Betrachtung von Unternehmenskulturen werden unterschiedliche Typen von Unternehmen diskutiert. Deal/Kennedy unterscheidet die Kulturtypen Tough-Guy-Macho-Culture, Process-Culture, Work-hard/play-hard-Culture und Bet-Your-Company-Culture. Ordnen Sie diese Ausprägungen in ein Raster und diskutieren Sie, welche Branche oder unternehmen exemplarisch für die einzelnen Ausprägungen stehen könnten.

Lösungsvorschlag

Die Tough Guy Macho-Kultur (häufig übersetzt als: Alles-oder-Nichts-Kultur) beschreibt ein Unternehmen von Individualisten, die große Ideen mit großem Einsatz umsetzen wollen. Organisationen mit einer solchen Kultur schätzen Engagement, temporeiches Handeln und die Übernahme von Verantwortung. Erfolge werden enthusiastisch gefeiert, Misserfolge schonungslos offengelegt. Als Beispiele wird eine Spannweite von Investmentbanken bis hin zur Filmindustrie genannt (vgl. hierzu und im Folgenden Schreyögg, 2012).

Work hard/play hard-Kulturen zeichnen sich durch ein unkompliziertes Miteinander aus, in denen der gemeinsam erarbeitete Erfolg zelebriert wird. Auch wenn ein harter interner Wettbewerb herrscht, wird dieser aber als selbstverständlich bzw. sportlich aufgefasst. Die Unternehmenssprache durchziehen Metaphern aus dem Sport („Halbzeit", „Fehlstart"). Als Beispiele werden Unternehmensberatungen genannt.

Die Bet-your-Company-Kultur (häufig übersetzt als: Analytische Projekt-Kultur) ist darauf konzentriert, die richtige Entscheidung zu treffen. Der komplexen Umwelt wird mit Analysen und Vertrauen in die wissenschaftlich-technische Rationalität begegnet. Das Hauptritual ist die Sitzung, die hierarchisch, ohne Hektik abgehalten wird. Vorgesetzte haben oftmals Schützlinge, die sie langsam aufbauen und positionieren. Fachwissen und Erfahrung werden belohnt. Demonstrativer Ehrgeiz wird abgelehnt, der Wettbewerb findet eher verborgen statt. Mittelständischen Unternehmen des Maschinen- und (Groß-)Anlagenbaus wird eine solche Kultur nachgesagt.

Die Prozess-Kultur ist durch einen trägen Verwaltungsapparat gekennzeichnet. Ordnung steht vor Kreativität, Formalisierung vor Flexibilisierung. Die Konzentration ist auf den Prozess und die einzelnen Teilschritte gerichtet. Fehler sind nicht erlaubt. Als positive Beispiele gelten Mitarbeiter, die selbst unter widrigen Umständen (bspw. nach Schicksalsschlägen oder nach einer ungerechtfertigten Behandlung durch den Vorgesetzten) weiter fehlerfrei arbeiten. Hierarchie, Status und Privilegien werden langsam erarbeitet und sind Gegenstand von Gesprächsthemen und Gerüchten. Feste und Feiern sind eher institutionalisiert („die Weihnachtsfeier") als ausgelassen; private und berufliche Sphären werden streng getrennt. Als Beispiel wird der öffentliche Dienst genannt.

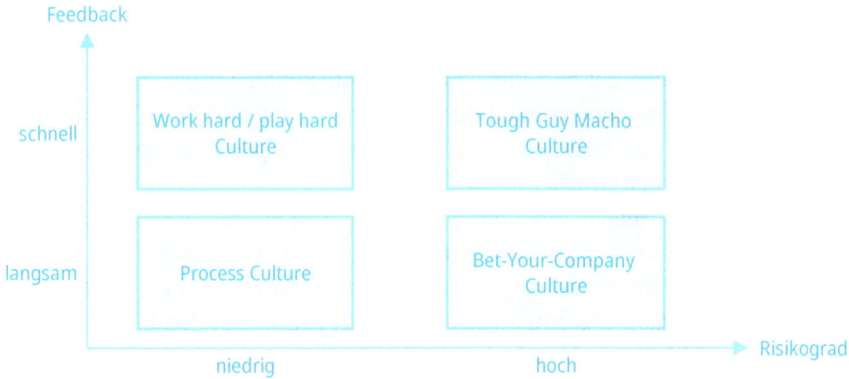

Abb. 4.2: Kulturtypen nach Deal/Kennedy (1987).

Reflexion 4-7: Unternehmenskultur

In der Literatur zur Analyse von Unternehmenskulturen werden häufig zwei gegensätzliche Formeln unterschieden: Culture follows Strategy und Strategy follows Culture. Erläutern Sie die unterschiedlichen Konzepte.

Lösungsvorschlag

Die beiden Thesen verdeutlichen die unterschiedlichen Sichtweisen auf die Gestaltbarkeit von Unternehmenskulturen. Während die These Culture follows Strategy davon ausgeht, dass Unternehmenskulturen ingenieurhaft veränderbar sind (bspw. durch einen Vergleich zwischen Ist- und Sollkultur und darauf aufbauend einem Plan, wie durch kulturpolitische Maßnahmen die Lücke planmäßig zu schließen ist), gehen die Anhänger der zweiten These Strategy follows Culture eher davon aus, dass die Strategie das Ergebnis eines durch die vorherrschende Unternehmenskultur geprägten Entscheidungsprozesses ist.

Reflexion 4-8: Unternehmenskultur

Der funktionale Ansatz der Unternehmenskultur versteht Unternehmenskultur als eine Variable im System Unternehmen, die bewusst beeinfluss- und gestaltbar ist.

Überlegen Sie, welche Maßnahmen Sie im 3-Ebenen-Modell der Unternehmenskultur umsetzen würden, wenn Sie eine Steigerung der Internationalisierung Ihrer Unternehmenskultur herbeiführen möchten.

Lösungsvorschlag

Beispielhafte Maßnahmen auf der Ebene der Artefakte könnten bspw. die Kommunikation von erfolgreichen international durchgeführten Projekten sein („success stories"), die Prämierung von international erfolgreich agierenden Managern sein oder die Umstellung der Firmensprache.

Durch Zielvereinbarungen, die internationale Aktivitäten stärker berücksichtigen und belohnen, könnten auf der Ebene der Normen Verhaltensänderungen bewirkt werden. Ebenso könnte bei der Einstellung neuer Mitarbeiter darauf geachtet werden, dass diese schon Auslandserfahrungen mitbringen. Dadurch würde sich ebenfalls langfristig die Ebene der innerhalb des Unternehmens gelebten Normen verändern.

Die Ebene der Werte lässt sich nur mittelbar gestalten. Hier wird sich erst im Zeitablauf die Wirkung der Maßnahmen auf der Ebene der Artefakte und Normen einstellen. Auf der Ebene der Sozialisation könnte das Unternehmen bspw. Auszubildende oder Trainees Stationen im Ausland durchlaufen lassen. In der Summe der Maßnahmen könnte sich die Unternehmenskultur so langfristig der Internationalisierung öffnen und zugänglich werden.

4.4 Anwendung

Anwendungsbeispiel 4-1: Unternehmenskultur in der Praxis (Wal-Mart)

Der Economist schrieb im Jahre 2004: „Wal-Mart entered Germany ... and has lost money in Germany ever since ... . Wal-Mart's entry was 'nothing short of a fiacso' ..." (zitiert nach Senge 2004, S. 5). Der Economist fasst damit das Ergebnis der Expansionspläne des us-amerikanischen Einzelhändlers in Deutschland nüchtern zusammen.

Der Markteintritt des Einzelhandelsriesen mit politischer und finanzieller Macht wurde mit Spannung verfolgt, da die mit Wal-Mart verbundenen Zahlen alles Superlative sind. So setzt Wal-Mart bspw. 244 Mrd. US-$ um und trägt damit 2,5 % zum amerikanischen Bruttoinlandsprodukt bei. Der Umsatz ist dreimal so hoch wie der weltweit zweitgrößte Einzelhändler Carrefour. das Unternehmen beschäftigt weltweit mehr als eine Million Mitarbeiter.

Damit ergibt sich eine erstaunliche Diskrepanz zwischen den (finanziellen) Möglichkeiten des Einzelhändlers und dem sich einstellenden Misserfolg.

Als Erklärung werden bspw. die Besonderheiten der deutschen Wettbewerbsstruktur im Einzelhandel (geringe Gewinnmargen, harte Konkurrenz, knapper Raum), eine fehlerhafte Markteintrittsstrategie (überteuerte Investitionen, fehlendes Logistiknetzwerk) und die mangelnde Bereitschaft, kulturelle Unterschiede anzuerkennen, diskutiert.

Recherchieren und diskutieren Sie anhand des 3-Ebenen-Modells von Schein mögliche Differenzen in der von Wal-Mart in den USA gelebten Unternehmenskultur und der erwarteten Unternehmenskultur in Deutschland.

Lösungsvorschlag

Auf der Ebene der Artefakte wurden zahlreiche Verhaltensvorschriften etabliert, mit denen die Mitarbeiter fremdelten bzw. sie sogar offen ablehnten. Tabelle 4.2 zeigt beispielhafte Verhaltensvorgaben durch die Konzernzentrale.

Tab. 4.2: Rituale und Vorgaben von Wal-Mart.

	Bedeutung
Ten-Foot-Rule	Jeder Mitarbeiter muss Kunden im Umkreis von drei Meter ansprechen
Greeter	Mitarbeiter begrüßen und verabschieden die Kunden auf dem Parkplatz auf dem Weg vom oder zum Auto
Unterstützungsleistung	Mitarbeiter helfen den Kunden beim Einpacken und Tragen der Einkaufstüten
Wal-Mart-Cheer	Jeden Morgen und unregelmäßig am Tag treten alle Mitarbeiter einer Filiale zusammen und führen den Wal-Mar-Cheer auf
Belobigungen	Mitarbeiter werden vor Kunden belobigt oder ausgezeichnet (bspw. als Mitarbeiter des Monats oder mit einer besonderen Schürze)
Vorgaben	Verbot von Flirts und Liebesbeziehungen

In der Öffentlichkeit ist insb. der sog. Wal-Mart-Cheer bekannt geworden. Alle Mitarbeiter einer Filiale müssen sich jeden Tag (manchmal auch mehrmals) im Halbkreis aufstellen und im Wechselgesang mit dem Filialleiter den Unternehmensnamen buchstabieren.

Die durch das US-geprägte Werteverständnis konstruierten Artefakte kollidierten mit den deutschen Vorstellungen über Geschäfts-, Mitarbeiter- und Kundenbeziehungen (vgl. im Folgenden Senge, 2004).

So überwarf sich Wal-Mart mit dem gesamten Einzelhandel, als das Unternehmen einen für Deutschland bis dahin einzigartigen Preiskrieg entfachte. Die Konzernspitze senkte die Preise für mehrere hundert Artikel unter den Einkaufspreis. Die damit verbundene Strategie, durch den Preiskampf eine Insolvenzwelle auszulösen und die insolventen Geschäfte aufzukaufen, brachte ehemals harte Konkurrenten (bspw. Aldi und Lidl) zeitweilig zusammen, bis das Kartellamt die Niedrigpreise Wal-Marts schließlich untersagte.

Wal-Marts traditionelles Kundenkonzept ist auf die spezifischen Kundenbedürfnisse des Heimatmarktes ausgerichtet. Die einzelnen Vorgaben brechen mit der traditionellen deutschen Einkaufskultur. Deutsche Kunden waren von Einzelhandelsgeschäften gewohnt, relativ unbehelligt durch den Markt zu gehen, bspw. führte die „Ten-Foot-Rule" aber dazu, dass sich die Kunden von (aus ihrer Sicht) aufdringlichen Verkäufern belästigt fühlten; Kunden waren es nicht gewohnt, dass ihre Einkäufe von fremden Menschen nach dem Bezahlen (zum Verpacken in Einkaufstüten) angefasst werden; schließlich fremdelten die Kunden mit dem „Greeter", der die Kunden auf dem Parkplatz ansprach und in ihrer Privatsphäre „störte".

Neue Bestimmungen und Vorgaben irritierten auch die Mitarbeiter, Filial- und Regionalleiter. Die Mitarbeiter fühlten sich durch den sog. „Wal-Mart Cheer" vorgeführt und peinlich berührt. Auch auf der Managementebenen kollidierte die in Deutschland vorherrschende Wertvorstellung mit der neu installierten Reisekostenrichtlinie, wonach auf Reisen Führungskräfte ein Zimmer teilen müssen.

So verlor Wal-Mart auf der Ebene der Werte zunehmend den Rückhalt bei den Mitarbeitern, im Management und bei den Kunden.

Auch auf der Ebene der Grundannahmen konnte keine Übereinstimmung mit lokalen Bedürfnissen erzielt werden. In den ersten Jahren des Markteintritts kollidierten die Grundannahmen der US-amerikanischen Vorstandschefs (insgesamt vier Vorstandschefs in den ersten vier Jahren) mit den Überzeugungen deutscher Mitarbeiter. Der erste Vorstandschef, Rob Tiarks, sprach nicht nur kein Deutsch, sondern zeigte auch offen seinen Unwillen, Deutsch zu lernen. Englisch wurde daraufhin zur offiziellen Unternehmenssprache auf der Ebene des Managements.

Auch sein Nachfolger, Allan Leighton, konnte ebenfalls kein Deutsch und führte die Geschäfte von England aus. Er forcierte die Fluktuation der nach der Übernahme vieler Wertkauf-Supermärkte noch verbliebenen ehemaligen Wertkauf-Manager, sodass er mit einer einheitlich amerikanisch geprägten Führungsmannschaft weiterarbeiten konnte. Die Generation der ehemaligen Wertkauf-Manager konnten daher ihre unternehmerischen Überzeugungen (wie führt man Einzelhandelsgeschäfte in Deutschland) kaum noch vermitteln. Das bisherige Erfolgsrezept – lockere Organisation unabhängiger regionaler oder sogar lokaler Filialen – wurde durch eine straffe Führungsorganisation ersetzt (vgl. Knorr/Arndt, 2004).

Die Grundannahmen über die Wirtschaftsordnung unterschieden sich ebenso. In den USA kämpft Wal-Mart verbissen und öffentlich gegen einen Einfluss durch Gewerkschaften. In Deutschland verstörte die offensive Anti-Gewerkschaftspolitik die interne und externe Unternehmensumwelt. Zwar versuchen auch deutsche Einzelhändler den Gewerkschaftseinfluss zu minimieren, doch gehen sie dabei meist subtil vor. Die Gewerkschaft ver.di führte im Gegenzug einen ebenso harten Arbeitskampf in über 30 Filialen. Die damit verbundenen Einnahmeverluste sowie der Imageverlust in der Öffentlichkeit konnten nicht mehr ausgeglichen werden (vgl. Knorr/Arndt, 2004).

Anwendungsbeispiel 4-2: Unternehmenskultur in der Praxis (google)

Obwohl mittlerweile knapp 50.000 Mitarbeiter bei Google arbeiten, scheint sich das Unternehmen die Unternehmenskultur eines Start-Ups bewahrt zu haben. Die Berichte (vgl. für die folgende Aufzählung Kaumanns/Siegenheim, 2010) über Google ähneln sich. Immer wieder liest man, dass leger gekleidete Mitarbeiter auf jedem Stockwerk Tischfußball, Billard- und Tischtennistische vorfinden und in lichtdurchfluteten Büros arbeiten. Kaffee- und Snackecken stehen alle 30 Meter entfernt mit kostenlosen

Essen und Trinken für alle zur Verfügung. Eine hauptamtliche Beauftragte für Unternehmenskultur, Chief Culture Officer, organisiert bspw. Events auf denen das weltweite Gemeinschaftsgefühl gestärkt werden soll (bspw. gibt es den Global Pyjama Day, bei denen alle im Schlafanzug erscheinen oder den Global Alternative Transportation Day, bei dem Mitarbeiter nicht mit dem Auto, sondern mit anderen Verkehrsmitteln zur Arbeit kommen sollten – hierfür wurde jedem Mitarbeiter ein Fahrrad für umgerechnet 400 Euro geschenkt) und schafft eine identitätsstiftende Sprache (bspw. werden Mitarbeiter Googler genannt, Neueinsteiger Noogler und ehemalige Mitarbeiter Xoogler).

Trotzdem wird die Unternehmenskultur als technokratisch beschrieben. Entscheidungen werden auf Basis von Argumenten und nicht durch den Einsatz von Hierarchie getroffen (data-driven decision making). Der interne Wettbewerb ist so auch spielerisch angelegt. Bspw. stellen die Projektteams, die an neuen Produktideen arbeiten, ihre Ideen regelmäßig im Google Prediction Market vor, in der die Mitarbeiter virtuelle Geldbeträge, wie bei einer Börse, auf den Erfolg eines Produktes setzen können.

Das Interview mit Eric Schmidt gibt Einblicke in die Arbeitsweise und Unternehmenskultur von Google. Auch wenn die Informationen von Schmidt nicht zwingend objektiv sein müssen (und als CEO des Unternehmens auch sicher nicht sind), so transportiert er im Interview zumindest die Idee einer Google-Unternehmenskultur (vgl. im Folgenden o. V., 2006).

Frage: Wie lief Ihr Bewerbungsgespräch?

Schmidt: Ich komme in einen kleinen Raum, in dem sie meinen Lebenslauf an die Wand projiziert haben (...) Der Raum ist eine einzige Katastrophe, Kaffee auf dem Boden, Essensreste, Müll. Wir haben angefangen zu diskutieren und zu streiten, das ging bis zum Ende des Gesprächs so weiter (...) Ich ließ mir später die Argumente der beiden noch einmal durch den Kopf gehen und merkte, dass Sergey Brin und Larry Page (Anmerkung: die beiden Unternehmensgründer) mit allem, was sie sagten, Recht hatten.

Frage: Wie ticken Brin und Page (...)?

Schmidt: Sie denken wirklich unkonventionell, (...) sie hinterfragen jede Annahme. Eine Weißwandtafel ist weiß, und weiß ist die beste Farbe für das Zimmer. Daraufhin sagen sie: „Woher willst du das wissen?" Und ich meinte nur, das sei doch völlig egal. Ihr Gehirn tickt einfach anders. Die Art und Weise (...) ist belebend und erfrischend für intelligente Menschen. Stelle ruhig unangenehme Fragen! Das ist ihr Motto. Die Firmenkultur eines High-Tech-Unternehmens, das so schnell wächst, braucht sehr entschlossene Menschen mit Stärke und Leidenschaft.

Frage: Ihr Unternehmen wächst sehr stark. Wie gehen Sie damit um?

Schmidt: (...) Ein Beispiel: Morgen prüfen wir von 12.00 Uhr bis 16.00 Uhr vier wichtige Bereiche, jeweils eine Stunde lang. Das Ganze läuft folgendermaßen ab: Einer der Projektmanager präsentiert seine Strategie und nach zwei oder drei Folien tut sich was. Die vier Bereiche werden entweder ausgewählt, weil sie Kontroversen auslösen oder weil man sich nicht einigen kann oder weil die Bereiche sehr interessant sind (...) Diese werden dann einen Monat später erneut geprüft.

Frage: Es wird also alles ausdiskutiert, anstatt dass die Führungsebene Entscheidungen verkündet?

Schmidt: Das ist eine Konstante bei Google. Der Managementstil ist ganz einfach zu verstehen. Ich versuche, eine Streitkultur zu fördern. Nehmen wir an, wir sind in einer Konferenz, und alle sind sehr höflich. Sie haben vielleicht ein Problem mit jemandem, Sie streiten sich, und es wird ein Ergebnis geben. Eine klare Niederlage ist mir viel lieber als ein schwammiger Sieg. Entscheidungen werden bei uns immer von mehreren getroffen. Ein Einzelner hat nichts zu sagen. Wenn es eine wirklich wichtige Entscheidung ist, beauftragen wir zwei Leute damit, denn dann müssen sie sich darüber unterhalten. Es ist einfach ein anderer Stil. Damit unterscheiden wir uns deutlich von europäischen und auch von amerikanischen Unternehmen.

Frage: Haben Sie eine Firmenphilosophie?

Schmidt: Tue nichts Böses (...) Wir versuchen, Leute ins Unternehmen zu holen, die nach einer besseren Welt streben (...) Warum die Leute hier arbeiten? Sie arbeiten hier nicht des Geldes wegen, sondern weil sie etwas bewegen können. Wir bezahlen in der Regel weniger als alle anderen (…) Ich schätze, unsere Mitarbeiter kommen aus rund 100 Ländern. Das bringt sehr viele verschiedene Einflüsse mit sich, und das ist unsere Stärke.

Recherchieren und skizzieren Sie anhand des 3-Ebenen-Modells von Schein die Unternehmenskultur von google.

Lösungsvorschlag

Die Ebene der Artefakte bezieht sich auf sichtbare Handlungsmuster und Symbole. Beispiele hierzu finden sich in der offenen Architektur des Firmensitzes, der originellen Büroausstattung, der kostenlosen Snack-Automaten, besimmte Mythen, die sich um die Gründer von google ranken und gerne erzählt werden sowie dem Slogan „Don't be evil".

Die Ebene der Werte ist geprät durch das universitäre, forschungsaffine Umfeld im Silicon Valley. Die Fehlerkultur sowie der gewährte Freiraum, neue Ideen auszuprobieren zu dürfen, stellen die Grundannahmen einer Gruppierung über richtig oder falsch dar und prägen auf diese Weise die (empfundene) Wahrheit einer Unternehmenskultur.

Die Basis der Unternehmenskultur ist durch bestimmte Grundprämissen über die Beziehungen zur Umwelt, zur menschlichen Natur und im sozialen Bereich gekennzeichnet. Sie beinhalten die Selbstverständlichkeiten einer Kulturgemeinschaft, die nicht mehr hinterfragt werden. Hier mischen sich die vom Unternehmen gewollte und von der Gesellschaft vorgegebene Sozialisation („vom Tellerwäscher zum Millionär", „jeder kann es schaffen", „Think big!").

4.5 Weiterführende Literaturhinweise

Boxall, P./Purcell, J.: Strategy and Human Resource Management, 4. Aufl., Basingstoke, 2016.
Delery, J. E.: Issues of Fit in Strategic Human Resource Management, in: Human Resource Management Review, Heft 3, 1998, S. 289–309.
Huselid, M. A.: The Impact of Human Resource Management Practices on Turnover, Pro-ductivity, and Corporate Financial Performance, in: Academy of Management Journal, Heft 3, 1995, S. 635–672.
Jiang, K. et al.: How does Human Resource Management influence organizational outco-mes? A meta-analytic investigation of mediating mechanisms, in: Academy of Management Journal, Heft 6, 2012, S. 1264–1294.

Das Lehrbuch von Boxall und Purcell ist ein Standardlehrbuch zum Strategischen Personalmanagement. Der Aufsatz von Delery ist deshalb bemerkenswert, da er die Idee der Unterscheidung zwischen interner und externer Passung grundlegend eingeführt hat.

Keine Studie wird in der einschlägigen Literatur zum Strategischen Personalmanagement häufiger zitiert als Huselids empirische Untersuchung zum Einfluss des Personalmanagements auf den Unternehmenserfolg. Zugleich wurde in dieser Studie die Begrifflichkeit „High Performance Work Systems" grundgelegt. Die Meta-Studie von Jiang ist eine vielbeachtete Studie zum Einfluss des Personalmanagements auf den Unternehmenserfolg.

Schein, E.: Organizational Culture and Leadership, 4. Aufl., San Francisco 2010.
Pettigrew, A. W.: On Studying Organizational Cultures, in: Administrative Science Quartely, Heft 4, 1979, S. 570–581.

Das Lehrbuch von Schein ist das internationale Standardlehrbuch zur Unternehmenskultur.

Peetigrews Studie eröffnete die Diskussion zur Unternehmenskultur innerhalb der Betriebswirtschaftslehre.

Kremer, D.: Rücksichtlos, superschlau, superreich, in: Frankfurter Allgemeine Sonntagszeitung vom 18.02.2018.
https://www.youtube.com/watch?v=cqhg2Awrh88&t=328s

Die beiden Empfehlungen geben einen Einblick in die Unternehmenskultur von Bridgewater, einem der größten Hedgefonds der Welt. Darin wird geschildert, wie dort das Konzept „radikalen Ehrlichkeit" und „radikalen Transparenz" umgesetzt wird. Bspw. geben sich alle Mitarbeiter während einer Besprechung ständig Feedback und bewerten Wortbeiträge. Darüber hinaus werden alle Firmenräume durchgehend aufgezeichnet, sodass alle jedes Gespräch und Meeting nachsehen lassen.

5 Personalplanung und Quantität/Qualität von Arbeit

5.1 Schlüsselbegriffe

Unter Personalplanung wird die Projektion gewollten personalwirtschaftlichen Handelns in die Zukunft verstanden (vgl. RKW, 1996, S. 2).

Eine zentrale Stellung im Kanon personalwirtschaftlicher Teilplanungen nimmt die Personalbedarfsplanung ein. Sie ist sowohl zentrale Schnittstelle zu den anderen betrieblichen Teilplanungen als auch vorgelagerte personalwirtschaftliche Teilplanung. Aus ihr leiten sich der grundsätzliche quantiative und qualitative Personalbedarf ab, der als Basis für die übrigen Teilplanungen dient.

Aufgabe der Beschaffungsplanung ist es, bei festgestelltem Nettopersonalbedarf die notwendigen internen und/oder externen Beschaffungsmaßnahmen zu planen. Mit umgekehrten Vorzeichen ist es Aufgabe der Freistellungsplanung, erkannte Minderbedarfe unter Berücksichtigung sozialer und rechtlicher Gesichtspunkte zu handhaben.

Die Personaleinsatzplanung befasst sich mit der bestmöglichen Integration der verfügbaren Mitarbeiter in den Wertschöpfungsprozess, d. h. die kapazitätsmäßige und zeitliche Zuordnung von Mitarbeitern und Stellen.

Die qualitative Dimension der Personalplanung schlägt sich vor allem in der Personalentwicklungsplanung nieder. Werden bspw. durch sich ändernde Technologien Qualifikationslücken beim gegenwärtigen Personalbestand festgestellt, ist es Aufgabe der Personalentwicklungsplanung, geeignete Weiterbildungsmaßnahmen zu planen.

Die Personalkostenplanung hat zum Ziel, die Personalkostenentwicklung innerhalb der Planperioden zu erfassen und einen Abgleich mit der geplanten Ertragskraft des Unternehmens vorzunehmen.

5.2 Wissensprüfung

5.2.1 Wiederholungsfragen

Hinweise zur Lösung der folgenden Fragen finden Sie in Kap. 5 des Lehrbuchs.

Wiederholungsfrage 5-1
Welche Ziele verfolgt die Personalplanung?

https://doi.org/10.1515/9783110988611-005

Wiederholungsfrage 5-2
Welche Funktionen hat die Personalplanung?

Wiederholungsfrage 5-3
Was ist der Unterschied zwischen gleichberechtigter und nachgelagertert Personalplanung?

Hinweise zur Lösung der folgenden Fragen finden Sie in Kap. 5.1 des Lehrbuchs.

Wiederholungsfrage 5-4
Wie berechnet sich der Nettopersonalbedarf?

Wiederholungsfrage 5-5
Nennen Sie die personalwirtschaftlichen Teilplanungen und deren Aufgaben?

Hinweise zur Lösung der folgenden Fragen finden Sie in Kap. 5.2 des Lehrbuchs.

Wiederholungsfrage 5-6
Welche Voraussetzungen müssen gegeben sein, dass mathematisch-statistische Verfahren sinnvoll zur Berechnung des Personalbedarfs eingesetzt werden können?

Wiederholungsfrage 5-7
Nennen Sie Beispiele, in denen Korrelationsrechnungen zur Bestimmung des Personalbedarfs eingesetzt werden können.

Wiederholungsfrage 5-8
Welche Varianten der Delphi-Methode kennen Sie? Erläutern Sie die Vorgehensweise der Delphi-Methode.

Wiederholungsfrage 5-9
Erläutern Sie die Rosenkranz-Formel.

Hinweise zur Lösung der folgenden Fragen finden Sie in Kap. 5.3 des Lehrbuchs.

Wiederholungsfrage 5-10
Welche Mitbestimmungsrechte hat der Betriebsrat im Rahmen der Personalplanung?

Wiederholungsfrage 5-11

Wie ist „rechtzeitig" im Sinne des Mitbestimmungsrechts des Betriebsrats im Rahmen der Personalplanung definiert?

5.2.2 Multiple-Choice-Fragen

Hinweise zur Lösung: Kap. 5

MC-Frage 5-1

Welche der folgenden Zielsetzung der Personalplanung wird hier beschrieben: Vermeidung von Kapazitätsengpässen?
a) Wirtschaftlichkeit
b) Angemessene Arbeitsbelastung
c) Anpassungsfähigkeit
d) Leistungssicherung

MC-Frage 5-2

Welche der folgenden Zielsetzungen der Personalplanung wird hier beschrieben: Adaption an unterschiedliche Umweltzustände soll ermöglicht werden?
a) Wirtschaftlichkeit
b) Angemessene Arbeitsbelastung
c) Anpassungsfähigkeit
d) Leistungssicherung

MC-Frage 5-3

Welche der folgenden Funktionen der Personalplanung wird hier beschrieben: Konkretisierung der Planung in Teilplanungen?
a) Beitragsfunktion
b) Prüffunktion
c) Informationsfunktion
d) Keine der genannten Antworten a) bis c) ist zutreffend.

MC-Frage 5-4

Welche der folgenden Funktionen der Personalplanung wird hier beschrieben: Die Personalplanung liefert entscheidungsrelevante Informationen aus personalwirtschaftlicher Perspektive.

a) Beitragsfunktion
b) Prüffunktion
c) Informationsfunktion
d) Keine der genannten Antworten a) bis c) ist zutreffend.

Hinweise zur Lösung: Kap. 5.1 Der Prozess der Personalplanung

MC-Frage 5-5

Die Ermittlung des Personalbedarfs erfolgt, unabhängig von den eingesetzten Instrumenten, in drei Schritten. Welche Aktivität erfolgt im Schritt „Bestimmung des Bruttopersonalbedarfs"?

a) Ermittlung des Arbeitszeitbedarfs, um die geplanten Absatzmengen zu realisieren.
b) Projektion der Ab- und Zugänge zum Personalbestand.
c) Differenzermittlung zwischen Personalbestand und Nettopersonalbestand.
d) Keine der genannten Antworten a) bis c) ist zutreffend.

MC-Frage 5-6

Die Ermittlung des Personalbedarfs erfolgt, unabhängig von den eingesetzten Instrumenten, in drei Schritten. Welche Aktivität erfolgt im Schritt „Bestimmung des Bruttopersonalbedarfs?"

a) Projektion der Abgänge (bspw. Renteneintritt, Kündigung)
b) Projektion der Zugänge (bspw. Wiederkehr aus Mutterschutz)
c) Projektion der Schwankungen (bspw. Krankheits- und Urlaubstage)
d) Keine der genannten Antworten a) bis c) ist zutreffend.

Hinweise zur Lösung: Kap. 5.2 Instrumente der Personalplanung

MC-Frage 5-7

Im öffentlichen Dienst resultiert die Personalplanung meist aus einem Vergleich zwischen den vom Gesetzgeber zugewiesenen Stellen und den aktuell besetzten Stellen. Dieses Verfahren der Personalplanung zählt zu den

a) intuitiven Verfahren.
b) arbeitswissenschaftlichen Verfahren.
c) organisatorischen Verfahren.
d) statistischen Verfahren.

MC-Frage 5-8

Zur Bestimmung der Personalbedarfe bei einer Inbetriebnahme eines Betriebs am Standort X wird der vergleichbare Standort Y als Grundlage genommen. Dieses Verfahren der Personalplanung zählt zu den

a) intuitiven Verfahren.
b) organisatorischen Verfahren.
c) arbeitswissenschaftlichen Verfahren.
d) statistischen Verfahren.

MC-Frage 5-9

Zur Bestimmung der Personalbedarfe bei einer Neueröffnung einer Supermarktfiliale wird die Quadratmeterzahl des Geschäfts als Grundlage genommen. Dieses Verfahren der Personalplanung zählt zu den

a) intuitiven Verfahren.
b) qualifikatorischen Verfahren.
c) arbeitswissenschaftlichen Verfahren.
d) statistischen Verfahren.

MC-Frage 5-10

Zur Bestimmung der Personalbedarfe für die Produktion wird der Zeitbedarf für die Herstellung eines Werkstücks gemessen und mit den bestellten Produkten multipliziert. Welches Verfahren wird hier beschrieben?

a) Intuitive Verfahren
b) Qualifikatorische Verfahren
c) Arbeitswissenschaftliche Verfahren
d) Statistische Verfahren

MC-Frage 5-11

Zur Bestimmung der Personalbedarfe in der Rechnungseingangsprüfung wird der Zeitbedarf für die Sortierung, Prüfung und Archivierung der Rechnungen ermittelt und mit den eingehenden Rechnungen multipliziert. Welches Verfahren wird hier beschrieben?

a) Intuitive Verfahren

b) Qualifikatorische Verfahren

c) Organisatorische Verfahren

d) Statistische Verfahren

Hinweise zur Lösung: Kap. 5.3 Rechtliche Regelungen der Personalplanung

MC-Frage 5-12

Welche der folgenden Aussagen zum rechtlichen Kontext der Personalplanung ist zutreffend?

a) Die Beratung mit dem Betriebsrat ist rechtzeitig erfolgt, wenn dieser noch Alternativvorschläge einbringen kann.

b) Der Arbeitgeber muss zur Beratung mit dem Betriebsrat schriftliche Unterlagen bereitstellen. Hat er selbst keine schriftlichen Unterlagen, sind diese zu erstellen.

c) Der Arbeitgeber muss nur über die konkrete Teilplanung beraten. Informationen zu anderen Teilplanungen, auch wenn sie für das Verständnis notwendig sind, sind nicht erforderlich.

d) Die Beratung mit dem Betriebsrat muss spätestens dann aufgenommen werden, wenn der Arbeitgeber ein Rechtsgutachten über den Handlungsspielraum in Auftrag gegeben hat.

Lösungen zu den Multiple-Choice-Fragen

1) d	4) a	7) c	10) c
2) c	5) a	8) b	11) c
3) a	6) d	9) d	12) a

5.3 Reflexion

Reflexion 5-1: Ziele der Personalplanung

Erläutern Sie an einem selbstgewählten Beispiel, wie sich die Ziele der Personalplanung auf den Personalbestand auswirken können.

Lösungsvorschlag

Aus der Perspektive der Wirtschaftlichkeit soll die Planung den niedrigsten Personalbestand ausweisen, mit dem die bestehenden und zukünftigen Aufgaben erfüllt werden können. Eine Schreinerei fertigt Produkte in vier Arbeitsschritten (bspw. Holzvorbereitung, Sägen, Lackieren, Endbearbeitung), die bei Vollauslastung von jeweils drei Personen ausgeführt werden müssen. Daher ergibt sich der Mindestbedarf in der Produktion von zwölf Personen.

Konträr dazu steht die Vermeidung von Kapazitätsengpässen, die Leistungssicherung, was einen höheren Personalbestand impliziert, da der Meister bspw. auch noch nicht produktive Zeiten wie bspw. Urlaub, Krankheit oder Fortbildungszeiten einplanen muss. Daher werden noch zwei Springer eingestellt, die an allen Stationen eingelernt und eingesetzt werden können.

Da die Schreinerei mehrere Produkte anbietet, die unterschiedliche Schwerpunkte in der Fertigung nach sich ziehen (bspw. könnte ein Produkt statt der üblichen drei Personen kurzfristig vier Personen an einer Fertigungsstation benötigen), plant die Schreinerei auch den Einsatz von Leiharbeitskräften mit ein, die, je nach Nachfrage, kurzfristig eingesetzt werden können, um eine marktseitige Anpassungsfähigkeit sicherzustellen.

Um eine angemessene Arbeitsbelastung sicherzustellen, werden die körperlich sehr intensiven Sägearbeiten mit einer Person zusätzlich geplant, sodass die Belastung gleichmäßig verteilt werden kann.

Reflexion 5-2: Fristigkeit der Personalplanung

Erläutern Sie an einem selbstgewählten Beispiel, wie sich unterschiedliche Planungshorizonte in der Personalplanung konkretisieren.

Lösungsvorschlag

Kurzfristige Personalplanung kann sich in einer unterjährigen, quartalsweisen oder jährlichen Personalbestandsplanung niederschlagen. Hier werden absehbare Zugänge (bspw. Rückkehrer aus Elternzeit oder Krankheit) und Abgänge (bspw. Elternzeit, Krankheit, Kündigung, Renteneintritt oder Auslauf von Befristungen) sowie der kurzfristige Personalbedarf abgebildet.

Die mittelfristige Personalplanung versucht größere Entwicklung in die Planung zu integrieren (bspw. Veränderungen in der Umsatzentwicklung, der Produktionstechnologie oder Kauf und Verkauf von Unternehmensteilen).

Die langfristige Personalplanung integriert langfristige Entwicklungen, wie bspw. der Wertewandel oder technologischen Entwicklung zu prognostizieren und aus personalwirtschaftlicher Perspektive zu bewerten.

Reflexion 5-3: Regressionsgerade

Das Finanzamt möchte ein höheres Steueraufkommen durch Aufstockung der Steuerfahndung realisieren. Dem Abteilungsleiter Steuerfahndung wird mitgeteilt, dass er im kommenden Jahr 100 Mio. Euro Steuernachzahlungen erarbeiten soll. Hierfür soll er dem Finanzamtsleiter mitteilen, wie viele Steuerfahnder er dafür benötigt.

Aus der Vergangenheit weiß man um folgenden Zusammenhang. 10 Steuerfahnder haben schon 35 Mio. Euro, 9 Fahnder 32 Mio. Euro, 12 Fahnder 45 Mio. Euro, 25 Fahnder 85 Mio. Euro, 20 Fahnder 70 Mio. Euro und 30 Fahnder 95 Mio. Euro an Steuernachzahlung erarbeitet.

Ermitteln Sie auf Basis der Regressionsmethode, welche Personalstärke für 100 Mio. Euro Steueraufkommen benötigt wird. Interpretieren Sie die gewonnenen Daten.

Lösungsvorschlag

In diesem Fall ist das gewünschte Steueraufkommen die unabhängige Variable (x) und die Anzahl der Steuerfahnder die abhängige Variable (y).

Mit den Daten lassen sich in einer Tabellenkalkulation unproblematisch die Regressionsgerade und das Bestimmtheitsmaß anzeigen (man kann es natürlich auch per Hand ausrechnen). Als Regressionsgerade ergibt sich $y = 0{,}3231x - 1{,}8252$ mit $R^2 = 0{,}9912$.

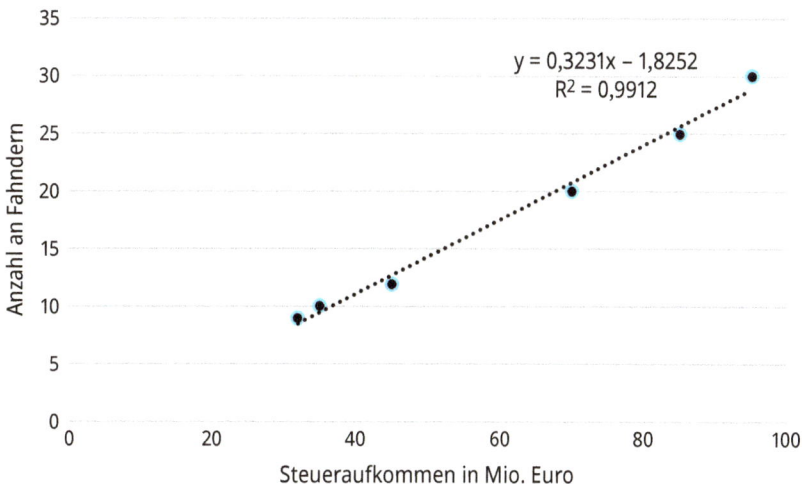

Das positive Vorzeichen im Beispielfall bedeutet, dass ein positiver Zusammenhang zwischen dem erzielten Steueraufkommen und den dafür eingesetzten Fahndern besteht. Dass die Gerade die tatsächlichen Ergebnisse recht gut abbildet, bestätigt das hohe Bestimmtheitsmaß R^2. Die Erhöhung des Steueraufkommens um eine Einheit (in Mio Euro) führt dazu, dass ein Mehrbedarf an Fahndern von 0,3231 entsteht. Für 100 Mio. Euro Steueraufkommen müssen laut Regressionsgeraden 30,48 Fahnder eingeplant werden.

Reflexion 5-4: Rosenkranz-Formel

Sie finden in einem Aktenschrank eine Berechnung der Personalstärke der Poststelle aus den 1970er-Jahren, die mit Hilfe der Rosenkranz-Formel durchgeführt wurde. Gegeben sind folgende Parameter: fNAZ = 1,3; fEZ = 1,12; fAQ = 1,1; Ankommende Briefe sortieren: 8000 Vorgänge/Monat mit einer Bearbeitungszeit von 1 Minute; Briefe zuordnen: 8000 Vorgänge/Monat mit einer Bearbeitungszeit von 1 Minute und Briefe zustellen: 8000 Vorgänge mit einer Bearbeitungszeit von 3 Minuten sowie Archivierung mit 500 Vorgängen mit einer Bearbeitungszeit von 2 Minuten. Sonstige Aufgaben werden mit 50 Stunden angenommen. Die durchschnittliche Arbeitszeit pro Mitarbeiter beträgt 170 Stunden pro Monat. Aktuell sind fünf Mitarbeiter in der Poststelle beschäftigt.

Wie hoch soll der Personalbedarf der Poststelle auf Basis der Rosenkranz-Formel sein?

Lösungsvorschlag

Die Rosenkranz-Formel schlägt bei dieser Ausgangssituation 6,8 Mitarbeiter als Personalstärke vor (linker Term: 6,43, rechter Term: 0,38).

Reflexion 5-5: Rechtzeitige Beratung mit dem Betriebsrat

Die Geschäftsführer eines Unternehmens treffen sich zum Mittagessen. In diesen Arbeitssitzungen besprechen sie relevante Themen. Einer der Geschäftsführer regt an, dass Personalkosten zu senken wären. Die für das Personalmanagement zuständige Geschäftsführerin pflichtet ihm bei und sagt, dass ihr da schon ein paar Dinge in den Sinn kämen, wie Personalkosten zu senken seien. Im Anschluss an das Mittagessen geht sie in die Personalabteilung und teilt dem Personalleiter mit, dass er eine Übersicht über die Personalkosten aufbereiten soll, sodass sie die Übersicht am nächsten Tag durchsprechen können. Am Ende des nächsten Tages beschließen sie, dass der Justiziar prüfen soll, welche der Ideen rechtlich überhaupt umsetzbar wären. Nachdem der Justiziar zwei der drei Ideen ausgeschlossen hat, beschließen sie die Umsetzung der verbleibenden Alternative. Der Personalleiter wird beauftragt, die Einzelheiten der Umsetzung zu planen.

Bewerten Sie, zu welchem Zeitpunkt der Betriebsrat über die Personalplanung einzubeziehen ist.

Lösungsvorschlag

Der Arbeitgeber hat den Betriebsrat zu unterrichten, wenn und sobald Überlegungen in das Stadium der Planung treten. Bleiben die Überlegungen nur Gedankenspiele, muss der Betriebsrat noch nicht einbezogen werden. Daher ist die bloße Diskussion in der Geschäftsführerrunde noch keine Planung.

Auch die Diskussion mit dem Personalleiter, welche Personalkosten in welchem Bereich anfallen, ist noch keine Planung. Ebenfalls muss der Einbezug des Justiziars dem Betriebsrat noch nicht mitgeteilt werden. Erkundet der Arbeitgeber nur Möglichkeiten, ohne dass er sich auf eine Möglichkeit festgelegt hat, muss dem Betriebsrat dies nicht mitgeteilt werden.

Erst nachdem der Zeitpunkt, an dem der Justiziar die verbleibende Möglichkeit zur Personalsenkung vorstellt und der Entschluss fällt, diesen Weg zu gehen, treten sie in das Stadium der Planung ein. Der Betriebsrat ist zu dem Zeitpunkt einzubeziehen, an dem die Geschäftsführerin den Auftrag an den Personalleiter gibt, die Einzelheiten der Umsetzung zu planen.

5.4 Anwendung

Anwendungsbeispiel 5-1: Integrierte Investitions- und Personalplanung bei der Audi AG

Die Erkenntnis, dass technische und finanzwirtschaftliche Planungen im Unternehmen gleichzeitig eine personalplanerische Dimension aufweisen, führte bei der Audi AG zu einer Verzahnung der Investitions- und Personalplanung (vgl. für die folgenden Ausführungen ausführlich Bertelsmann-Stiftung, 1999, S. 162 ff.).

Hintergrund
Die Anfänge der Investitionsanalyse reichen bei der Audi AG bis in die Zeit der wirtschaftlichen Krise der 1970er Jahre zurück. In dieser Zeit mussten sich die Unternehmen an ein schwieriges wirtschaftliches Umfeld sowie an veränderte Fertigungsprozesse anpassen. Das Aufkommen von Fertigungsrobotern veränderte sowohl in quantitativer als auch in qualitativer Hinsicht die Anforderungen an die Mitarbeiter.

Bei der Vorlage des ersten größeren Investitionsprogramms zur Umstellung der Fertigungsprozesse kam daher im Aufsichtsrat die Frage nach den beschäftigungswirksamen Folgen des Programms auf. Das eingesetzte Projektteam sollte nicht nur die aufgeworfene Frage beantworten, sondern auch ein Konzept entwickeln, wie künftig Investitionen aus personalwirtschaftlicher Sicht analysiert und bewertet werden können.

Ziele der Investitionsanalyse
Die Projektgruppe initiierte die sog. Investitionsanalyse, welche die Investitionsplanung mit der Personalplanung im mittelfristigen Planungsbereich miteinander verknüpft. Dabei versuchten sie, die Auswirkungen von Investitionen auf das Personal zu analysieren, personal- und arbeitswirtschaftlich zu bewerten und die Grundlage für erforderliche Maßnahmenplanungen zu schaffen.

Die Investitionsanalyse aggregiert die gewonnenen Erkenntnisse, sodass diese noch vor der endgültigen Genehmigung dem Aufsichtsrat, dem Betriebsrat und dem Wirtschaftsausschuss vorgelegt werden kann.

Das Verfahren

Das Unternehmen unterscheidet zwischen lang-, mittel- und kurzfristiger Personalplanung. Die langfristige Personalplanung orientiert sich an Fragestellungen hinsichtlich der langfristigen Belegschaftsentwicklung, der Arbeitsproduktivität oder der Auswirkungen von Megatrends auf das Personalmanagement. Die kurzfristige Personalplanung plant den absehbaren Weiterbildungsbedarf, übernimmt die Einsatzplanung und die Kostenplanung für die laufende Periode. Die Investitionsanalyse ist Teil der mittelfristigen Personalplanung.

Der Planungsprozess beginnt damit, dass die Investitionskoordinatoren der Geschäftsbereiche in ihrem Zuständigkeitsbereich die Investitionsvorhaben abfragen. Dabei benutzen sie unter anderem einen standardisierten Erhebungsbogen zur Investitionsanalyse, mit dessen Hilfe sie die erwarteten personellen Auswirkungen der geplanten Investitionen abfragen und bewerten.

Welche Fragen würden Sie im Rahmen einer verzahnten Investitionsanalyse aus personalwirtschaftlicher Planungsperspektive stellen?

Wie würden Sie den Informationsfluss der integrierten Investitions- und Personalplanung gestalten?

Lösungsvorschlag

Die integrierte Investitions- und Personalplanung versucht die erwarteten personellen Auswirkungen einer geplanten Investition abzufragen und zu bewerten. Mögliche Fragen finden Sie in Abb. 5.2.

Tab. 5.1: Auszug aus dem Fragebogen zur Investitionsanalyse.

Auszug aus dem Fragebogen zur Investitionsanalyse
– Resultiert aus den Investitionsprojekten ein Personalmehr- oder -minderbedarf? Wenn ja, ist dieser zu quantifizieren, zeitlich festzulegen sowie nach Beschäftigungsgruppen (direkte oder indirekte Arbeiter, Angestellte) und nach Standorten zu differenzieren?
– Verändern sich die Arbeitsbedingungen? Sind besondere Gestaltungsmaßnahmen bei den Arbeitsplätzen vorgesehen? Dabei ist zu erfassen, in welcher Form und für welche Anzahl von Mitarbeitern es zu Veränderungen bei Arbeitsschutz, -anforderungen, -platzgestaltung oder -organisation und -zeitregelungen kommt.
– Wie wirken sich die geplanten Investitionen auf den Einsatz leistungsgewandelter Mitarbeiter aus? Hier ist zu prüfen, ob sich ggf. neue Arbeitsplätze für spezielle Personengruppen einrichten lassen.
– Führen die Investitionen zu neuen oder veränderten Funktionen und Tätigkeitsbildern?
– Sind zur Durchführung der Investitionsvorhaben Weiterbildungsmaßnahmen erforderlich? Wenn ja, dann ist auch hier zu qualifizieren, welche Art von Maßnahmen notwendig werden.
– Werden bestehende Sozialeinrichtungen (bspw. Pausen- und Sozialräume, Bildungseinrichtungen oder medizinische Betreuung) verändert bzw. neue Sozialeinrichtungen geschaffen?

Der Rücklauf der Fragebögen wird auf Vollständigkeit, Plausibilität und Verständlichkeit geprüft und sowohl zur finanziellen Prüfung (Obergrenzen, Rentabilität, Amortisationszeitpunkt, …) als auch zur personalwirtschaftlichen Analyse an die Controllingbzw. Personalabteilung zur Kommentierung weitergereicht.

Das aggregierte Investitionsprogramm und die Investitionsanalyse werden dem Vorstand vorgelegt, sodass dieser mit dem Aufsichtsrat darüber diskutieren kann.

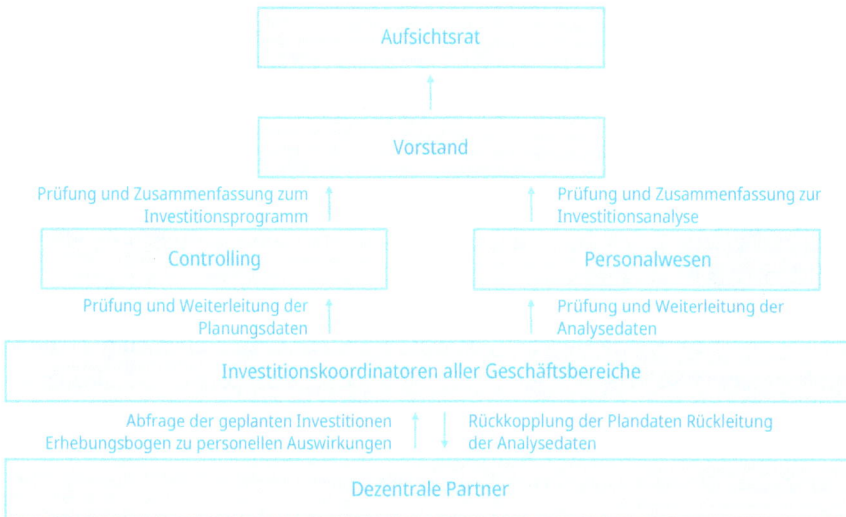

Abb. 5.1: Ablauf der integrierten Investitions- und Personalplanung (vgl. Bertelsmann-Stiftung, 1999, S. 165).

Anwendungsbeispiel 5-2: Elektromobilität und Beschäftigung bei der Daimler AG

Auch wenn die Elektromobilität zunimmt, spielt sie heute im Straßenverkehr – gemessen an den Neuzulassungen – noch eine untergeordnete Rolle. Dennoch geht eine Vielzahl von Studien übereinstimmend von einem großen Wachstumspotenzial von Hybrid-, Batterie- oder Brennstoffzellenfahrzeugen bis zum Jahr 2030 aus.

Damit kündigt sich ein Strukturbruch an. Die Wertschöpfung wird sich von der mechanischen Fertigung hin zur Entwicklung und Produktion von Komponenten wie Batteriesystemen, Brennstoffzellen oder Elektromotoren verschieben. Der Systemwechsel führt somit zu einem Wandel der bisherigen Entwicklungs- und Produktionsstrukturen sowie der damit verbundenen Arbeits- und Qualifikationsanforderungen.

Daher stellte sich für die Daimler AG und dessen Betriebsrat im Rahmen einer strategischen Personalplanung die Frage, welche Beschäftigungseffekte vom technologischen Wandel im Jahr 2030 ausgehen werden.

Dazu wurden im ersten Schritt die Entwicklungspfade der Fahrzeugtechnik untersucht. Aufbauend darauf wurden im zweiten Schritt Marktszenarien erstellt. Die Schätzung des künftigen Absatzes war dann Grundlage für die Berechnung der quantitativen Beschäftigungseffekte. Auf dieser Basis wurden dann im nächsten Schritt die Arbeitsstruktur unterschiedlicher Produktionsszenarien und die damit verbundenen Kompetenz- und Qualifikationsanforderungen analysiert, die im letzten Schritt zu einer Personalbedarfsrechnung verfeinert werden.

Der Abschlussbericht der langfristigen Personalplanung ist in der Studie Elektromobilität und Beschäftigung des Fraunhofer Instituts einsehbar.

Fassen Sie den Bericht, insb. die durchgeführten Schritte zur Personalplanung, zusammen und diskutieren Sie, ob Sie die Schlussfolgerungen nachvollziehen können. Diskutieren Sie, ob sich die Planung zum heutigen Zeitpunkt bewahrheitet hat bzw. welche Abweichungen schon heute feststellbar sind.

Lösungsvorschlag

Schritt 1: Die Fahrzeugtechnik analysieren

Da die Studie Aussagen über das Jahr 2030 treffen sollte, wurden bereits existierende oder sich in der Testphase befindliche Antriebskonzepte deutscher und ausländischer Automobilunternehmen untersucht.

Dabei wurden sechs idealtypische Referenzfahrzeuge identifiziert:

- Mild-Hybrid: Bei Hybrid Electric Vehicle – HEV – wird zusätzlich zum Verbrennungsmotor ein Elektromotor eingebaut. Dieser unterstützt bei der Beschleunigung und speichert die beim Bremsen erzeugte Energie in einem Akku (Beispiel: Honda Civic mit einem 85 kW–Verbrennungsmotor und einem 20 kW Elektromotor).
- Full-/Plug-in-Hybrid: Dieser HEV-Typ verfügt über einen im Verhältnis zum Verbrennungsmotor stärkeren Elektromotor und einer größeren Batterie (Beispielfahrzeug: Toyota Prius III Hybrid, Verhältnis Verbrennungs- zu Elektromotor 73 kW zu 60 kW).
- Range-extended Electric Vehicle – REX: Der Antrieb des Hybridfahrzeugs erfolgt nur über einen Elektromotor. Der zusätzlich eingebaute Verbrennungsmotor dient lediglich der Erzeugung von Strom und lädt die Batterie während der Fahrt auf (Beispiel: Chevrolet Volt – Elektromotor: 111 kW; Verbrennungsmotor: 53 kW).
- Battery Electric Vehicle – BEV: Der Antrieb des Fahrzeugs erfolgt elektrisch. Die Energie wird aus einer Traktionsbatterie gewonnen (Beispielfahrzeug: Ford Focus BEV mit einem 100 kW starken Elektromotor).
- Fuel Cell Vehicle – FCV: Der Antrieb erfolgt elektrisch. Der Strom wird aus einem Brennstoffzellensystem durch Umwandlung von chemischer in elektrische Energie gewonnen (Referenzfahrzeug: Mercedes-Benz B-Klasse F-Cell mit einem Elektromotor mit 100 kW).
- Verbrennungsmotor – Internal Combustion Engine (ICE): Als Vergleichsauto mit konventionellem Antrieb wurde der Golf VI 1.4 TSI mit 118 kW gewählt.

Je nachdem, welches Antriebskonzept sich durchsetzen wird, werden sich die Entwicklungs- und Produktionsprozesse (und in der Folge die Arbeitsorganisation und Qualifikationsanforderungen) ändern. Daher wurden im nächsten Teilschritt die Referenzfahrzeuge virtuell zerlegt und die technische Entwicklung der einzelnen Bauteile abgeschätzt. Hintergrund dieses Schrittes ist die Erkenntnis, dass bspw. das Brennstoffzellenfahrzeug weder einen Verbrennungsmotor noch ein aufwändiges Schaltgetriebe benötigt, dafür aber die Entwicklung und Produktion eines Wassertanks.

Tab. 5.2: Herausforderungen und Perspektiven der verwendeten Bauteile.

Perspektiven der einzelnen Bauteile	
– Verbrennungsmotor:	Effizienz lässt sich noch um 30% steigern (Dieselmotoren: 20%) Kleiner werdende Aggregate mit aufwändigen Turbo- und Kompressorsystemen senken Verbrauch weiter
– Getriebe:	Automatikgetriebe werden durch die Elektrifizierung an Bedeutung gewinnen.
– Elektromotor:	Die Wirkungsgrade von heute 90% werden weiter gesteigert werden
– Batterie:	Erforschung neuer Materialien und Prozesse zur Leistungssteigerung und Kostenoptimierung Größtes Potenzial: Lithium-Ionen-Batterien
– Leistungselektronik:	Reife Technologie
– Brennstoffzelle:	Infrastruktur zur Versorgung mit Wasserstoff muss erst aufgebaut werden

Schritt 2: Marktszenarien entwickeln

Ziel des zweiten Schrittes ist es, abzuschätzen, welche Marktanteile elektrisch angetriebene Fahrzeuge künftig erobern könnten. Daraus lassen sich dann die jeweiligen Produktionsvolumina für die dargestellten Referenzfahrzeuge und deren Antriebsstrangkomponenten ableiten.

Die Abschätzung zukünftiger Marktanteile soll mit Hilfe verschiedener Szenarien untersucht werden. Die Szenarien stützen sich auf eigene und öffentlich verfügbare Studien von anderen Automobilunternehmen, Unternehmensberatungen sowie auf Ergebnisse nationaler und internationaler Forschungsprojekte. Da die einzelnen Prognosen weit auseinandergehen, wurden zur weiteren Verwendung die „mittleren" Prognosen herangezogen.

Um auch andere, extremere Marktentwicklungen und die möglichen Folgen für die Produktion und Beschäftigung abzuschätzen, wurden aus dem Referenzszenario

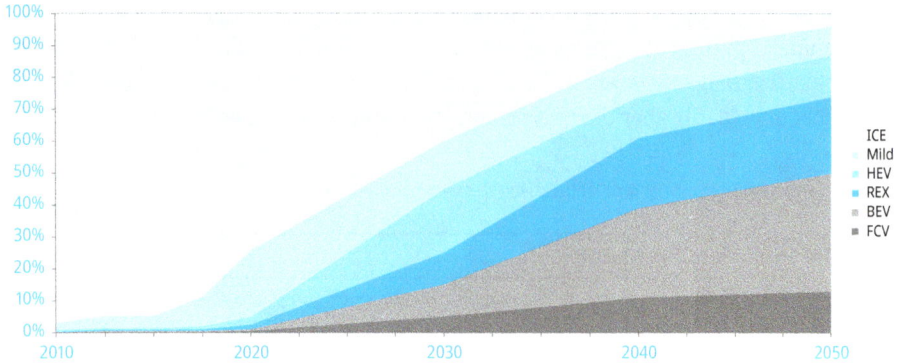

Abb. 5.2: Marktanteile der Fahrzeugtypen im Referenzszenario (vgl. Fraunhofer Institut, 2012, S. 47).

drei alternative Szenarien abgeleitet. Das konservative ICE-Szenario unterstellt, dass der Verbrennungsmotor weiterhin dominiert und sich rein elektrische Antriebe auch langfristig nicht durchsetzen können (Stagnation bei ca. 30% Marktanteil). Genau in die andere Richtung weist das BEV-Szenario. Es geht davon aus, dass konventionelle, nicht-elektrifizierte Antriebsstränge bis 2030 fast völlig vom Markt verdrängt werden (Marktanteil unter 10%).

Schritt 3: Produktionsprozesse im Referenzszenario

Im dritten Schritt rückt die Frage nach dem Produktionsprozess und dem daraus ableitbaren Personalbedarf in den Mittelpunkt. In Abhängigkeit des gewählten Szenarios werden neue Fertigungsverfahren und Bauelemente den Produktionsprozess bestimmen.

Bspw. bestehen der Motor und das Getriebe eines konventionellen Fahrzeugs aus rund 1.400 Teilen. Bei einem Elektromotor sind es lediglich etwa 200. Das heißt, dass der Anteil metallbearbeitender Fertigungsschritte wie das Zerspanen oder das Gießen zurückgehen werden.

Für das Referenzszenario wurden folgende Veränderungen im Produktionsprozess festgelegt:

- Elektrische Maschine: Hier werden vor allem die Arbeitsschritte des Wickelns der Drahtspulen (Erhöhung des Füllfaktors und Wirkungsgrads) und der Prozess der Automatisierung zur Qualitätssicherung dominieren.
- Batterie: Die Herstellung der Batterie erfordert aufwändige Fertigungsprozesse. Dabei kommen neue Arbeitsschritte hinzu (bspw. die elektrische Kontaktierung in den Modulen oder deren Verschraubung mit dem Gehäuse) bzw. werden heute seltene Verfahren (bspw. Laser- und Ultraschallschweißtechnik) ausgebaut.
- Leistungselektronik: Die Fehler- und Störanfälligkeit wird durch Reinräume zurückgedrängt.

- **Brennstoffzellen**: Die vielen Einzelkomponenten erfordern neue Produktions- und Logistikkonzepte und chemische Kompetenz im Produktionsprozess.
- **Verbrennungsmotoren**: Die rückstandsfreie Leichtbaufertigung mit Aluminium, auch in Baugruppen, die heute noch traditionell gefertigt werden, wird zunehmen.

Schritt 4: Personalbedarf im Referenzszenario

Auf Basis dieser Untersuchungsergebnisse ging es im nächsten Schritt darum, den Personalbedarf für die Produktion der Komponenten abzuschätzen. Zur Ermittlung des Personalbedarfs für bekannte Fertigungsschritte wurden die heutigen Erkenntnisse' in die Zukunft extrapoliert. Für neue Produktionsschritte wurden entweder Analogieschlüsse (von heute schon bekannten Verfahren) verwendet, der Personalbedarf aus der heute schon vorhandenen Kleinserienfertigung auf Großserienfertigung hochgerechnet oder Experteninterviews geführt, die Informationen für den künftigen Personalbedarf lieferten. Um sicherzustellen, dass die ermittelten Werte eine hohe Güte aufweisen, wurde schließlich eine Delphi-Studie durchgeführt.

Die Berechnungen unterscheiden zwischen Brutto- und Nettopersonalbedarf. Der Nettobedarf bestimmt das für die Produktion erforderliche theoretische Minimum an Personal. In der Bruttobetrachtung wird ein Mehrbedarf durch Urlaub, Krankheit und andere Abwesenheiten unterstellt.

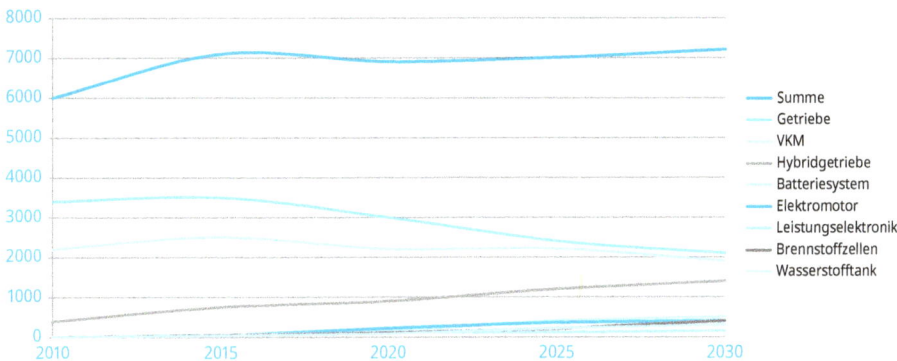

Abb. 5.3: Bruttopersonalbedarf im Referenzszenario (vgl. Fraunhofer Institut, 2012, S. 148).

Das Ergebnis aus dem Referenzszenario zeigt Abb. 5.5. Die Gesamtzahl der benötigten Beschäftigten in einem Referenzunternehmen steigt von heute 6.000 bis 2030 auf 7.200 Mitarbeiter. Im Zeitverlauf sind drei Phasen erkennbar. Im ersten Abschnitt bis 2015 nimmt der Gesamtbedarf deutlich zu. Auch in der Produktion der konventionellen Komponenten steigen die Zahlen leicht (da die künftigen Produktionsschritte Anleihen aus den traditionellen Produktionskonzepten übernehmen werden, sind für eine Übergangszeit doppelte Belegungen notwendig). Von 2015 bis 2020 wächst der Personalbedarf für die neuen Komponenten weiter, nimmt aber bei den konventionellen Antriebssträngen ab. Der Gesamtbedarf schrumpft leicht. In der dritten Phase von 2020 bis 2030 ist wieder ein leichter Anstieg des Gesamtbedarfs zu erkennen.

Der Bruttopersonalbedarf wurde dann für die weiteren oben aufgeführten Szenarien ebenfalls ermittelt.

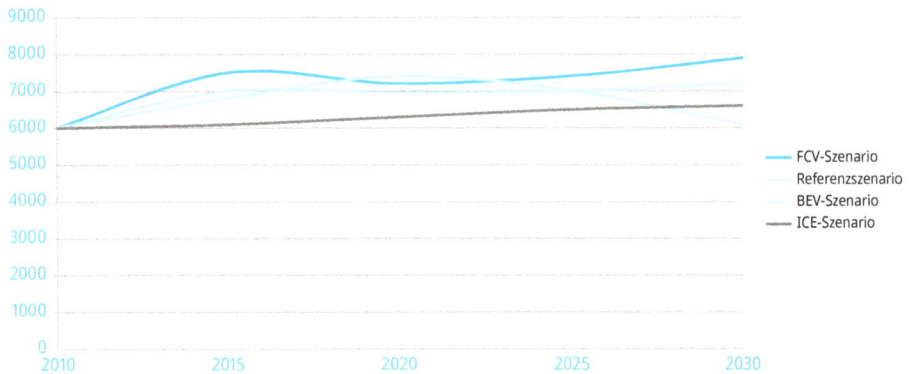

Abb. 5.4: Vergleich der Szenarien (vgl. Fraunhofer Institut, 2012, S. 155).

Schritt 5: Kompetenzanforderung und Qualifikation

Nachdem die Bruttopersonalbedarfe errechnet wurden, stellt sich die Frage, welche Kompetenzanforderungen und ggf. welche Qualifizierungsbedarfe sich daraus ableiten lassen. Hierzu wurden ebenfalls Experteninterviews und Studienergebnisse anderer Unternehmen und Unternehmensberatungen ausgewertet.

Der sich durchziehende Haupttrend ist der vermehrte Bedarf an Elektrik- und Elektronikkompetenz. Dieser durch die breite Einführung von Infotainmentsystemen in allen PKW-Klassen beförderte Trend erhält im Zuge der Elektromobilität einen weiteren Schub. Damit verschieben sich auch die Wertschöpfungsanteile deutlich von der heutigen Kernkompetenz Metall- bzw. Mechanik (M/M) hin zu Elektrik- bzw. Elektronik (E/E). Bspw. steigt der wertmäßige E/E-Anteil von 40 Prozent im Verbrennungsmotor auf 75 Prozent beim Elektroauto. Gleichzeitig verliert die spanende Metallbearbeitung (Drehen, Fräsen, Bohren, Schleifen) an Bedeutung. Montageprozesse, die auch bei der Produktion von Elektromotoren, Batterien oder Brennstoffzellen durchzuführen sind, bleiben zwar konstant, werden aber komplexer.

Als zentrales neues Qualifikationserfordernis wird der Umgang mit Hochvoltsystemen angesehen (also Wechselspannung ab 25 Volt und Gleichspannung von mehr als 60 Volt). Während der Produktion von Verbrennungsmotoren treten, wenn überhaupt, nur niedrige elektrische Spannungen auf. So wird die Produktion von Elektromotoren mit Spannungen bis zu 1.000 Volt durchgeführt. Dies führt dazu, dass die Mitarbeiter, auch in der mechanischen Produktion, grundlegendes Wissen der Elektrik benötigen (Erkennen und Beurteilen möglicher Gefahren, Umgang mit Hochvoltsystemen, ...).

Die Studie kommt zum Schluss, dass die Berufsausbildung im deutschen dualen System prinzipiell geeignet ist. Zusätzliche Kenntnisse, wie bspw. der Umgang mit Hochvoltsystemen, können in bestehende Berufsbilder integriert werden. Innerhalb des Systems wird eine Verschiebung vom klassischen Industriemechaniker oder Fahrzeugmechaniker hin zum Mechatroniker oder Elektroniker erwartet.

Für die Weiterbildung stellt sich die Frage, wie das Unternehmen die vorhandenen Beschäftigten qualifizieren kann. Als mögliche Lösung können standardisierte, unternehmensübergreifende Weiterbildungsangebote geschaffen werden, die spezifische Qualifikationserfordernisse zertifizieren. Für die einzelnen Komponenten ergeben sich jeweils spezifische Qualifikationserfordernisse:

- Traktionsbatterien: Kenntnisse der Verbindungs- und Fügetechnik, Qualitätssicherung, Prüfung und Tests.
- Elektromotoren: Einrichten, Bedienen, Überwachen und Warten ebenso wie Testen, Prüfen und Qualitätssicherung von Elektromotoren.
- Leistungselektronik: Ausbildungsberufe mit Schwerpunkt Elektronik oder Mechatronik.
- Brennstoffzellensysteme: Kompetenzen in der Dünnfilmbearbeitung und elektrochemischen Beschichtung.
- Wasserstofftanks: Kenntnisse im Leichtbau und Hochdruck.

Zusammenfassung

Basierend auf den Marktszenarien ist im Jahr 2030 mit einem Mix aus unterschiedlichen Antriebskonzepten zu rechnen. Die Herstellung elektrifizierter Antriebsstränge erfordern Kompetenzen von im Automobilbau bislang nicht eingesetzten Fertigungsverfahren. Der Gesamtpersonalbedarf wird sich dadurch aber nicht signifikant verändern, doch werden sich die benötigten Kompetenzen und Qualifikationen der Beschäftigten ändern. Dadurch werden zum einen neue Berufsbilder entstehen und zum anderen neue, zertifizierbare Weiterbildungsangebote notwendig.

5.5 Weiterführende Literaturhinweise

Fraunhofer Institut (Hrsg.): Elektromobilität und Beschäftigung. Wirkung der Elektrifizierung des Antriebsstrangs auf Beschäftigung und Standortumgebung (ELAB), Abschlussbericht, Stuttgart 2012.

http://wiki.iao.fraunhofer.de/images/studien/elab-zusammenfassung.pdf

Die in der Fallstudie angesprochenen Studie über die Entwicklung der Elektromobilität und die Auswirkungen auf die Beschäftigung kann man als Zusammenfassung auf den Seiten des Fraunhofer-Instituts herunterladen.

Größler, A./Zock, A.: Simulations-basierte Planung des Personalbestands, in: wist, Heft 2, 2012, S. 71–76.

Wie in einem dynamischen Marktumfeld simulationsgestützte Personalplanung umgesetzt werden kann, zeigt der Beitrag von Größler/Zock.

6 Personalbeschaffung und -auswahl

6.1 Schlüsselbegriffe

Schlüsselbegriffe des Kapitels 6.1:

Employer Branding umfasst sämtliche Maßnahmen von Unternehmen, die darauf abzielen, sich in der Wahrnehmung relevanter Zielgruppen (aktuelle und potenzielle Mitarbeiter) als attraktiver Arbeitgeber zu positionieren. Hinsichtlich der internen Arbeitgeberattraktivität zielt Employer Branding auf die Bindung der aktuellen Mitarbeiter (Retention) und hinsichtlich der externen Arbeitgeberattraktivität soll eine hohe Anziehungskraft auf potenzielle Mitarbeiter ausgehen (Recruiting).

Im vierschrittigen **Employer-Branding-Zyklus** wird zunächst festgelegt, bei welchen Zielgruppen das Unternehmen Wunscharbeitgeber („employer of choice") sein möchte (Zielgruppenanalyse). Sodann erfolgt die Ausgestaltung der Employer-Branding-Strategie, also die Identifikation der Arbeitgebereigenschaften, die das Unternehmen auszeichnen und von anderen Arbeitgebern unterscheidet (Employee Value Proposition). Im dritten Schritt gilt es dann, die Kommunikationskanäle zu bestimmen, mittels derer die Personalmarketingbotschaften verbreitet und die Zielgruppen erreicht werden sollen (Kommunikation der Arbeitgebermarke). Und schließlich erfolgt im vierten Schritt die Messung des Erfolgs (Evaluation), inwiefern also die ergriffenen Maßnahmen wirksam waren und zu einer Erhöhung der Arbeitgeberattraktivität beigetragen haben.

Schlüsselbegriffe des Kapitels 6.2:

Personalbeschaffung kann über den internen oder den externen Arbeitsmarkt erfolgen. Im Rahmen der **internen Personalbeschaffung** erfolgt eine Besetzung vakanter Stellen durch Mitarbeiter, die bereits im Unternehmen beschäftigt sind (bspw. durch Übernahme von Auszubildenden oder durch Versetzungen). Bei der **externen Personalbeschaffung** erfolgt die Stellenbesetzung durch externe Bewerber (bspw. durch Stellenanzeigen oder Vermittlung durch die Bundesagentur für Arbeit).

Personalberater (häufig auch: Headhunter oder Executive Search) beraten Unternehmen bei der Suche und Auswahl ihrer Mitarbeiter. Dabei reicht das Spektrum ihrer Dienstleistungen von der Analyse der zu besetzenden Position, der Formulierung von Anzeigetexten, der Suche (bspw. durch Anzeigenschaltung, Direktansprache von möglichen Kandidaten, ...), dem Einholen von Referenzen, der Vorauswahl bzw. Vorstellung der Kandidaten beim Unternehmen bis hin zur anschließenden Unterstützung bei der Auswahlentscheidung.

Durch **Social Media Recruitment** versuchen Unternehmen, sich in sozialen Netzwerken als bevorzugter Arbeitgeber zu präsentieren und ggf. Kontakt mit potenziellen

https://doi.org/10.1515/9783110988611-006

Bewerbern aufzunehmen, die sich dort mit ihren Lebensläufen, Präferenzen und beruflichen Kontakten präsentieren.

Der Personalbedarf kann, zumindest temporär, auch im Rahmen der Arbeitnehmerüberlassung (häufig auch: Zeitarbeit, Leiharbeit oder Personalleasing) gedeckt werden. Hierbei überlässt ein Verleiher (häufig auch: Personalleasing- oder Zeitarbeitsunternehmen) seinen Arbeitnehmer (häufig auch: Zeitarbeitskraft, Leiharbeitnehmer) zum Zwecke der Arbeitsleistung dem personalsuchenden Unternehmen (Personalleasingnehmer, Entleiher). Die arbeitsvertragliche Bindung besteht zwischen dem Leiharbeitnehmer und dem Personalleasinggeber, der mithin auch als Arbeitgeber des Mitarbeiters fungiert. Personalleasinggeber und das Unternehmen schließen einen Arbeitnehmerüberlassungsvertrag, mit dem sich der Verleiher verpflichtet dem Entleiher für einen bestimmten Zeitraum gegen Zahlung einer Überlassungsgebühr einen Leiharbeitnehmer zur Verfügung zu stellen. Zwischen Leiharbeiter und Entleiher bestehen hingegen keine direkten, unmittelbaren vertraglichen Beziehungen.

Schlüsselbegriffe des Kapitels 6.3:

Im Zentrum der Personalauswahl steht die Eignungsprüfung der Bewerber. Eignung liegt vor, wenn eine Übereinstimmung besteht zwischen (1) den Anforderungen der zu besetzenden Stelle und den Leistungsvoraussetzungen des Bewerbers (Fähigkeiten, Fertigkeiten und Kenntnisse), (2) dem Befriedigungspotenzial der Stelle und den Wünschen und Interessen des Bewerbers und (3) dem Veränderungspotenzial der Stelle mit dem Entwicklungspotenzial des Bewerbers.

Eine akkurate Eignungsfeststellung verlangt die Einhaltung der messtheoretischen Gütekriterien der Objektivität (Unabhängigkeit des Messergebnisses vom Durchführenden der Messung), Reliabilität (Verlässlichkeit der Messung) und Validität (Gültigkeit der Messung). Objektivität liegt also vor, wenn verschiedene Beurteiler zur gleichen Auswahlentscheidung kommen, Reliabilität ist gegeben, wenn wiederholte Durchführungen des Auswahlverfahrens zur identischen Auswahlentscheidung und Validität liegt vor, wenn das Auswahlinstrument auch tatsächlich das misst, was tatsächlich gemessen werden soll (bspw. späterer Berufserfolg).

Die zur Verfügung stehenden Personalauswahlverfahren können in biografieorientierte Verfahren, die die Eignung anhand der Analyse der Vergangenheit des Bewerbers festzustellen versuchen (bspw. durch Lebenslaufanalysen, Zeugnisanalysen, biografischer Fragebogen oder biografieorientierter Fragen im Vorstellungsgespräch), testorientierte Verfahren, die die Eignung des Bewerbers anhand der Messung von Bewerbereigenschaften diagnostizieren (bspw. Intelligenztests, Persönlichkeitstests oder Interessenstests) und simulationsorientierte Verfahren, die den beruflichen Alltag der zu besetzenden Stelle simulieren und Eignung daran festmachen, inwiefern sich der Bewerber in dieser Situation bewährt (bspw. durch Assessment Center, Arbeitsproben oder situative Fragen im Vorstellungsgespräch).

Tests sind standardisierte Verfahren zur Messung des Verhaltens und/oder der Eigenschaften von oder zwischen Personen.

Assessment Center zählen zu den simulationsorientierten Verfahren der Personalauswahl. In einem Assessment Center erfolgt die gleichzeitige Beurteilung mehrerer Bewerber durch mehrere Beurteiler mit mehreren Auswahlverfahren in mehreren Auswahldimensionen.

Schlüsselbegriffe des Kapitels 6.4:

Die Basisrate gibt den Anteil objektiv geeigneter Bewerber für die in Frage kommende Stelle aus der Gesamtzahl der Bewerber an. Da die Basisrate in der Praxis nur mit großem Aufwand exakt ermittelbar wäre (man müsste alle Bewerber einladen und einer Eignungsprüfung unterziehen), geht man als Näherungswert nur von dem Anteil der Bewerber aus, die nach der Vorauswahl als grundsätzlich geeignet eingeschätzt werden.

Die Bedarfsquote bezeichnet das Verhältnis der zu besetzenden Stellen zur Gesamtzahl der Bewerber. Diese ist meist sehr niedrig, da eine Vielzahl an Bewerbern nur einer oder weniger vakanten Stellen gegenübersteht (1:X). Ein Nachfrageüberhang kann auftreten, wenn bspw. eine neue Filiale aufgebaut wird und gleichzeitig mehrere gleichartige Stellen zu besetzen sind (bspw. Verkäuferstellen, Call-Center-Stellen).

Die Akzeptanzquote ist das Verhältnis der als geeignet akzeptierten Bewerber zur Gesamtanzahl der Bewerber.

6.2 Wissensprüfung

6.2.1 Wiederholungsfragen

Hinweise zur Lösung der folgenden Fragen finden Sie in Kap. 6.1 des Lehrbuchs.

Wiederholungsfrage 6-1
Welche internen und externen Wirkungen verursacht das Employer Branding?

Wiederholungsfrage 6-2
Aus welchen Schritten setzt sich der Employer-Branding-Prozess zusammen?

Hinweise zur Lösung der folgenden Fragen finden Sie in Kap. 6.2 des Lehrbuchs.

Wiederholungsfrage 6-3

Wo lassen sich die Beschaffungswege Personalberatung, Campus Recruitment und Arbeitnehmerüberlassung in einem Aggressivitäts/Aktiviväts-Diagramm einordnen?

Wiederholungsfrage 6-4

Welche Analyseschwerpunkte werden im sog. CUBE-Modell gesetzt?

Wiederholungsfrage 6-5

Was versteht man unter Campus Recruitment?

Wiederholungsfrage 6-6

Was versteht man unter Social Media Recruitment?

Hinweise zur Lösung der folgenden Fragen finden Sie in Kap. 6.3 des Lehrbuchs.

Wiederholungsfrage 6-7

Wie sind die Gütekriterien Objektivität, Reliabilität und Validität definiert?

Wiederholungsfrage 6-8

Was ist Intelligenz?

Wiederholungsfrage 6-9

Was ist kennzeichnend für Assessment Center als Personalauswahlinstrument?

Hinweise zur Lösung der folgenden Fragen finden Sie in Kap. 6.4 des Lehrbuchs.

Wiederholungsfrage 6-10

Wie ist Basisrate, Bedarfsquote und Akzeptanzquote definiert?

Wiederholungsfrage 6-11

Was ist der Fehler 1. Art bzw. Fehler 2. Art im Kontext einer Auswahlentscheidung?

6.2.2 Multiple-Choice-Fragen

Hinweise zur Lösung: 6.1 Konzeptualisierung von Personalstrategien

MC-Frage 6-1

Welche Aussage über das Employer Branding ist zutreffend?

a) Je breiter die Zielgruppendefinition, umso gezielter lassen sich Aktivitäten umsetzen.

b) Die Frage, mit welchen Arbeitgebereigenschaften die Organisation am Markt werben soll, wird der Phase der Kommunikationsstrategie zugeschrieben.

c) Die Feststellung, wie lange der Zeitraum zwischen Vakanz und Besetzung ist, wird der Phase der Strategiefindung zugeschrieben.

d) Keine der Aussagen a) bis c) sind zutreffend.

MC-Frage 6-2

Welche Beschaffungswege sind der internen Personalbeschaffung zuzurechnen?

a) Versetzung

b) Übernahme von Trainees

c) Entfristung befristeter Arbeitsverhältnisse

d) Jede der Aussagen a) bis c) ist zutreffend.

MC-Frage 6-3

Welche Aussage über die Einordnung der Suche über eine Personalberatung in einem Aggressivitäts-Aktivitäts-Diagramm ist zutreffend?

a) Hohe Aggressivität bei hoher Aktivität.

b) Hohe Aggressivität bei niedriger Aktivität.

c) Niedrige Aggressivität bei hoher Aktivität.

d) Niedrige Aggressivität bei niedriger Aktivität

MC-Frage 6-4

Welche Aussage über die Einordnung der Suche über das Campus Recruitment in einem Aggressivitäts-Aktivitäts-Diagramm ist zutreffend?

a) Hohe Aggressivität bei hoher Aktivität.

b) Hohe Aggressivität bei niedriger Aktivität.

c) Niedrige Aggressivität bei hoher Aktivität.

d) Niedrige Aggressivität bei niedriger Aktivität

MC-Frage 6-5

Welche Aussage über die Einordnung der Suche über die Arbeitsagentur in einem Aggressivitäts-Aktivitäts-Diagramm ist zutreffend?

a) Hohe Aggressivität bei hoher Aktivität.

b) Hohe Aggressivität bei niedriger Aktivität.

c) Niedrige Aggressivität bei hoher Aktivität.

d) Niedrige Aggressivität bei niedriger Aktivität

MC-Frage 6-6

Welche der folgenden Aussagen zur Arbeitnehmerüberlassung ist richtig?

a) Der Verleiher zahlt dem Leiharbeiter an Feiertagen keine Vergütung.

b) Das Direktionsrecht geht vom Verleiher auf den Entleiher über.

c) Die Arbeitsvergütung entrichtet der Entleiher.

d) Leiharbeiter und Entleiher schließen einen Überlassungsvertrag.

MC-Frage 6-7

Welche der folgenden Aussagen zur Arbeitnehmerüberlassung ist richtig?

a) Die Zahlung der Überlassungsgebühr erfolgt durch den Verleiher.

b) Das Beschäftigungsrisiko liegt beim Entleiher.

c) Wird dem Verleiher die Verleiherlaubnis entzogen, wird der Entleiher zum Arbeitgeber.

d) Keine der Aussagen a) bis c) ist zutreffend.

MC-Frage 6-8

Das Abgleich- und Zuordnungsmodell der Personalauswahl ordnet die Eigenschaften der Stelle und des Bewerbers zu. Welche der folgenden Zuordnungen ist dabei zutreffend?

a) Befriedigungspotenzial und Interessen

b) Befriedigungspotenzial und Veränderungspotenzial

c) Entwicklungspotenzial und Interessen

d) Fähigkeiten und Veränderungspotenzial

MC-Frage 6-9

Das Abgleich- und Zuordnungsmodell der Personalauswahl ordnet die Eigenschaften der Stelle und des Bewerbers zu. Welche der folgenden Zuordnungen ist dabei zutreffend?

a) Anforderungen und Interessen

b) Veränderungspotenzial und Entwicklungspotenzial

c) Entwicklungspotenzial und Kenntnisse

d) Keine der Aussagen a) bis c) sind zutreffend.

MC-Frage 6-10

Wenn ein Kandidat versehentlich zwei Wochen nach einem erfolgreichen Vorstellungsgespräch wieder eingeladen wird, dieses Mal aber das Vorstellungsgespräch negativ verläuft, dann kann das Auswahlverfahren des Unternehmens beschrieben werden als ...

a) nicht reliabel.

b) nicht valide.

c) reliabel, aber nicht valide.

d) Keine der Aussagen a) bis c) sind zutreffend.

MC-Frage 6-11

In einem Unternehmen sind die Personalreferenten im Kontext der Personalauswahl das Ziel vorgegeben, diejenigen Bewerber auszuwählen, die später den größtmöglichen Berufserfolg haben. Das Unternehmen misst den Berufserfolg durch regelmäßige Leistungsbeurteilungen.

Betrachtet man die Leistungsbeurteilungen der von Personalreferent A ausgewählten Bewerber im Zeitverlauf von mehreren Jahren, so haben nur die von Referent A ausgewählten Bewerber die bestmöglichen Leistungsbeurteilungen aller Mitarbeiter. Welche Aussage mit Blick auf das von Personalreferent A verwendete Verfahren ist zutreffend?

a) Das Verfahren ist reliabel.

b) Das Verfahren ist valide.

c) Das Verfahren ist objektiv.

d) Keine der Aussagen a) bis c) sind zutreffend.

MC-Frage 6-12

Zu den simulationsorientierten Verfahren der Personalauswahl gehört ...

a) das Assessment Center.

b) der Persönlichkeitstest.

c) der Leistungstest.

d) die Lebenslaufanalyse.

MC-Frage 6-13

Das Gütekriterium der Validität bezieht sich auf ...

a) die Gültigkeit der Messung.

b) die Wiederholbarkeit der Messung.

c) die Unabhängigkeit der Messung.

d) Keine der Aussagen a) bis c) sind zutreffend.

MC-Frage 6-14

Welche Aussage über Arbeitszeugnisse ist korrekt?

a) Arbeitnehmer haben bei Beendigung des Arbeitsverhältnisses einen Anspruch auf ein Arbeitszeugnis, wenn das Arbeitsverhältnis länger als sechs Monate Bestand hatte.

b) Ein einfaches Arbeitszeugnis enthält eine Beurteilung über Leistung und Verhalten des Mitarbeiters.

c) Für alle Zeugnisbestandteile existieren standardisierte Formulierungen, die von allen Personalabteilungen verwendet und verstanden werden.

d) Keine der Aussagen a) bis c) sind zutreffend.

MC-Frage 6-15

Welcher Beurteilungsfehler wird hier beschrieben: „Nach einem sehr guten Kandidaten wird ein durchschnittlicher Kandidat als unterdurchschnittlich eingestuft".

a) Fundamentaler Attributionsfehler

b) „Kleber"-Effekt

c) Einfacher Attributionsfehler

d) Kontrasteffekt

MC-Frage 6-16

Eine niedrige Akzeptanzquote kann zurückgeführt werden auf ...

a) zu niedrigere Anforderungen.

b) angemessene Anforderungen.

c) zu hohe Anforderungen.

d) Keine der Aussagen a) bis c) sind zutreffend.

MC-Frage 6-17

Ist die Akzeptanzquote kleiner als die Bedarfsquote ...

a) können alle freien Stellen besetzt werden.

b) können nicht alle freien Stellen besetzt werden.

c) spricht das für eine hohe Validität der Auswahlinstrumente.

d) Keine der Aussagen a) bis c) sind zutreffend.

Lösungen zu den Multiple-Choice-Fragen

1) d	5) d	9) b	13) a	17) b
2) d	6) b	10) a	14) d	
3) b	7) c	11) b	15) d	
4) c	8) a	12) a	16) c	

6.3 Reflexion

Reflexion 6-1: Employer Branding

Inwiefern unterscheidet sich das Personalmarketing (Employer Branding) vom absatzmarktbezogenen Marketing von Konsumgütern?

Lösungsvorschlag

Während die Gewinnung möglichst vieler Käufer im Mittelpunkt des absatzmarktbezogenen Marketings steht, geht es im Personalmarketing nicht um die Generierung möglichst vieler Bewerber, sondern um die Gewinnung von passenden Bewerbern.

Im Gegensatz zur Kaufentscheidung eines Konsumguts stellt die Entscheidung für einen Arbeitgeber meist einen tiefgreifenden biographischen Einschnitt für die Mitarbeiter dar.

Es ist schwieriger für Unternehmen, sich als Arbeitgeber von der Konkurrenz in der Wahrnehmung durch externe Bewerber zu differenzieren als von den Wettbewerbern auf dem Gütermarkt.

Reflexion 6-2: Employer Branding

Welche Gefahr besteht, wenn potenziellen Bewerbern im Rahmen von Employer-Branding-Kampagnen mehr versprochen wird, als den Mitarbeitern später tatsächlich gewährt wird?

Lösungsvorschlag

Wenn Mitarbeiter durch falsche Versprechungen ins Unternehmen „gelockt" werden, ist die Wahrscheinlichkeit enttäuschter Erwartungen groß. Auch wenn der faktische Teil des Arbeitsvertrags eingehalten wird (bspw. die Arbeitszeit oder die Vergütung), so nimmt der sog. „psychologische Vertrag" zwischen Arbeitnehmer und Arbeitgeber Schaden. Unter diesen Voraussetzungen ist die Wahrscheinlichkeit eines hohen Commitments und einer hohen Leistungsbereitschaft der Mitarbeiter gering. Deshalb sollten Unternehmen eine sog. „realistische Rekrutierung" betreiben und wahrhaftige und später realisierbare Arbeitgebereigenschaften kommunizieren.

Reflexion 6-3: Auswahlverfahren

Einige Arbeitgeber fordern von Bewerbern sog. „anonymisierte Bewerbungen" aus denen bspw. nicht das Geschlecht, das Alter, der Wohnort und die ethnische Zugehörigkeit des Bewerbers hervorgeht. Warum?

Lösungsvorschlag

Die Personalauswahlentscheidung seitens des Unternehmens wird immer auch durch Faktoren beeinflusst, die keine Relevanz für die Eignung der Bewerber haben. Merkmale von Bewerbern, die keinen Bezug zu den Stellenanforderungen haben, wie bspw. die äußere Attraktivität, Geschlecht, Alter, ethnische Zugehörigkeit oder sozialer Schichtzugehörigkeit verzerren daher die Personalauswahlentscheidung, wodurch die Entscheidungsqualität sinkt.

Reflexion 6-4: Auswahlverfahren

Welche Vor- und Nachteile sind mit der Nutzung der Arbeitnehmerüberlassung für den Entleiher verbunden?

Lösungsvorschlag

Die Vorteile lassen sich in drei große Motivbündel einteilen.

Flexibilität: Der Entleiher kann durch den Einsatz von Leiharbeit quantitative und qualitative Bedarfe decken bzw. Korrekturen vornehmen, da der Überlassungsvertrag schnelle Anpassungen nach oben (Zusage der Verleiher, Leiharbeiter mit bestimmten Qualifikationsniveaus beschaffen zu können) und unten (kurze und nicht an das KSchG gebundene Kündigungsfristen) vorsieht. Darüber hinaus können selten genutzte Qualifikationsprofile (bspw. hochqualifizierte Spezialisten oder niedrigqualifizierte Lagerhelfer) durch Verleihunternehmen beschafft und zeitlich begrenzt genutzt werden (bspw. im Rahmen eines Projekts).

Risikotransfer: Typische Arbeitgeberrisiken (bspw. Beschäftigungsrisiko, Krankheitszeiten, Urlaubsabgeltung, Fehler bei der Personalauswahl, Motivationsverlust des Arbeitnehmers, Kündigungsrisiko, ...) werden auf den Verleiher transferiert und sind mit der Überlassungsgebühr abgegolten.

Verwaltung: Die Kosten der Verwaltung von Leiharbeitern sind geringer als die Kosten einer eigenen Personalverwaltung. Während der Entleiher lediglich die vom Leiharbeiter geleisteten Stunden protokollieren und bezahlen muss, übernimmt der Verleiher die personalwirtschaftlichen Verwaltungsvorgänge (bspw. Urlaub, Gehaltsabrechnungen, Krankheit, Kommunikation mit den Sozialversicherungsträgern, Führen der Personalakte, ...).

Als Nachteile werden immer wieder genannt, dass die laufenden Kosten höher sein können als die eines befristet Beschäftigten, Spannungen zwischen Stamm- und Randbelegschaft entstehen können oder die Qualität der Arbeit durch die mangelnde Loyalität und unspezifische Qualifikation der Leiharbeiter leiden kann.

Ein weiterer Nachteil stellt die sog. Subsidiärhaftung dar. Der Entleiher muss für die Sozialversicherungsbeiträge und Beiträge zur Berufsgenossenschaft aufkommen, wenn das Zeitarbeitsunternehmen die Beiträge nicht oder nicht vollständig entrichtet hat. Außerdem kann das Arbeitsverhältnis des Leiharbeitnehmers zum Verleiher unbefristet auf den Entleiher übergehen, wenn bspw. die Höchstüberlassungsdauer überschritten wird oder der Verleiher Fehler bei der Konzessionvergabe gemacht hat.

Reflexion 6-5: Auswahlverfahren

Wie müsste das Vorstellungsgespräch ausgestaltet sein, dass es sich um ein objektives Personalauswahlverfahren handelt?

Lösungsvorschlag

Vollständige Objektivität liegt dann vor, wenn ein Verfahren völlig unabhängig davon ist, wer es durchführt, auswertet und entscheidungsleitend interpretiert.

Also müsste die Auswahlsituation zeitlich und räumlich standardisiert sein, allen Bewerbern dieselben Fragen in derselben Reihenfolge gestellt werden (Durchführungsobjektivität).

Die Antworten der Bewerber werden vollständig dokumentiert und einheitlich, nach vorab festgelegten Kriterien, ausgewertet (bspw. bei Tests durch den Einsatz von Lösungsschablonen) (Auswertungsobjektivität).

Die Interpretationsobjektivität ist dann hoch, wenn aus vorliegenden Ergebnissen von unterschiedlichen Beurteilern die gleiche Personalauswahlentscheidung getroffen wird.

Reflexion 6-6: Auswahlverfahren

Ist es denkbar, dass ein objektives und reliables Auswahlverfahren keine validen Ergebnisse erzielt? Begründen Sie Ihre Antwort.

Lösungsvorschlag

Objektivität liegt vor, wenn verschiedene Beurteiler zu einer gleichen Auswahlentscheidung kommen (würden), die Auswahlentscheidung also frei von subjektiven Einflüssen getroffen werden kann. Vollständige Objektivität liegt dann vor, wenn ein Verfahren völlig unabhängig davon ist, wer es durchführt, auswertet und entscheidungsleitend interpretiert. Dies lässt sich (mit etwas Aufwand) bspw. durch den Einsatz von standardisierten Fragebögen, Punktetabellen und mehreren Auswahlpersonen herstellen.

Durch eine solche strenge Normierung würde sich auch die Reliabilität erhöhen, da bei einer strengen Zuordnung von Fragen, Antworten und Interpretationsschlüssen bei einer erneuten Durchführung mit hoher Wahrscheinlichkeit zu gleichen Ergebnisse (also zu einer positiven oder negativen Auswahlentscheidung) führen.

So könnte bspw. ein Auswahlverfahren so aussehen, dass allen Bewerbern eine offene Frage gestellt werden (bspw. „Welchen beiden Sportarten schauen Sie am liebsten zu?"), die Antworten protokolliert und anhand eines vorher definierten Rasters bewertet wird (bspw. Fußball 3 Punkte, Tennis 2 Punkte, Volleyball 5 Punkte, ...). Ab einer Anzahl von sieben Punkten wird eine positive Auswahlentscheidung getroffen. Dadurch wäre das Verfahren objektiv und wahrscheinlich auch reliabel.

Ob allerdings Validität vorliegt, also ob mit diesem Verfahren das erfasst und gemessen wird, was tatsächlich gemessen werden soll (hier: späterer Berufserfolg), wäre fraglich.

Reflexion 6-7: Auswahlverfahren

Warum sind Schulnoten ein guter Prädiktor für den Ausbildungserfolg, während Examensnoten den beruflichen Erfolg hingegen weniger gut vorhersagen lassen?

Lösungsvorschlag

Die Anforderungen in der Ausbildung ähneln den Anforderungen in der Schule. Mithin werden gute Schüler wahrscheinlich auch gute Bewertungen in der Ausbildung erhalten. Die Anforderungen im Beruf unterscheiden sich aber oftmals fundamental von den Anforderungen im Studium oder während der Ausbildung, weshalb ein guter Hochschulabschluss oder eine gute Ausbildungsabschlussnote kein Garant für eine erfolgreiche berufliche Karriere ist.

So ist bspw. bekannt, dass die Abiturnote der beste Prädiktor für ein erfolgreiches Medizinstudium ist. Aussagen darüber, ob der so ausgewählte Mediziner dann der beste Orthopäde, Gynäkologe oder Allgemeinmediziner sein wird, ist so nicht beantwortbar.

Reflexion 6-8: Auswahlentscheidung

Nach der Durchführung des Auswahlprozesses erfolgt die Entscheidung für oder gegen einen Bewerber. Dabei sind zwei richtige und zwei falsche Entscheidungen möglich. Skizzieren Sie die Entscheidungsalternativen.

Lösungsvorschlag

Das Ziel des Auswahlverfahrens besteht darin, die wahr-positiven Bewerber zu finden und die die wahr-negativen Bewerber nicht auszuwählen.

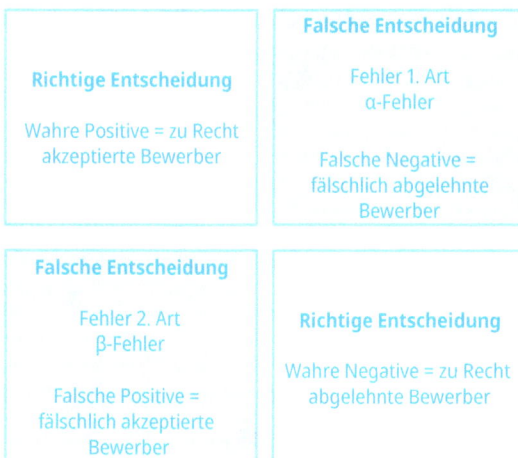

Richtige Entscheidung	Falsche Entscheidung
Wahre Positive = zu Recht akzeptierte Bewerber	Fehler 1. Art α-Fehler Falsche Negative = fälschlich abgelehnte Bewerber
Falsche Entscheidung Fehler 2. Art β-Fehler Falsche Positive = fälschlich akzeptierte Bewerber	**Richtige Entscheidung** Wahre Negative = zu Recht abgelehnte Bewerber

Abb. 6.1: Entscheidungslogik (vgl. Weuster, 2012, S. 2).

Falsche Entscheidungen sind zu vermeiden, wobei die falsch-negativen Entscheidungen nicht als so schlimm wahrgenommen werden im Vergleich zu den falsch-positiven, also den fälschlich akzeptierten Bewerbern.

Reflexion 6-9: Auswahlentscheidung

Skizzieren Sie den Zusammenhang zwischen Basisrate, Bedarfs- und Akzeptanzquote an einem Beispiel.

Lösungsvorschlag

In einem Bewerbungsverfahren haben sich 1000 Kandidaten für eine ausgeschriebene Stelle beworben. Nach einer ersten Durchsicht erfüllen 100 Bewerber die formal-inhaltlichen Voraussetzungen (Fachstudium, Berufserfahrung, verlangte Software- und Sprachkenntnisse).

Die Basisrate gibt den Anteil der objektiv geeigneten Bewerber aus der Gesamtzahl der Bewerber an. Da die Basisrate in der Praxis nur mit großem Aufwand exakt ermittelbar wäre (man müsste alle Bewerber einladen und einer Eignungsprüfung unterziehen), geht man als Näherungswert nur von dem Anteil der Bewerber aus, die nach der Vorauswahl als grundsätzlich geeignet eingeschätzt werden. Die Basisrate wird demnach mit 100/1000 = 10% festgestellt.

Die Bedarfsquote bezeichnet das Verhältnis der zu besetzenden Stellen zur Gesamtzahl der Bewerber. Hier ist die Bedarfsquote 1:1000.

Je größer die Basisrate ist, umso weniger wahrscheinlich ist eine Fehlentscheidung, da bei einer sehr hohen Basisrate selbst Losverfahren häufig die richtige Entscheidung erbringen könnten (ob dann aus den geeigneten Bewerbern der bestgeeignete ausgewählt wird, ist eine andere Frage).

Der Zusammenhang zwischen Basisrate und Bedarfsquote lässt sich wie folgt beschreiben: Eine niedrige Bedarfsquote bei hoher Basisrate lässt die Wahrscheinlichkeit einer richtigen Entscheidung steigen bzw. eine hohe Bedarfsquote bei niedriger Basisrate senkt die Wahrscheinlichkeit einer richtigen Auswahlentscheidung.

Die Akzeptanzquote gibt das Verhältnis der als geeignet akzeptierten Bewerber zur Gesamtzahl der Bewerber an.

Ist in einem Auswahlverfahren die Akzeptanzquote kleiner als die Bedarfsquote, können nicht alle freien Stellen besetzt werden. Übersteigt die Akzeptanzquote die Bedarfsquote, kann eine zweite Auswahlrunde mit höheren oder zusätzlichen Anforderungen durchgeführt werden. Der Zusammenhang zwischen Akzeptanzquoten und Anforderungsniveaus ist in Tab. 6.1 dargestellt.

Tab. 6.1: Zusammenhang zwischen Akzeptanzquote und Auswahlentscheidung (vgl. Weuster, 2012, S. 3).

Hohe Akzeptanzquote	Richtige Akzeptanzquote	Niedrige Akzeptanzquote
Sehr niedrige Anforderungen	Angemessene Anforderungen	Hohe Anforderungen
Tendenz zur Fehlbesetzung durch fälschlich Akzeptierte	Richtige Besetzung wahrscheinlich	Tendenz zur Ablehnung geeigneter Kandidaten, evtl. Einstellung Überqualifizierter

6.4 Anwendung

Anwendungsbeispiel 6-1: Arbeitszeugnisse in der Praxis

In einem Versuch legte Tiedge (2011) drei erfahrenen Personalern und einem Personalberater ein fiktives Zeugnis eines IT-Beraters zur Interpretation vor. Das verwendete Zeugnis sowie die Interpretationen finden Sie unter: http://www.spiegel.de/karriere/arbeitszeugnis-im-test-nichts-als-lyrik-und-chichi-a-753124.html

Suchen und lesen Sie den Text. Exzerpieren Sie die Bewertungen mit folgendem Raster: Formalanalyse, Inhaltsanalyse, Zeitanalyse und der abschließenden Beurteilung.

Lösungsvorschlag

Im Folgenden werden die vier Interpretationen vergleichend gegenübergestellt.

Die Bewertungen des Zeugnisses durch ein Elektronikunternehmen (11.000 Mitarbeiter):

– Formalanalyse: Inhalte vollständig (Daten zur Person, Tätigkeitsbezeichnung, Aufgabenumfang, Angaben zum Leistungs- und Sozialverhalten, Abschluss), Firmenbeschreibung angemessen und richtig platziert; die Form der Aufgabenbeschreibung in Aufzählungszeichen und der folgende Fließtext sind mögliche Darstellungsweisen.

– Zeitanalyse: nur die letzten fünf Monate als Seniorberater sind beschrieben, der größere Zeitraum bleibt unerwähnt, der Austritt fünf Monate nach der Beförderung macht misstrauisch.

– Inhaltsanalyse: die Beschreibungen „stets", „immer", „jederzeit", „häufig" deutet auf eine Benotung im Bereich „sehr gut" an; Umfang und Aufbau (einschließlich der Reihenfolge) sind korrekt und geben somit keinen Hinweis auf eventuelle Minderleistungen; allerdings gibt es keine Dank- und Bedauernsbekundung; die Auslassung des Wortes „weiterhin" bei der Erfolgsformel lässt auf eine Minderleistung schließen

– Zusammenfassung: Die Leistungen werden durchgängig als „sehr gut" bezeichnet, die Auslassungen und unterschwelligen Resonanzen kontrastieren die Formulierungen mit einer Bewertung im Bereich „ausreichend".
– Gesamtnote: 3-

Die Bewertung einer Versicherung (150.000 Mitarbeiter):
– Inhaltsanalyse: auf den ersten Blick „sehr gut"; allerdings viele unübliche Formulierungen, die darauf schließen lassen, dass es durchaus gewichtige negative Aspekte gab; Aussagen wie „er hat sich in seine Aufgabengebiete sehr schnell und effizient eingearbeitet und führte schon nach kürzester Zeit branchenübergreifende Projekte eigenverantwortlich und selbständig durch" klingen positiv, doch fehlt ein Hinweis darauf, ob die Projekte erfolgreich waren; Abschlussformulierungen sind unvollständig (kein Eingehen auf den Grund des Ausscheidens, keine Bedauernsformel) und lässt darauf schließen, dass der Arbeitgeber die Kündigung begrüßt.
– Zusammenfassung: Unübliche Formulierungen zum Gesamteindruck: „immer" und „stets zu unserer vollsten Zufriedenheit" schwächen die glatte Eins ab.
– Gesamtnote: 2-

Die Bewertung eines Familienunternehmens (6.500 Mitarbeiter)
– Inhaltsanalyse: Fachkompetenz sowie Vertriebskompetenz werden hervorgehen; die wenigen Aussagen zur Führungsleistung bzw. der Hinweis auf die „natürliche Autorität" deuten auf einen Einzelkämpfer hin.
– Zeitanalyse: Verweildauer von zwei Jahren gilt in der IT-Branche als normal.
– Zusammenfassung: die Formulierung „stets zu unser vollsten Zufriedenheit" deutet auf ein „sehr gutes" Zeugnis hin.
– Gesamtnote: arbeitsrechtlich 1, inhaltlich zwischen 2+ und 4+

Bewertung durch einen Karrierecoach:
– Formalanalyse: Ausführliche und geschwätzige Selbstdarstellung des Unternehmens schadet dem beurteilten Mitarbeiter
– Zeitanalyse: Spätes Ausstellungsdatum (einen Monat nach Beendigung des Arbeitsverhältnisses) sowie die kurze Verweildauer erschrecken; Ausscheiden fünf Monate nach Übernahme einer neuen Position deutet Scheitern an.
– Inhaltsanalyse: In der Aufgabenbeschreibung kulminiert der negative Eindruck des Desaströsen (unwichtige Aufgaben vor wichtigen, einfache Tätigkeiten als Lückenfüller); Abschlussformulierung deutet auf ein unzureichend hin (kein Bedauern, magere Zukunftswünsche, kein Hinweis auf „berufliche und private" Wünsche).
– Zusammenfassung: Ein schreckliches Beurteilungsdokument. Eine berufliche Katastrophe.
– Gesamtnote: 4-

Tab. 6.2: Zusammenfassung der Beurteilung eines fiktiven Arbeitszeugnisses.

	Elektronik	Versicherung	Familienunternehmen	Karrierecoach
Formal	Analysiert und für in Ordnung befunden	–	–	Ausführliche und geschwätzige Selbstdarstellung
Zeit	Misstrauen durch das Fehlen der Bewertung vor der Beförderung	–	Verweildauer von 2 Jahren normal	Spätes Ausstellungsdatum sowie kurze Verweildauer schrecken ab
Inhalt	Eigentlich „sehr gut", doch schlechte Schlussformel	Eigentlich „sehr gut", allerdings viele Unüblichkeiten, kein Hinweis auf erfolgreiche Arbeit, schlechte Schlussformel	Hervorhebung von Fachkompetenz, Hinweise auf Führungsdefizite	Kulmination der negativen Eindrücke (Schlussformel, einfache Tätigkeiten vor wichtigen, ...)
Fazit	Leistungen „sehr gut"; doch unterschwellige Resonanzen	Unübliche Formulierungen schwächen die „1" ab	Formulierung „stets zu unserer vollsten Zufriedenheit" wird als „sehr gut" gedeutet	Schreckliches Beurteilungsdokument, berufliche Katastrophe
Note	3-	2-	1	4-

Die Ergebnisse zeigen, dass es weder eine einheitliche Interpretation über die im Zeugnis getroffenen Aussagen gibt, noch, dass es Einigkeit darüber gibt, welche inhaltliche Dimensionen eines Zeugnisses bewertungsrelevant sind (die Zuordnung der Aussagen zu einer Analysefamilie – Formalanalyse, Zeitanalyse, Inhaltsanalyse – wurde hier zur besseren Darstellung eingefügt; die einzelnen Beurteilungen liegen im Fließtext vor).

Anwendungsbeispiel 6-2: Facebook als Personalauswahlinstrument

Personaler unterliegen manchmal der (arbeitsrechtlich nur eingeschränkt erlaubten) Versuchung Bewerber zu „googeln" und deren Profile in „Sozialen Netzwerken" (wie beispielsweise Facebook) zu sichten.

In einer von Van Iddekinge u. a. durchgeführten Studie, wurden 85 professionellen Recruitern die Facebook-Profile von 400 examensnahen Studierenden vorgelegt und sie sollten alleine auf dieser Basis eine Einstellungsentscheidung treffen. Ein Jahr später wurde der tatsächliche berufliche Erfolg der Hochschulabsolventen erhoben und es zeigte sich, dass die Recruiter nicht in der Lage waren, den beruflichen Erfolg bzw. Misserfolg auf Basis der Facebook-Profile auch nur annähernd korrekt vorherzusagen. Das Fazit der Autoren lautet: „Results suggests that recruiter ratings generally are unrelated to graduates subsequent job performance (...). Overall the present findings cast serious doubts concerning the appropriateness of considering applicants Social Media information during the selection process" (Van Iddekinge, 2016, S. 1129).

Warum lässt eine Analyse von Social-Media-Profilen der Bewerber keine Aussage hinsichtlich der Eignung von Bewerbern zu?

Lösungsvorschlag

Die Ergebnisse von Meta-Studien zeigen übereinstimmend, dass die Persönlichkeit eines Bewerbers (innerhalb der Grenzen des Nicht-Pathologischen) nur eine geringe Vorhersagekraft für den beruflichen Erfolg haben. Diese Ergebnisse sprechen gegen die allgemeine Vermutung, dass „social skills immer wichtiger werden".

Dennoch dürfte das Ergebnis nicht überraschen, da eignungsrelevant ausschließlich Informationen über die Bewerber sind, die einen Bezug zum Anforderungsprofil der Stelle aufweisen. Social-Media-Profilen kann nicht entnommen werden, inwiefern der Bewerber über die für die Stelle erforderlichen Fach-, Methoden-, Sozial- und Selbstkompetenzen verfügt.

6.5 Weiterführende Literaturhinweise

Biemann, T./Weckmüller, H.: Methoden der Personalauswahl: Was nützt?, in: PERSONALquarterly, Heft 1, 2012, S. 46–49.

Frank, F./Wach, D./Kanning, U. P.: Zusammenhang zwischen Lücken im Lebenslauf und Berufserfolg. Ein Mythos der Personalauswahlpraxis, in: Zeitschrift für Arbeits- und Organisationspsychologie, Heft 2, 2017, S. 69–80.

Kanning, U. P.: Welche Aussagekraft besitzen biographische Daten bei der Sichtung von Bewerbungsunterlagen? Ein Überblick über aktuelle Studien. Wirtschaftspsychologie, Heft 2, 2015, S. 42–50.

Reinhardt, N./Kanning, U. P.: Sichtung von Bewerbungsunterlagen – Sind Hinweise auf die Leitung von Jugendfreizeitreisen ein sinnvolles Auswahlkriterium?, in: Journal of Business and Media Psychology, Heft 1, 2015 S. 27–32.

Tiedge, A.: Nichts als Lyrik und Chichi, in: Spiegel vom 04.04.2011.

Van Iddekinge, C. H. et al.: Social Media for Selection? Validity and adverse impact potential of a facebook-based assessment, in: Journal of Management, Heft 7, 2016, S. 1811–1835.

Die Literaturhinweise zeigen, dass die Wirksamkeit der in der Praxis angewandten Auswahlmethoden nicht belegt sind. Die tradierten Annahmen („Bauchgefühl", „social skills werden immer wichtiger", „Intelligenz ist nicht entscheidend", „Auslandsaufenthalt erhöht die interkulturelle Kompetenz,", „Personaler benutzen Geheimcodes in Arbeitszeugnissen", ...) lassen sich nach deren Lektüre so nicht mehr aufrechterhalten.

Cook, M.: Personnel Selection, 6. Aufl., Chichester 2016.

Heneman III, H. G./Judge, T. A./Kammeyer-Mueller, J.: Staffing Organizations, 8. Aufl., New York, 2015.

Schuler, H.: Psychologische Personalauswahl, 4. Aufl., Göttingen u. a., 2014.

Yu, K. Y. T./Cable, D. M. (Hrsg.): The Oxford Handbook of Recruitment, Oxford, 2014

Weuster, A.: Personalauswahl I, 3. Aufl., Heidelberg 2012.

Die vorgestellten Lehrbücher geben Antworten auf die wesentlichen Gestaltungsfragen der Personalbeschaffung und -auswahl.

7 Personaleinsatz und Arbeitsgestaltung

7.1 Schlüsselbegriffe

Schlüsselbegriffe des Kapitels 7.1:

Chronometrische Arbeitszeitvariation differenzieren die Dauer bzw. das Volumens der Arbeitszeit, bspw. durch Teilzeitarbeit oder Job Sharing.

Chronologische Arbeitszeitvariation verändern die Lage bzw. die Verteilung eines bestimmten Arbeitszeitvolumens, bspw. durch Mehrschicht-Systeme, KAPOVAZ oder Arbeitszeitkonten.

Mischformen der Arbeitszeitvariation verändern Dauer und Lage der Arbeitszeit, bspw. Gleitzeitmodelle oder Vertrauensarbeitszeit).

Das Bundesarbeitsgericht hat **Arbeitsbereitschaft** als „Zeit wacher Achtsamkeit im Zustand der Entspannung" definiert (bspw. Taxifahrer, die auf Kunden warten oder Rettungssanitäter, die auf ihren Einsatz warten). Arbeitsbereitschaft gilt als Arbeitszeit, wobei die Vergütung der Arbeitsbereitschaft meist in Tarifverträgen oder Betriebsvereinbarungen geregelt ist (meist als anteiliger Betrag zur Normalarbeitsvergütung).

Bereitschaftsdienst liegt dann vor, wenn sich der Arbeitnehmer außerhalb seiner Normalarbeitszeit an einer vom Arbeitgeber definierten Stelle (meist innerhalb Arbeitsstätte oder ggf. in unmittelbarer Nähe) aufhalten muss, um bei Bedarf seine volle Arbeitstätigkeit aufzunehmen. Zeiten während des Bereitschaftsdiensts zählen zur Arbeitszeit, wobei in Tarifverträgen gesonderte Vergütungen vereinbart werden können.

Als **Rufbereitschaft** zählt die Zeit, in der der Arbeitnehmer sich in der eigenen Wohnung aufhalten kann, auf Abruf aber die Arbeit innerhalb einer definierten Zeitspanne aufnehmen muss. Tatsächliche Einsätze gelten als Arbeitszeit, ansonsten zählt die Rufbereitschaft zur Ruhezeit und wird meist pauschal vergütet.

Gemäß § 4 ArbZG muss die Arbeit durch im Voraus feststehende **Ruhepausen** von mind. 30 Minuten bei einer Arbeitszeit von mehr als sechs bis zu neun Stunden und 45 Minuten bei einer Arbeitszeit von mehr als neun Stunden insgesamt unterbrochen werden. Länger als sechs Stunden hintereinander dürfen Arbeitnehmer nicht ohne Ruhepausen beschäftigt werden. Zur Ruhepause zählen nicht etwaige maschinelle oder prozessuale Wartezeiten (bspw. das Aushärten eines Werkstoffs oder die Bearbeitungszeit einer Maschine).

Nach Beendigung der täglichen Arbeitszeit ist eine ununterbrochene **Ruhezeit** von mindestens 11 Stunden gemäß § 5 ArbZG vorgeschrieben. Sofern dies innerhalb von vier Wochen ausgeglichen wird, ist eine Verkürzung in bestimmten Branchen auf zehn Stunden möglich (in Einrichtungen zur Behandlung, Pflege und Betreuung von Personen, in Einrichtungen zur Bewirtung und Beherbergung, in Verkehrsbetrieben, beim Rundfunk sowie in der Landwirtschaft und in der Tierhaltung).

https://doi.org/10.1515/9783110988611-007

Schlüsselbegriffe des Kapitels 7.2:

Als Telearbeit bezeichnet man räumlich vom Standort des Auftraggebers getrennte Tätigkeiten, die mit Informations- und Kommunikationstechnologie ausgeführt und verbreitet wird.

Zur Konkretisierung der Erscheinungsformen der Telearbeit lassen sich folgende Typen der Telearbeit unterscheiden (vgl. Richenhagen/Wagner, 2000):

– Tele-Heimarbeit: Ausschließliche Telearbeit in der Wohnung des Mitarbeiters ohne Zugriff auf einen zusätzlichen Arbeitsplatz im Betrieb des Arbeitgebers (klassisches Home Office).

– Alternierende Telearbeit: Regelmäßig wechselnde Tätigkeit zu Hause, im Unternehmen und unterwegs. Der Arbeitsort bestimmt sich zumeist in Abhängigkeit von der jeweiligen Arbeitsaufgabe (momentan verbreiteste Form des Home Office).

– Mobile Telearbeit: Arbeit, die üblicherweise an verschiedenen Orten stattfindet und durch den Einsatz vernetzter Technologien in kommunikativer Beziehung zum Unternehmen erfolgt (bspw. Außendienst oder Service-Monteure).

– Nachbarschaftsbüros: Meist wohnortnahe Büroräume, die für Mitarbeiter mehrerer Unternehmen infrastrukturelle Einrichtungen bereitstellen.

– Satellitenbüros: Meist wohnortnahe ausgelagerte Zweigstellen, die für Mitarbeiter als Arbeitsort zur Verfügung stehen.

Schlüsselbegriffe des Kapitels 7.3:

Die Arbeitswissenschaft analyisiert, systematisiert und leitet Empfehlungen zur technischen, organisatorischen und sozialen Gestaltung von Arbeitsprozessen ab, sodass Beschäftigte in produktiven und effizienten Arbeitsprozessen schädigungslose, ausführbare und erträgliche Arbeitsbedingungen vorfinden.

Arbeitswissenschaftliche Erkenntnisse gelten dann als „gesichert" (und werden so zur rechtlichen Rahmenbedingung der Arbeitsgestaltung), wenn sie methodisch und statistisch ausreichend begründete Erkenntnisse der betreffenden Einzeldisziplin (bspw. der Ergonomie, der Berufsmedizin, …) vorliegen, sich eine überwiegende Meinung innerhalb eines Fachkreises herausgebildet hat, DIN-Normen und ähnliche technische Regelwerke Vorgaben machen oder der Gesetzgeber in Verordnungen oder Gesetzen Mindest- und Höchstvorgaben machen.

Das Belastungs- und Beanspruchungskonzept ist das Leitkonzept der Arbeitswissenschaft. Dabei wird die Belastung als aufgabenbezogene und abhängig von Dauer und Intensität der Belastung definierte (quantitativ zu erfassende) Größe verstanden (bspw. Schalldruck, Hitze, Kälte, Zugluft, Strahlung). Beanspruchung hingegen ist individuelle Anpassung (physisch, psychisch und somatisch) an die Belastung (bspw. Stressempfinden, Erkältung, Hörsturz oder Schwindelgefühle).

Schlüsselbegriffe des Kapitels 7.4:

Die nähere Ausgestaltung der Arbeitsinhalte kann der Arbeitgeber im Rahmen seines Direktions- oder Weisungsrechts ausüben (§ 106 GewO). Die Weisungen können im Einzelfall konkret an eine Person oder abstrakt für eine unbestimmte Vielzahl von Fällen oder Adressatenkreise erteilt werden (bspw. im Rahmen von Organigrammen oder Führungsgrundsätzen). Weisungen ändern die Arbeitsinhalte unmittelbar. Auf eine Zustimmung des Arbeitnehmers kommt es dabei nicht an. Damit wird dem Arbeitgeber eine umfassende Leitungsmacht über den Prozess der Leistungserstellung eingeräumt. Die Grenzen des Weisungsrechts ergeben sich aus gesetzlichen Bestimmungen, dem Mitbestimmungsrecht des Betriebsrats oder den konkreten Regelungen des Arbeitsvertrags.

7.2 Wissensprüfung

7.2.1 Wiederholungsfragen

Hinweise zur Lösung der folgenden Fragen finden Sie in Kap. 7.1 des Lehrbuchs.

Wiederholungsfrage 7-1
Welche Ziele können bei der Gestaltung von Arbeitszeitregelungen verfolgt werden?

Wiederholungsfrage 7-2
Welche Voraussetzungen müssen für einen Teilzeitwunsch des Arbeitnehmers gegeben sein?

Wiederholungsfrage 7-3
Wie lässt sich Vertrauensarbeitszeit charakterisieren?

Hinweise zur Lösung der folgenden Fragen finden Sie in Kap. 7.2 des Lehrbuchs.

Wiederholungsfrage 7-4
Welche Formen der Telearbeit gibt es?

Wiederholungsfrage 7-5
Welche Vor- und Nachteile werden mit der Nutzung von Telearbeit in Verbindung gebracht?

Hinweise zur Lösung der folgenden Fragen finden Sie in Kap. 7.3 des Lehrbuchs.

Wiederholungsfrage 7-6
Wie sind die Variablen des Belastungs- und Beanspruchungskonzepts definiert?

Wiederholungsfrage 7-7
Wie lässt sich Handlungsspielraum beschreiben?

7.2.2 Multiple-Choice-Fragen

Hinweise zur Lösung: 7.1 Arbeitszeitgestaltung

MC-Frage 7-1
Teilzeitarbeit zählt zur ...
a)   chronometrischen Arbeitszeitvariation.
b)   chronologischen Arbeitszeitvariation.
c)   Mischform beider Variationen.
d)   Keine der Antworten a) bis c) ist zutreffend.

MC-Frage 7-2
KAPOVAZ zählt zur ...
a)   chronometrischen Arbeitszeitvariation.
b)   chronologischen Arbeitszeitvariation.
c)   Mischform beider Variationen.
d)   Keine der Antworten a) bis c) ist zutreffend.

MC-Frage 7-3

Der Arbeitsbeginn eines 8-Stunden-Tages wird jeden Tag eine Stunde nach hinten ge-schoben. Zu welcher Arbeitszeitvariation zählt dieses Modell?

a) Chronometrischen Arbeitszeitvariation

b) Chronologischen Arbeitszeitvariation

c) Mischform beider Variationen

d) Keine der genannten Antworten a) bis c) ist zutreffend.

MC-Frage 7-4

Mitarbeiter A ist seit vier Monaten im Betrieb und möchte als einziger seiner 19 Kolle-gen Teilzeit arbeiten. Diesen Wunsch hat er dem Arbeitgeber vier Monate vor dem Teilzeitantritt geäußert. Der Arbeitgeber lehnt den Teilzeitwunsch ab. Welche Begrün-dung kann er dafür laut TzBfG angeben?

a) Der Arbeitsvertrag besteht noch nicht länger als sechs Monate.

b) Im Betrieb sind nicht mehr als 20 Arbeitnehmer beschäftigt.

c) Der Arbeitnehmer hat seinen Wunsch nicht mindestens sechs Monate vorher mit-geteilt.

d) Jede der genannten Antworten a) bis c) ist zutreffend.

MC-Frage 7-5

Welche der folgenden Aussagen zum Job Sharing trifft zu?

a) Job Sharing-Arbeitsplätze sind zur gegenseitigen Vertretung verpflichtet.

b) Die Arbeitszeit der Job-Sharing-Partner muss sich ergänzen.

c) Fällt der Arbeitsplatz des einen weg, fällt auch der Arbeitsplatz des anderen weg.

d) Keine der genannten Antworten a) bis c) ist zutreffend.

MC-Frage 7-6

Welche der folgenden Aussagen stellt keine arbeitswissenschaftlich gesicherte Emp-fehlung im Rahmen der Schichtplanung dar?

a) Es werden nicht mehr als drei Nachtschichten hintereinander empfohlen.

b) Es wird ein schneller Wechsel zwischen Früh- und Spätschicht empfohlen.

c) Es wird eine Vorwärtsrotation der Schichtfolgen empfohlen.

d) Es wird eine Rückwärtsrotation der Schichtfolgen empfohlen.

MC-Frage 7-7

Die Zeit, in der der Arbeitnehmer sich in der eigenen Wohnung aufhalten kann, die Arbeit auf Anweisung des Arbeitgebers aber innerhalb eines definierten Zeitspanne aufnehmen muss, wird bezeichnet als …

a) Arbeitsbereitschaft.
b) Bereitschaftsdienst.
c) Rufbereitschaft.
d) Privatzeit.

MC-Frage 7-8

Die Zeit, wenn sich ein Arbeitnehmer außerhalb seiner Normalarbeitszeit in unmittelbarer Nähe zur Arbeitsstelle aufhalten muss, um bei Bedarf seine volle Arbeitstätigkeit aufzunehmen, wird bezeichnet als …

a) Arbeitsbereitschaft.
b) Bereitschaftsdienst.
c) Rufbereitschaft.
d) Privatzeit.

MC-Frage 7-9

Die Zeit wacher Achtsamkeit im Zustand der Entspannung wird definiert als …

a) Arbeitsbereitschaft.
b) Bereitschaftsdienst.
c) Rufbereitschaft.
d) Privatzeit.

MC-Frage 7-10

Welche der folgenden Aussagen ist zutreffend?

a) Die wöchentliche Arbeitszeit ist auf maximal 10 Stunden an fünf Arbeitstagen begrenzt und darf ohne Antrag nicht überschritten werden.
b) Die wöchentliche Arbeitszeit von acht Stunden an sechs Arbeitstagen darf ohne Antrag nicht überschritten werden.
c) Bei einer täglichen Arbeitszeit von mehr als sechs Stunden muss eine Pause von mindestens 45 Minuten eingehalten werden.
d) Bei einer täglichen Arbeitszeit von acht Stunden muss eine Pause von 30 Minuten eingehalten werden.

Hinweise zur Lösung: 7.2 Gestaltung des Arbeitsorts

MC-Frage 7-11

Welche Form der Telearbeit wird hier beschrieben? Meist wohnortnahe, ausgelagerte Zweigstellen eines Unternehmens, die für Mitarbeiter als Arbeitsort zur Verfügung stehen.

a) Tele-Heimarbeit
b) Alternierende Telearbeit
c) Nachbarschaftsbüros
d) Satellitenbüros

MC-Frage 7-12

Welche Form der Telearbeit wird hier beschrieben? Regelmäßig wechselnde Tätigkeit zu Hause, im Unternehmen und unterwegs.

a) Tele-Heimarbeit
b) Alternierende Telearbeit
c) Nachbarschaftsbüros
d) Satellitenbüros

Hinweise zur Lösung: 7.3 Gestaltung der Arbeitsinhalte

MC-Frage 7-13

Welche Aussage im Kontext des Belastungs-Beanspruchungs-Konzepts ist zutreffend?

a) Belastung ist häufig nicht direkt messbar.
b) Zur Belastung zählt der erhöhte Herzschlag durch Anstrengung.
c) Zur Belastung zählt der Schalldruck.
d) Keine der genannten Antworten a) bis c) ist zutreffend.

MC-Frage 7-14

Welche Aussage im Kontext des Belastungs-Beanspruchungs-Konzepts ist zutreffend?

a) Die emittierende Strahlenenergie zählt zu den Beanspruchungen.
b) Beanspruchung wird mit „stress" umschrieben.
c) Belastung wird mit „strain" umschrieben.
d) Keine der genannten Antworten a) bis c) ist zutreffend.

Hinweise zur Lösung: 7.4 Rechtliche Aspekte

MC-Frage 7-15

Welche der folgenden Aussagen im Kontext des Weisungsrechts ist zutreffend?

a) Um eine Weisung rechtmäßig werden zu lassen, bedarf es der Zustimmung des Arbeitnehmers.

b) Der Arbeitgeber darf Vorgaben machen, dass erst die eine Seite, dann die andere Seite lackiert wird, auch wenn das Ergebnis nicht den zertifizierten Fertigungsstandards entspricht.

c) Der Arbeitgeber darf Vorgaben machen, dass erst die eine Seite, dann die andere Seite lackiert wird, nur wenn das Ergebnis nicht den zertifizierten Fertigungsstandards entspricht.

d) Wenn der Arbeitgeber seit zwanzig Jahren akzeptiert, dass erst die eine und dann die andere Seite lackiert, so kann er die Tätigkeit nicht anders verlangen.

Lösungen zu den Multiple-Choice-Fragen

1) a	4) a	7) c	10) d	13) c
2) b	5) d	8) b	11) d	14) d
3) b	6) d	9) a	12) b	15) b

7.3 Reflexion

Reflexion 7-1: Arbeitszeitmodelle

Ordnen Sie die Arbeitszeitmodelle (bspw. starre Arbeitszeit, starre Gleitzeit, Arbeitszeitkonten, flexible Gleitzeit und Vertrauensarbeitszeit) in einem Schaubild mit den Achsen Zeithorizont und Variabilisierung des Arbeitsvolumens ein.

Lösungsvorschlag

Das Modell der starren Arbeits- oder Gleitzeit orientiert sich an einem Tageszeitvolumen, das sich nicht variabilisieren lässt. Erst die flexible Gleitzeit eröffnet die Möglichkeit, das Arbeitszeitvolumen mit Blick auf einen definierten Zeitraum (hier bspw. Monatsarbeitszeit) zu variieren. Sind in einem Unternehmen Arbeitszeitkonten vorhanden (bspw. mit einer definierten Jahresarbeitszeit), so kann das Arbeitszeitvolumen über das Jahr variabilisiert werden.

Abb. 7.1: Einordnung von Arbeitszeitmodellen.

Reflexion 7-2: Arbeitszeitmodelle

Der Arbeitgeber kann einem Teilzeitwunsch des Arbeitnehmers widersprechen, wenn betriebliche Gründe (insb. wenn die Verringerung der Arbeitszeit die Organisation, den Arbeitsablauf oder die Sicherheit wesentlich beeinträchtigt oder unverhältnismäßige Kosten verursacht) dem Teilzeitwunsch nicht entgegenstehen. Diskutieren Sie Beispiele.

Lösungsvorschlag

In der Rechtsprechung finden sich zahlreiche Fälle, die einen Einblick geben, welche Beeinträchtigungen Unternehmen bei der Umsetzung des Teilzeitwunsches des Mitarbeiters in Kauf nehmen müssen und welche als unverhältnismäßig anzusehen sind.

Grundsätzlich gilt, dass der Arbeitgeber allgemeine, zusätzliche Kosten, die mit der Einstellung eines weiteren Mitarbeiters anfallen, (bspw. Suche, Einstellung, Einarbeitung, kurze Übergabezeiten oder Basisschulungen) hinnehmen muss.

Das Unternehmen darf den Wunsch nach Arbeitszeitverkürzung aber ablehnen, wenn eine Vollzeitkraft notwendig ist, bspw. ein Fahrer, der jeden Tag ein größeres Gebiet bedient.

Zwar kann der Arbeitgeber anführen, dass er eine „One face to the customer"-Philosophie verfolgt und daher nur Ganztagesstellen anbieten kann. Wenn dieses Ziel jedoch unter Berücksichtigung der Ladenöffnungszeiten von 60 Stunden in der Woche sowieso nicht aufrechterhalten werden kann, wird das Arbeitsgericht die Ablehnung des Teilzeitwunsches nicht akzeptieren.

Anders wäre es aber, wenn ein Arbeitnehmer nur noch bis 15.30 Uhr arbeiten möchte, das Geschäft aber bis 16.00 Uhr offen hat. Eine Aushilfe für fünf Tage für je eine halbe Stunde wird regelmäßig nicht zu finden sein. Hier wäre die Ablehnung des Teilzeitwunsches zu Recht erfolgt.

Unverhältnismäßige Kosten fallen an, wenn ein weiterer Dienstwagen angeschafft werden müsste oder wenn ein schulungsintensiver Arbeitsplatz (bspw. ein Pharmareferent) nach der Arbeitszeitverkürzung statt heute 5% der Arbeitszeit dann 50% seiner Arbeitszeit für die Fortbildung benötigen würde.

Reflexion 7-3: Gestaltung der Arbeitsinhalte

Erläutern Sie am Beispiel zweier Beschäftigten (eine junge Lagermitarbeiterin und einem kurz vor der Rente stehenden Lagermitarbeiter), welchen Belastungen und Beanspruchungen sie bei ihrer Arbeit ausgesetzt sein können.

Lösungsvorschlag

Die Belastungen der beiden Mitarbeiter dürften bei gleicher Arbeit zu gleicher Zeit vergleichbar sein. So sind beide dem Produktionslärm bei gleicher Einwirkdauer ausgesetzt (Schall). Ebenso werden die Belastungsfaktoren Klima (Temperatur, Luftgeschwindigkeit, Luftfeuchtigkeit), Stoffe (Staub, Rauch, Gas, Dampf, Bakterien, Viren), Strahlung oder Beleuchtung für beide gleiche Werte annehmen.

Die individuelle Anpassung an die Belastung wird sich durch die intervenierende Variable Gesundheit, Persönlichkeit, Kraft, Fähigkeiten oder Bedürfnisse unterschiedlich gestalten.

Reflexion 7-4: Zuordnung der Arbeitsinhalte

Gegeben sei eine Eignungsmatrix, die die Fähigkeiten der Mitarbeiter zur Bewältigung definierter Aufgaben bewertet.

Finden Sie eine optimale Zuordnung von Aufgaben zu Mitarbeitern.

Diskutieren Sie, welche Schwierigkeiten in der Praxis bei der Erstellung und mathematischen Umsetzung auftreten können.

	Aufgabe 1	Aufgabe 2	Aufgabe 3	Aufgabe 4	Aufgabe 5
Mitarbeiter A	4	2	3	7	0
Mitarbeiter B	2	3	3	3	2
Mitarbeiter C	3	2	1	3	0
Mitarbeiter D	0	1	2	3	. 4
Mitarbeiter E	1	4	3	5	3

Eignungsmatrix

Abb. 7.2: Eignungs-Anforderungsmatrix.

Lösungsvorschlag

Die optimale Zuordnung ergibt als Summenwert 21.

Die Probleme bei der Erstellung solcher mathematischen Zuordnungen liegen in der Transformation der Eignung der Beschäftigten in Eignungswerte. Ein punktmäßiger Ausdruck einer Leistung funktioniert nur bei sehr einfachen, manuell-messbaren Tätigkeiten.

Die Transoformation von Anforderungen in Anforderungswerte wird ebenfalls nur bei sehr einfachen, manuell-messbaren Tätigkeiten gelingen.

Selbst wenn die Aufstellung einer Eignungs-Anforderungsmatrix gelänge, so werden die Rahmenbedingungen nicht berücksichtigt, die einen Übertrag des mathematisch besten Ergebnisses in die betriebliche Praxis erschweren können. So blendet das Modell die Frage aus, ob die Zuordnung rechtlich überhaupt möglich ist oder ob die Motivation, genau die Aufgabe auszuführen, die laut Matrix am besten geeignet wäre, überhaupt vorhanden ist.

7.4 Anwendung

Anwendungsbeispiel 7-1: Gestaltung eines Schichtplans

Ein Unternehmen führt ein neues Fertigungsverfahren ein, das einen vollkontinuierlichen Betrieb erfordert (also rund um die Uhr an sieben Tagen die Woche). Zu jedem Zeitpunkt werden vier Mitarbeiter benötigt.

Die Schichtdauer betägt 7,5 Stunden pro Tag (zuzüglich der halben Stunde Pause sind die Mitarbeitr jeweils acht Stunden am Tag im Betrieb anwesend). Die vier Mitarbeiter wechseln sich mit der Pause versetzt ab, sodass diese nicht gesondert geplant werden müssen. Eine Übergabezeit fällt nicht an. Die vertragliche Wochenarbeitszeit beträgt 40 Stunden.

Gestalten Sie einen einfachen Schichtplan.

Diskutieren Sie, welche Faktoren Sie in der Realität darüber hinaus berücksichtigen würden.

Lösungsvorschlag

Die Betriebszeit beträgt 168 Stunden wöchentlich (7 x 24h). Da die Mitarbeiter acht Stunden vor Ort sind, benötigt man drei Schichten pro Tag mit vier Mitarbeitern. Dies entspricht in der Summe 630 Mitarbeiterstunden (7,5 Stunden pro Schicht in drei Schichten pro Tag an sieben Tagen die Woche bei vier Mitarbeitern).

Für die benötigten 630 Mitarbeiterstunden benötigt das Unternehmen 15,75 Mitarbeiter. Rundet das Unternehmen auf 16 Mitarbeiter auf, so kann es vier Schichtgruppen mit je vier Mitarbeitern besetzen in drei Schichten (Früh-, Spät- und Nachtschicht) besetzen.

Gruppe	Woche 1						
Gruppe	Mo	Di	Mi	Do	Fr	Sa	So
1	F	F	S	S	N	N	N
2			F	F	S	S	S
3	N	N			F	F	F
4			F	F	S	S	S

Gruppe	Woche 2						
Gruppe	Mo	Di	Mi	Do	Fr	Sa	So
1			F	F	S	S	S
2	N	N			F	F	F
3	S	S	N	N			
4	F	F	S	S	N	N	N

Gruppe	Woche 3						
Gruppe	Mo	Di	Mi	Do	Fr	Sa	So
1	N	N			F	F	F
2	S	S	N	N			
3	F	F	S	S	N	N	N
4			F	F	S	S	S

Gruppe	Woche 4						
Gruppe	Mo	Di	Mi	Do	Fr	Sa	So
1	S	S	N	N			
2	F	F	S	S	N	N	N
3			F	F	S	S	S
4	N	N			F	F	F

Abb. 7.3: Einfacher Schichtplan für vier Gruppen im vollkontinuierlichen Betrieb.

In der Realität müssten weitere Faktoren berücksichtigt werden. So müsste das Unternehmen bspw. Urlaubs-, Krankheits- oder Weiterbildungstage in der Kapazitätsrechnung berücksichtigen. Ebenso könnte sich das Unternehmen entschließen, Reserveschichten einzuplanen, um auf Nachfrageschwankungen reagieren zu können. Darüber hinaus könnten noch arbeitswissenschaftliche Erkenntnisse zur Schichtplanung einfließen, die die Komplexität weiter erhöhen dürften.

Anwendungsbeispiel 7-2: Gestaltung eines Arbeitszeitmodells

Suchen Sie in Fachzeitschriften oder im Internet nach Arbeitszeitmodellen in der Praxis und stellen Sie Ihre Ergebnisse vor.

Lösungsvorschlag

Die TRUMPF GmbH & Co KG ist ein Maschinenbauunternehmen mit knapp 10.000 Mitarbeitern. Die Schwerpunkte liegen im Bau von Werkzeugmaschinen, Lasertechnik, Elektronik und Medizintechnik.

Das Arbeitszeitmodell kann durch drei Bausteine beschrieben werden (vgl. Trumpf, 2011):
- Basis- und Wahlarbeitszeit (Baustein 1)
- Freizeitkomponenten (Baustein 2)
- Bündnisstunden (Baustein 3)

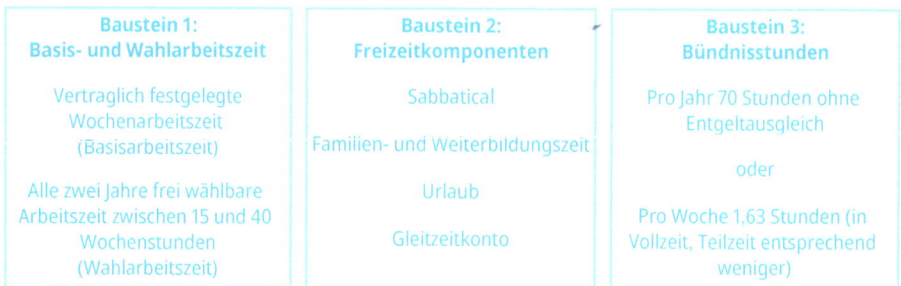

Baustein 1: Basis- und Wahlarbeitszeit	Baustein 2: Freizeitkomponenten	Baustein 3: Bündnisstunden
Vertraglich festgelegte Wochenarbeitszeit (Basisarbeitszeit)	Sabbatical	Pro Jahr 70 Stunden ohne Entgeltausgleich
	Familien- und Weiterbildungszeit	
Alle zwei Jahre frei wählbare Arbeitszeit zwischen 15 und 40 Wochenstunden (Wahlarbeitszeit)	Urlaub	oder
	Gleitzeitkonto	Pro Woche 1,63 Stunden (in Vollzeit, Teilzeit entsprechend weniger)

Abb. 7.4: Bausteine des Arbeitszeitmodells.

Die sog. Basisarbeitszeit ist die vertraglich vereinbarte Arbeitszeit im Arbeitsvertrag. Jeder Mitarbeiter kann diese aber (nach Rücksprache mit dem Unternehmen) zwischen 15 und 40 Wochenstunden für zwei Jahre frei wählen. Nach zwei Jahren kann der Mitarbeiter wieder zu seiner vertraglich vereinbarten Basisarbeitszeit zurückkehren oder erneut seine Wahlarbeitszeit zwischen 15 und 40 Wochenstunden bestimmen.

Der zweite Baustein umfasst die Freizeitkomponenten Urlaub, Gleitzeit, das sog. Familien- und Weiterbildungszeitkonto und die Möglichkeit für ein Sabbatical.

Das Familien- und Weiterbildungszeitkonto kann angespart werden, in dem der Mitarbeiter maximal 1.000 Stunden über seine Basis- oder Wahlarbeitszeit hinaus einbringt. Bei verringerter Arbeitszeit oder bei Auszeiten von bis zu sechs Monaten können die Stunden als Entgeltausgleich ausbezahlt werden.

Um ein Sabbatical zu ermöglichen, bietet TRUMPF seinen Mitarbeitern ein Teilzeitmodell mit flexibler Entgeltauszahlung an. So kann der Mitarbeiter bspw. seinen Entgeltanspruch für bis zu zwei Jahren auf max. 50 % bei voller Arbeitszeit reduzieren. Im Anschluss daran, kann er dann maximal zwei Jahre bei 50 % des Entgeltanspruchs seine Arbeitszeit auf null reduzieren.

Zur Finanzierung des Modells (Mehrkosten durch den erhöhten organisatorischen Aufwand der Vertrags- und Zeitpflege, Ausgleich durch Fremdarbeitskräfte in der Phase verringerter Arbeitszeit, ...) verpflichteten sich die Mitarbeiter zur Leistung von 70 Arbeitsstunden pro Jahr ohne Entgeltausgleich („**Bündnisstunden**"). Dies entspricht als Gegenleistung einer Erhöhung der wöchentlichen Arbeitszeit um 1,63 Stunden (in Vollzeit; Teilzeit entsprechend weniger).

	Lebensphase				
	Berufseinstieg	Familienphase	Hausbau	Weiterbildung	Vorruhestand
Basiszeit	40	40	40	40	40
Wahlzeit	35	28	40	0	0
Bündniszeit	1,4	1,3	1,63	0	0
Entgelt für	35 Stunden	25 Stunden	40 Stunden	25 Stunden	20 Stunden
Tatsächliche Arbeitszeit	36,4 Stunden	26,3 Stunden	40 + 1,63 + Stunden für FW-Konto	0 Stunden	0 Stunden
FW-Konto	Kein Zufluss	Kein Zufluss	Zufluss	Finanzierung der Weiterbildung	Kein Zufluss
Sabbatical					Finanzierung durch die „Arbeitsphase"

Abb. 7.5: Lebensphasenorientierte Arbeitszeit.

Die Idee der lebensphasenorientierten Arbeitszeitpolitik kann an einem fiktiven Beispiel (Abb. 7.5) illustriert werden. Als Berufseinsteiger kann der Mitarbeiter eine Arbeitszeit von 35 Stunden pro Woche für zwei Jahre wählen. In der Phase der Familiengründung kann er die Arbeitszeit auf 25 Stunden/Woche Woche für zwei Jahre reduzieren. Im Anschluss daran kann die Arbeitszeit (bspw. zur Finanzierung eines Eigenheims) auf 40 Wochenstunden erhöht werden. Während des Berufslebens können Arbeitszeit bzw. Entgelte auf das Weiterbildungskonto eingezahlt werden, um dieses bspw. für eine längere Weiterbildungszeit zu nutzen (bspw. Meister, Techniker oder Masterprogramme. Im fortgeschrittenen Alter kann die Arbeitszeit wieder gesenkt werden (bspw. zur Pflege von Angehörigen) oder als Altersteilzeitmodell so gestaltet werden, dass in den Jahren 3 und 4 vor dem Renteneintritt in Vollzeit bei 50 % des Entgeltanspruchs gearbeitet wird, um so in den Jahren 2 und 1 vor dem Renteneintritt bei 50 % des Entgeltanspruchs schon in den Ruhestand gehen zu können.

7.5 Weiterführende Literaturhinweise

Trumpf (Hrsg.): Zeitgemäß, Präsentation der TRUMPF-Gruppe, Juli 2011.

Die Trumpf-Gruppe zeigt, wie ein ausgefeiltes Arbeitszeitsystems lebensphasenorientiert ausgestaltet sein kann.

Plesterninks, I.: Arbeitszeit und Vergütungspflicht, in: Arbeit und Arbeitsrecht, Heft 12, 2016, S. 739–741.
Schreiner, P./Hellenkemper, D.: Berufskleidung, in: Arbeit und Arbeitsrecht, Heft 2, 2014, S. 86–89.

Die Frage, was zur Arbeitszeit zählt, wird (fast) immer arbeitsrechtlich beantwortet. Die beantworten die Fragen, ob und wann Umkleide-, Wasch-, Wege- oder Reisezeiten zur Arbeitszeit zählen.

https://www.iwd.de/suche/?q=arbeitszeit

Das Institut der deutschen Wirtschaft liefert regelmäßig Übersichten und Einordnungen zu personalpolitischen Themen im nationalen und internationalen Vergleich. Eine Suche zum Thema Arbeitszeit bringt weitere Erkenntnisse.

8 Personalführung im Arbeitsprozess

8.1 Schlüsselbegriffe

Schlüsselbegriffe des Kapitels 8.1:

Mitarbeiter- oder Personalführung umfasst die zielgerichteten Einflussversuche von Vorgesetzten auf das Verhalten der Mitarbeiter. Hierbei ist die Führungssituation durch Multipersonalität gekennzeichnet (Vorgesetzter und mindestens ein Geführter). Zudem handelt es sich um einen Prozess der Einflussnahme (Beeinflussung). Diese ist nur dann erfolgreich, wenn der Versuch der Einflussnahme auf Akzeptanz beim Beeinflussten stößt, also als legitim erachtet wird. Begrifflich werden zudem nur Einflussversuche erfasst, die absichtsvoll (Intention) erfolgen. Die Auswirkungen auf das Verhalten der Geführten muss hierbei nicht sofort erkennbar sein (Unmittelbarkeit), sondern kann sich auch zeitlich verzögert zeigen (Mittelbarkeit).

Führungserfolg liegt vor, wenn es dem Führenden gelingt, den Geführten zu einer höchstmöglichen Arbeitsleitung (z.B. Zielerreichung) zu veranlassen (wirtschaftlicher Erfolg) und zugleich eine hohe Arbeitszufriedenheit beim Mitarbeiter zu erzeugen vermag (sozialer Erfolg).

Schlüsselbegriffe des Kapitels 8.2:

Führungstheorien haben den Anspruch, den Führungserfolg zu erklären, also die zentralen Faktoren zu identifizieren, die den wirtschaftlichen und sozialen Erfolg von Führenden bestimmen. **Eigenschaftsorientierte** Ansätze erachten diesbezüglich die Persönlichkeit des Führenden als ausschlaggebend, **verhaltensorientierte** Ansätze hingegen den Führungsstil (Führungsverhalten) des Vorgesetzten. Die **situativen** Ansätze stellen heraus, dass es vom situativen Handlungskontext (Führungssituation) abhängt, welches Führungsverhalten erfolgsversprechend ist. **Kognitive** Ansätze hingegen erachten kognitive Prozesse bei den Geführten als ausschlaggebend, während schließlich der Ansatz der **transformationalen** Führung als übergreifender Ansatz eine Höherentwicklung der Führungsbeziehung von den Führungskräften fordert.

Die von den Eigenschaftsansätzen in den Mittelpunkt gestellte Persönlichkeit der Führenden, kann über das Fünf-Faktorenmodell der Persönlichkeit (**Big Five-Modell**) erfasst werden, welches die Persönlichkeitsdimensionen emotionale Stabilität (Neurotizismus), Extraversion, Offenheit für neue Erfahrungen, Verträglichkeit und Gewissenhaftigkeit umfasst.

Verhaltensorientierte Ansätze machen den **Führungsstil** des Führenden verantwortlich für den Führungserfolg. Als Führungsstil werden die situationsinvarianten Verhal-

https://doi.org/10.1515/9783110988611-008

tensmuster (z.B. autokratisch – demokratisch, kooperativ – autoritär, mitarbeiterorientiert – aufgabenorientiert) des Führenden bezeichnet.

Situationstheorien hingegen fordern, dass sich das Führungsverhalten an unterschiedlichen Situationsvariablen ausrichten muss, um erfolgreich sein zu können. Fiedlers Kontingenzansatz der Führung erachtet diesbezüglich die Qualität der Führer-Mitarbeiter-Beziehung, die Art der von den Mitarbeitern zu bearbeitenden Aufgaben (Aufgabenstruktur) und die Positionsmacht des Führenden als ausschlaggebend. In für den Führenden situativ eher ungünstigen und sehr günstigen Situationen ist demnach ein aufgabenorientierter und in Situationen mittlerer Günstigkeit eher ein mitarbeiterorientierter Führungsstil erfolgversprechend.

Nach dem Ansatz der transformationalen Führung ist es erforderlich, dass die Geführten durch die Führungskraft verändert (transformiert) werden. Transaktionale Führung, die ausschließlich an das Eigeninteresse der Geführten appelliert und das Arbeitsverhältnis lediglich als rationales Tauschverhältnis von Geben und Nehmen betrachtet, vermag die Mitarbeiter nicht zu Höchstleistungen anzuspornen, sondern hierzu bedarf es der transformationalen Führung, die auf kollektive Orientierung setzt. Führungskräften gelingt diese Transformation, wenn sie als exemplarisches Vorbild (idealized influence) agieren, ihre Mitarbeiter visionär inspirieren und dadurch motivieren (inspirational motivation), ihre Mitarbeiter zu eigenständigem und kritischem Denken ermuntern (intellectual stimulation) und nicht zuletzt sehr individuell auf jeden einzelnen Mitarbeiter eingehen (individualized consideration). Zusammengenommen spricht man hierbei auch von den „vier I's" der transformationalen Führung.

Schlüsselbegriffe des Kapitels 8.3:

Die Mitarbeiterführung wird auch von den Menschenbildern der Führungskräfte beeinflusst. Diese umfassen die Grundananahmen der Führungskräfte über das Wesen (Eigenschaften, Bedürfnisse, Einstellungen) der Mitarbeiter. Nach McGregor können hierbei insbesondere zwei Menschenbilder unterschieden werden. Führungskräfte mit einem X-Menschenbild unterstellen den Mitarbeitern eine grundsätzliche Abneigung gegenüber der Arbeit. Mitarbeiter gelten ihnen als faul, passiv und verantwortungsscheu. Führungskräfte mit einem Y-Menschenbild gehen hingegen davon aus, dass Mitarbeiter in der Arbeit nach Selbstverwirklichung streben und gerne Verantwortung übernehmen. Je nach Menschenbild führen Vorgesetzte unterschiedlich, wobei McGregor davon ausgeht, dass beide Menschenbilder als sich selbsterfüllende Prophezeiungen wirken, weshalb Führungskräfte aufgefordert sind, ein positives (Y-) Menschenbild zu verinnerlichen.

Substitute der Führung ersetzen die interaktionale Führung von Menschen durch Menschen durch unpersönliche organisatorische Vorkehrungen (Organisationsstruktur, automatisiertes Feedback, Stellengestaltung, Professionalität).

Führungskräfte sind häufig Dilemmata ausgesetzt. Situationen sind dilemmatisch, wenn eine Entscheidung zwischen zwei gleichwertigen und zugleich gegensätzlichen

Alternativen getroffen werden muss (z.B. Einzelfall- und Gleichbehandlung der Mitarbeiter, Distanz und Nähe zu den Mitarbeitern, Konkurrenz und Kooperation zwischen den Mitarbeitern).

Schlüsselbegriffe des Kapitels 8.4:

Führungskräfte führen in der Regel Personenmehrheiten (bspw. Teams oder Abteilungen). Hierbei wird das Mitarbeiterverhalten auch von der Gruppenzugehörigkeit beeinflusst, weshalb sich Führungskräfte mit den sozialen Besonderheiten von Gruppen auseinandersetzen müssen. Als Gruppe kann ein Zusammenschluss von mehr als zwei Personen bezeichnet werden, die versuchen ein gemeinsames Ziel zu erreichen und diesbezüglich auf die Zusammenarbeit untereinander angewiesen sind.

Gruppen sind nicht sofort nach ihrer Zusammenstellung leistungsfähig, sondern durchlaufen typischerweise bestimmte Entwicklungsphasen. Der Leistungsphase (performing) voraus geht nach dem Lebenszykluskonzept nach Tuckman zunächst eine Kennenlernphase (forming), sodann eine Konfliktphase (storming) und eine Normierungsphase (norming).

Negativ beeinflusst wird die Gruppenleistung durch die Phänome des sozialen Faulenzens (social loafing), wobei die Gruppenmitglieder ihre Anstrengungen reduzieren, weil sie glauben, dass ihr persönlicher Beitrag nicht identifizierbar ist (Trittbrettfahren), des Konformitätsdrucks (group think) und des Risikoschubs (risky shift), wonach Gruppen häufiger risikofreudiger entscheiden als Einzelpersonen.

8.2 Wissensprüfung

8.2.1 Wiederholungsfragen

Hinweise zur Lösung der folgenden Fragen finden Sie in Kap. 8.1 des Lehrbuchs.

Wiederholungsfrage 8-1
Führungstheorien haben das Ziel, die Ursachen des Führungserfolgs zu ermitteln. Wann liegt Führungserfolg vor?

Hinweise zur Lösung der folgenden Fragen finden Sie in Kap. 8.2 des Lehrbuchs.

Wiederholungsfrage 8-2
Was versteht man unter der Persönlichkeit einer Führungskraft?

Wiederholungsfrage 8-3

Was wird in der Führungsforschung unter dem Führungsstil einer Führungskraft verstanden?

Wiederholungsfrage 8-4

Inwiefern unterscheidet sich der kooperative vom autoritären Führungsstil?

Wiederholungsfrage 8-5

Inwiefern unterscheidet sich der aufgabenorientierte vom mitarbeiterorientierten Führungsstil?

Wiederholungsfrage 8-6

Wovon hängt gemäß der Leader-Member-Exchange-Theorie der Führungserfolg maßgeblich ab?

Wiederholungsfrage 8-7

Inwiefern unterscheidet sich transaktionale von transformierender Führung?

Hinweise zur Lösung der folgenden Fragen finden Sie in Kap. 8.3 des Lehrbuchs.

Wiederholungsfrage 8-8

Was sind Führungssubstitute und Führungsneutralisierer? Geben Sie jeweils ein Beispiel.

Wiederholungsfrage 8-9

Welche Kulturdimensionen kennt das Hofstede-Modell?

Hinweise zur Lösung der folgenden Fragen finden Sie in Kap. 8.4 des Lehrbuchs.

Wiederholungsfrage 8-10

Was sind die konstituierenden Merkmale von Arbeitsgruppen?

Wiederholungsfrage 8-11

Wie unterscheiden sich die Phasen des Lebenszykluskonzepts von Gruppen?

Wiederholungsfrage 8-12
Was bezeichnet die Kohäsion von Gruppen?

Wiederholungsfrage 8-13
Welche Aussagen lassen sich aus dem Risikoschub-Phänomen ableiten? Welche Erklärungen lassen sich für das Phänomen anführen?

8.2.2 Multiple-Choice-Fragen

Hinweise zur Lösung der folgenden Fragen finden Sie in Kap. 8.1 des Lehrbuchs.

MC-Frage 8-1
Die Eigenschaft als sog. „Leitender Angestellter" ist eine ... zur Identifikation von Führungskräften.
a) hinreichende Bedingung
b) notwendige Bedingung
c) weder eine hinreichende noch eine notwendige Bedingung
d) sowohl eine hinreichende als auch eine notwendige Bedingung

Hinweise zur Lösung der folgenden Fragen finden Sie in Kap. 8.2 des Lehrbuchs.

MC-Frage 8-2
Das Merkmal „Körpergröße" verletzt welche der folgenden Voraussetzungen von Eigenschaften?
a) Messbar
b) Variiert zwischen Individuen
c) Zeitliche Stabilität
d) Keine der genannten Antworten a) bis c) ist zutreffend.

MC-Frage 8-3
Welche der folgenden Beschreibungen prägen die Persönlichkeit nach dem sog. Big-Five-Modell?
a) Intelligenz
b) Charisma
c) Lebensphase
d) Keine der genannten Antworten a) bis c) ist zutreffend.

MC-Frage 8-4

Ordnen Sie folgenden Satz einem theoretischen Ansatz zu: „Führungserfolg lässt sich auf entgegenkommendes Handeln zurückführen".

a) Eigenschaftsorientierter Ansatz
b) Verhaltensorientierter Ansatz
c) Situativer Ansatz
d) Kognitiver Ansatz

MC-Frage 8-5

Ordnen Sie folgenden Satz einem theoretischen Führungsansatz zu: „Führungserfolg lässt sich auf Durchsetzungsfähigkeit zurückführen".

a) Eigenschaftsorientierter Ansatz
b) Verhaltensorientierter Ansatz
c) Situativer Ansatz
d) Kognitiver Ansatz

MC-Frage 8-6

Ordnen Sie folgenden Satz einem theoretischen Ansatz zu: „Der Ansatz erklärt die Wirkung von Führungssymbolen".

a) Eigenschaftsorientierter Ansatz
b) Verhaltensorientierter Ansatz
c) Kognitiver Ansatz
d) Keine der Aussagen in a) bis c) sind zutreffend.

MC-Frage 8-7

Eine Führungskraft zeigt dem Mitarbeiter Entwicklungs- und Karrieremöglichkeiten auf. Damit zielt die Führungskraft auf die Erhöhung welcher Reife ab?

a) Psychologische Reife
b) Funktionale Reife
c) Gleichzeitig auf beide Reifearten.
d) Keine der genannten Antworten a) bis c) ist zutreffend.

MC-Frage 8-8

Ein Führungsansatz modelliert die zwei Variablen „Unternehmensgröße" und „Branche" als Erklärung für Führungserfolg. Zu welcher Theorieschule lässt sich der Ansatz zuordnen?

a) Eigenschaftsorientierter Ansatz
b) Verhaltensorientierter Ansatz
c) Situativer Ansatz
d) Kognitiver Ansatz

MC-Frage 8-9

Eine Führungskraft sucht das Gespräch mit einem erfahrenen Kollegen, der Wissen über kulturspezifische Besonderheiten seines Einsatzlandes hat. Welche Handlung nimmt er damit im Rahmen der Impliziten Führungstheorie vor?

a) Analyse der Erwartungen
b) Management der Erwartungen
c) Führen mit Zielen
d) Interkulturelle Workshops

MC-Frage 8-10

Eine Führungskraft erläutert den Mitarbeitern, welchen zeitlichen und finanziellen Restriktionen er selbst unterworfen ist. Welche Handlung nimmt er damit im Rahmen der Impliziten Führungstheorie vor?

a) Analyse der Erwartungen
b) Management der Erwartungen
c) Führen mit Zielen
d) Interkulturelle Workshops

MC-Frage 8-11

Das Entscheidungsmodell von Vroom/Yetton ...

a) baut auf dem Führungsstilkontinuum nach Tannenbaum/Schmidt auf.
b) unterscheidet zwischen autoritären und kooperativen Führungsstilen.
c) versucht über sieben Fragen die Führungssituation zu erfassen, um den richtigen Entscheidungsstil zu bestimmen.
d) Jede der genannten Antworten a) bis c) ist zutreffend.

MC-Frage 8-12

Das Verhaltensgitter der Führung (nach Blake/Mouton) ...

a) repräsentiert den verhaltensorientierten Ansatz der Mitarbeiterführung.
b) ist ein zweidimensionales Führungsstilmodell.
c) gibt Hinweis auf einen besten Führungsstil.
d) Jede der genannten Antworten a) bis c) ist zutreffend.

MC-Frage 8-13

Für das Reifegradmodell der Führung (nach Hersey/Blanchard) hängt der Reifegrad des Mitarbeiters von ...

a) seiner Intelligenz ab.
b) seinem Alter ab.
c) seinem aufgabenbezogenen Können und Wollen ab.
d) seiner hierarchischen Position ab.

MC-Frage 8-14

Welche der folgenden Aussagen zum Leader-Membership-Exchange Model ist zutreffend?

a) Die Austauschbeziehung zwischen Mitarbeiter und Führungskraft ist eindimensional.

b) Das gegenseitige Klären von Leistung und Gegenleistung führt zur Bildung von Out-Groups.

c) Die Mitglieder der Outgroup erzielen schlechte Arbeitsergebnisse.

d) Keine der in a) bis d) genannten Aussagen ist zutreffend.

MC-Frage 8-15

Die Leader Membership Exchange Theory ...

a) erachtet die Qualität der Führungsbeziehung als ausschlaggebend hinsichtlich des Führungserfolgs.

b) propagiert das Ideal der "dienenden Führung".

c) ist eine implizite Führungstheorie.

d) ist ein Ansatz im Rahmen des Weg-Ziel-Modells der Führung.

MC-Frage 8-16

Im Rahmen eines transformalen Führungsstils

a) definiert der Führer die Führungsbeziehung als Austauschverhältnis.

b) versucht der Führer, den Geführten auf ein höheres Bewusstseinsniveau zu bringen.

c) richtet der Führer sein Verhalten nach den Leistungsergebnissen des Geführten aus.

d) Keine der in a) bis c) genannten Antworten ist richtig.

MC-Frage 8-17

Im Rahmen eines transaktionalen Führungsstils

a) definiert der Führer die Führungsbeziehung als Austauschverhältnis.

b) versucht der Führer, den Geführten auf ein höheres Bewusstseinsniveau zu bringen.

c) richtet der Führer sein Verhalten nach den festgestellten Leistungsergebnissen des Geführten aus.

d) Keine der in a) bis c) genannten Antworten ist richtig.

MC-Frage 8-18

Die Beschreibung: "Etablierte Denkmuster aufbrechend" lässt sich im Rahmen der Transaktional/Transformationen Führung auf welchen Baustein der ideelen Rahmengebung zurückführen?

a)   Exemplarisches Vorbild/Charisma
b)   Inspirierende Motivation/Inspiration
c)   Geistige Anregung/Intellektuelle Stimulation
d)   Individuelle Zuwendung/Wertschätzung

Hinweise zur Lösung der folgenden Fragen finden Sie in Kap. 8.3 des Lehrbuchs.

MC-Frage 8-19

Die Typologie von Menschenbildern nach McGregor

a)   zielt darauf ab, dass die Bedürfnisse und Ziele von Mitarbeitern mit denen des Unternehmens in Einklang zu bringen sind.
b)   erklärt, wie Persönlchkeitseigenschaften Führungserfolg erklären können.
c)   kennt als Ausprägungen die sog. Theorie X und Theorie Y.
d)   kennt als Ausprägungen den sog. complex man, social man, self-actualizing man und complex man.

MC-Frage 8-20

Folgt man der Substitutionstheorie (Kerr)

a)   kann auf Führung in Unternehmen verzichtet werden.
b)   kann an die Stelle von unmittelbarer Führung durch Vorgesetzte auch Führung durch andere Elemente erfolgen.
c)   wird ein partnerschaftlich-kooperativer Führungsstil als idealer Führungsstil angesehen.
d)   Keine der Aussagen a) bis c) sind zutreffend.

MC-Frage 8-21

Führungssubstitute

a)   bewirken, dass menschliches Führungsverhalten nicht ausgeübt werden kann.
b)   verhindern einen menschlichen Führungseffekt.
c)   hemmen oder verhindern Führungsverhalten.
d)   Keine der Aussagen in a) bis c) sind zutreffend.

MC-Frage 8-22

Die Substitutionstheorie (Kerr)

a) basiert auf den Ergebnissen der eigenschaftsorientierten Führungsansätze.

b) basiert auf den Ergebnissen der verhaltensorientierten Führungsansätze.

c) basiert auf den Überlegungen der situativen Führungsansätze.

d) Keine der in a) bis d) genannten Aussagen ist zutreffend.

MC-Frage 8-23

Ordnen Sie die folgende Definition einer der Kulturdimensionen von Hofstede zu: „Grad, zu dem Mitglieder einer Kultur dominant, durchsetzungsfähig, konfrontativ und aggressiv in ihrem Verhalten und ihren Beziehungen zu anderen sind".

a) Machtdistanz

b) Individualismus vs. Kollektivismus

c) Unsicherheitsvermeidung

d) Maskulinität vs. Feminität

MC-Frage 8-24

Ordnen Sie die folgende Definition einer der Kulturdimensionen von Hofstede zu: „Grad, zu dem Mitglieder die Zurschaustellung von Statussymbolen erwarten oder akzeptieren".

a) Machtdistanz

b) Individualismus vs. Kollektivismus

c) Unsicherheitsvermeidung

d) Maskulinität vs. Feminität

MC-Frage 8-25

Ordnen Sie die folgende Definition einer der Kulturdimensionen von Hofstede zu: „Hoher Wettbewerb, das Ringen um Anerkennung, die Bedeutung des sozialen Status und sowie der ehrgeizige Wunsch nach Beförderung sind Ausdruck von Gesellschaften mit einer hohen Ausprägung von …".

a) Machtdistanz

b) Individualismus

c) Unsicherheitsvermeidung

d) Maskulinität

MC-Frage 8-26

Die GLOBE-Studie …

a) untersucht den Einfluss der Kultur auf die Mitarbeiterführung.

b) sucht den adäquaten Führungsstil in einem globalisierten Umfeld.

c) analyisiert den Führungsstil in global operierenden Unternehmen.

d) Jede der genannten Antworten a) bis c) ist zutreffend.

Hinweise zur Lösung der folgenden Fragen finden Sie in Kap. 8.4 des Lehrbuchs.

MC-Frage 8-27

Kohäsion entwickelt sich eher

a) je kleiner die Komplementarität der Bedürfnisse innerhalb der Gruppe ist.

b) je größer die Diversität der Interessen und Einstellung innerhalb der Gruppe ist.

c) je größer die Komplementarität der Bedürfnisse innerhalb der Gruppe ist.

d) Keine der Aussagen in a) bis c) ist zutreffend.

MC-Frage 8-28

Die Aufgabe der Führungskraft im Lebenszyklus-Konzept (Tuckman, 1965) in der Performing-Phase wird beschrieben durch das

a) Sicherstellen des Ressourcenflusses, Übertragung von Handlungsspielraum und Kompetenzen.

b) Vereinbaren von Zielen, Aufstellen von Leitlinien zur Kommunikation und Leistungserwartungen formulieren.

c) Rückführen der Beziehungsebene auf die Sachebene.

d) Ermöglichen von Gelegenheiten zum informellen Austausch.

MC-Frage 8-29

Welche der folgenden Aussagen ist zutreffend?

a) Das Risikoschub-Phänomen ist gekennzeichnet durch eine Risikoaversität in Gruppen.

b) Bei Gruppenarbeit lassen sich universelle Leistungsvorteile beobachten.

c) Eine übersteigerte Gruppenkohäsion ist eine Voraussetzung für Gruppendenken.

d) Keine der Aussagen in a) bis c) ist zutreffend.

Lösungen zu den Multiple-Choice-Fragen

1) c	7) a	13) c	19) c	25) d
2) d	8) c	14) d	20) b	26) a
3) d	9) a	15) a	21) d	27) c
4) b	10) b	16) b	22) d	28) a
5) a	11) d	17) a	23) d	29) c
6) d	12) d	18) c	24) a	

8.3 Reflexion

Reflexion 8-1: Eigenschaftsorientierter Führungsansatz

Warum kann der Ansatz der charismatischen Führung dem Eigenschaftsansatz zugerechnet werden?

Lösungsvorschlag

Charismatische Führung beruht wesentlich auf persönlichen Dispositionen einer Führungskraft, die zu einer starken Identifikation der geführten Mitarbeiter mit der Führungsperson führen.

Reflexion 8-2: Eigenschaftsorientierter Führungsansatz

Welche Argumente könnten Kritiker des eigenschaftsorientierten Ansatzes haben, wenn sie sagen, dass der Ansatz weitestgehend als gescheitert gilt?

Lösungsvorschlag

Auch wenn im individuellen Fall der Führungserfolg von Führungskräften auf deren Persönlichkeitsmerkmale zurückgeführt werden kann, so ist es in der Forschung bislang nicht gelungen, generalisierende Persönlichkeitsmerkmale zu identifizieren, die grundsätzlich den Führungserfolg garantieren.

Reflexion 8-3: Situativer Ansatz

Charakterisieren Sie die Situationstheorien der Führung durch eine Aussage.

Lösungsvorschlag

Es gibt nicht den einzig richtigen Führungsstil, vielmehr erfordern unterschiedliche Führungssituationen auch unterschiedliches Führungsverhalten.

Reflexion 8-4: Transaktionale/transformationale Führung

Charakterisieren Sie die Transaktionale Führung durch eine Aussage.

Lösungsvorschlag

Wer Mitarbeiter transaktional führt, erachtet die Führungsbeziehung als Austauschbeziehung (Geben-Nehmen, Anreize-Beiträge), in der Leistung eine Gegenleistung voraussetzt.

Reflexion 8-5: Transaktionale/transformationale Führung

Wer oder was wird im transformationalen Führungsansatz transformiert?

Lösungsvorschlag

Im Kern handelt es sich um eine Transformation der Haltung der Geführten. Während transaktionale Führung auf der Basis von Reziprozität an das Eigeninteresse des Mitarbeiters appelliert (Belohnung gegen Gefolgschaft), erzeugt transformationale Führung Gemeinschaft zur Erreichung kollektiver Ziele (bspw. des Teams, der Abteilung, des Bereichs oder des Unternehmens). Sie betont emotionale, symbolische und visionäre Aspekte der Führung und rückt Identifikation und Sinnstiftung in den Vordergrund: Die Geführten identifizieren sich dadurch mit einem Kollektiv und zugleich erhöht sich ihre Selbstachtung. Sie lässt aus Organisationsmitgliedern „Organisationsbürger" werden, die stolz auf ihre Organisation sind.

Reflexion 8-6: Transaktionale/transformationale Führung

Wieso kann das Menschenbild X nach McGregor als selbsterfüllende Prophezeiung wirken?

Lösungsvorschlag

Führende mit einem X-Menschenbild gehen davon aus, dass Mitarbeiter grundsätzlich faul und arbeitsscheu sind. Mitarbeiter müssen demnach permanent überwacht und kontrolliert werden und mit Strafandrohungen gezwungen werden, einen produktiven Beitrag zur Erreichung der Organisationsziele zu leisten. Um dies sicherzustellen werden die Führungskräfte daher organisatorische Vorkehrungen treffen (X-Organisation), indem den Mitarbeitern beispielsweise keine Autonomie gewährt wird, eine enge Führung und Überwachung erfolgt und den Mitarbeitern stets mit Argwohn und Misstrauen begegnet wird. Solche Arbeitsbedingungen führen jedoch zu Enttäuschungen und Frustration bei den Mitarbeitern, die auf diese Arbeitsumstände mit Passivität und Desinteresse reagieren. Dieses geringe Engagement der Mitarbeiter wiederum beobachten die Vorgesetzten, was sie ihr X-Menschenbild bestätigen lässt.

Reflexion 8-7: Gruppenkohäsion

Wie wirken Diversity-Aktivitäten auf die Gruppenkohäsion?

Lösungsvorschlag

Diversity-Initiativen haben das Ziel, die Vielfalt (bspw. hinsichtlich Alter, Geschlecht, Sozialisation, sexuelle Orientierung oder ethnische Zugehörigkeit) und mithin die Heterogenität in Arbeitsgruppen zu erhöhen. Hinsichtlich der Gruppenkohäsion ist hierbei jedoch zu berücksichtigen, dass diese in homogenen Gruppen leichter herzustellen ist als in heterogenen Gruppen.

8.4 Anwendung

Anwendungsbeispiel 8-1: Rekonstruktion von Charisma

Bewernick/Schreyögg/Costas (2013) versuchen, Charisma theoretisch und empirisch durch Auswertung von Management-Literatur zu rekonstruieren.

Exerpieren Sie die Studie mit Blick auf die Zielsetzung, die theoretische und empirische Vorgehensweise und die Ergebnisse.

Lösungsvorschlag

Ferdinand Piech, lange Zeit Aufsichtsratsvorsitzender des Volkswagen-Konzerns, gilt als einer der interessantesten Führungspersonen in der deutschen Wirtschaft. Er wird als ungewöhnliche, bisweilen sperrige, aber deutlich charismatische Führungspersönlichkeit beschrieben.

Zielsetzung der Studie

Im Folgenden soll am Beispiel von Ferdinand Piech erklärt werden, wie und welches Bild eines charismatischen Führers in der Öffentlichkeit entsteht. Die folgende Darstellung ist eine verkürzte Wiedergabe der Studie von Bewernick/Schreyögg/Costas (2013).

Ferdinand Piech – Lebenslauf

Der gebürtige Österreicher Ferdinand Piech ist Enkelsohn des berühmten Ferdinand Porsche (1875–1951), dem Gründer der Porsche AG. Nach seiner erfolgreichen Zeit bei der Audi AG, wurde Piëch 1993 Vorstandsvorsitzender der Volkswagen (VW) AG und ist seit 2002 Vorsitzender des Aufsichtsrats der VW AG. In seiner Amtszeit stieg der Konzern zu einem der führenden Automobilhersteller der Welt auf. 2011 lieferte Volkswagen 8,3 Millionen Fahrzeuge (im Vergleich 1990: 3 Millionen) aus, was einem Pkw-Weltmarktanteil von 12,3 % entspricht.

Einen Überblick über Piëchs Werdegang gibt Tab. 8.1.

Tab. 8.1: Lebenslauf Ferdinand Piech (vgl. Bewernick/Schreyögg/Costas, 2013, S. 441 f.).

Kindheit, Jugend, Berufsausbildung (1937–1962)

1937	Geboren in Wien, Vater: Rechtsanwalt Dr. Anton Piech; Mutter: Louise, geb. Porsche (Tochter von Ferdinand Porsche)
1952	Abschluss der Matura im Internat in Zuoz (Oberengadin)
1962	Abschluss des Studiums an der Eidgenössischen Technischen Hochschule (ETH) Zürich als Dipl. Ing.

Tätigkeit bei der Porsche KG (1963–1972)

1963	Sachbearbeiter im Rennmotorenversuch
1965	Leiter Versuch
1968	Leiter Entwicklung
1971	Berufung zum Technischen Geschäftsführer
1972	Rückzug aus dem operativen Geschäft, gem. Familienbeschluss

Tätigkeit bei der Audi AG (1972–1992)

1972	Hauptabteilungsleiter für Sonderaufgaben der Technischen Entwicklung
1973	Bereichsleiter Gesamtversuch
1974	Leiter der Technischen Entwicklung
1975	Vorstand Technische Entwicklung
1983	Berufung zum stellvertretenden Vorstandsvorsitzenden
1988	Vorstandsvorsitzender der Audi AG

Tätigkeit bei der Volkswagen AG (1993–2002)

1993	Vorsitzender des Vorstands der Volkswagen AG
1997	Verlängerung der Amtszeit um weitere fünf Jahre
2002	Wechsel in den VW-Aufsichtsrat, später als Vorsitzender des Aufsichtsrats
2007	Zweite Amtszeit als Vorsitzender des Aufsichtsrats

Theoretische und methodische Vorgehensweise

Um die eingangs formulierte Forschungsfrage (wie entsteht welches Bild eines charismatischen Führers) zu beantworten, kombinierten Bewernick/Schreyögg/Costas (2013) zwei Theoriestränge der Führungsforschung:

– Eigenschaftsorientierte Führungstheorie (es gibt charismatische Führung) und die
– Implizite Führungstheorie (es gibt aber nicht *die* universellen Eigenschaften, die einen Menschen zur charismatischen Führungsperson machen, sondern nur Zuschreibungen durch andere; Menschen haben implizite Ideen und Vorstellungen, über charismatische Führer im Hinterkopf; deckt sich das erlebte Verhalten der betreffenden Person mit den impliziten Ideen und Vorstellungen, dann wird die Person als charismatisch empfunden).

Die Forscher analysierten Beiträge über Ferdinand Piech aus dem Handelsblatt, der WirtschaftsWoche und dem manager magazin der Jahre 1987–2010. Dabei suchten sie wiederkehrende Formulierungen, Redewendungen, Anekdoten oder Metaphern, die zur Beschreibung von Piechs Verhaltensweisen, Charaktereigenschaften, Erscheinungsbild oder Art der Interaktion und Kommunikation dienen.

Dabei fanden sie über 1.200 Textstellen, die sie zusammenfügten, verdichteten und übergeordneten Kategorien zuordneten. Tabelle 8.2 zeigt die 18 übergeordneten Kategorien.

Tab. 8.2: Kategoriesystem und beispielhafte Textstellen (vgl. Bewernick/Schreyögg/Costas, 2013, S. 441 f.).

Kategorie	Beispielhafte Textstellen
Autobauer-Familie	„Als Enkel des genialen Konstrukteurs", „technische Talent geerbt"
Leidenschaft	„Technikbegeisterung", „schwärmt er vom Zwölfzylinder", „er will mobile Perfektion"
Experte	„dass er davon etwas versteht, beweist er ..:", „er gilt als begnadeter Techniker", „wie kein zweiter kann er ..:"
Taktiker	„wird ein Machtbewusstsein nachgesagt", „denkt in langen Zeiträumen, handelt blitzschnell", „Schachspieler"
Visionär	„das sind die Visionen von Piech", „er hat Visionen: ...", „sind begeistert von seinen Visionen"
Erfolg	„wirtschaftliche Erfolg ist mit ihm verbunden", „verdoppelt Umsatz", „macht aus Verlusten Gewinne"
Unberechenbar	„keiner kann sich sicher sein", „er ist unberechenbar wie ein Blitz", „selbst für seine Frau ein Rätsel"
Mimik/Wortwahl	„wirkt verklemmt", „lächelt mechanisch", „Augen sind wolf-wachsam", „martialische Sprache"
Umstürzler	„radikaler Wandel", „größten Konzernumbau in der Unternehmensgeschichte"
Ehrgeiz	„er würde nie aufgeben", „Siege sammelt er, Niederlagen passen nicht in sein Denkschema", „getrieben"
Eisern/brutal	„harter Hund", „hart zu sich selbst, hart zu allen anderen", „benutzt Manager und lässt sie kühl fallen"
Alleinentscheider	„so macht Piech klar, ist allein seine Sache", „nicht hineinreden lassen", „macht alles nach seinen Vorstellungen"
Unbeirrbar	„lässt sich von Gegenwind nicht beeindrucken", „Kritik perlt an ihm ab", „unbeeindruckt von der Kritik"
Geheimnisvoll	„schwierig, über den Menschen etwas herauszufinden", „nichts preisgibt", „auf Fragen reagiert er nicht"
Mächtig	„der mächtigste Mann", „mehr Macht als weltweit irgendjemand", „König von Wolfsburg"

Tab. 8.2 (fortgesetzt)

Kategorie	Beispielhafte Textstellen
Angsteinflößend	„erzeugt Klima des Duckmäußertums", „verbreitet Angst und Schrecken", „halten den Atem an"
Überheblich	„in meiner Karriere haben schon einige versucht, mich rauszudrängen, es ist noch keinem gelungen"
Kontrolleur	„er kontrolliert, ob seine Befehle umgesetzt werden", „ein Mensch, der niemanden traut"

Im Anschluss wurden die 18 Kategorien zu vier Clustern – Genie, Regelbecher, Kämpfer und Unnahbarer – verdichtet.

Ergebnisse

Die Journalisten der Wirtschaftsmagazine scheinen die Zuschreibung von Charisma anhand von vier Oberkategorien vorzunehmen. Dabei sind die ersten drei Zuschreibungen spezifische individuelle Eigenschaften. Die vierte Kategorie wird im sozialen Raum der Interaktion verortet.

– Genie: Piech wird in vielen Artikeln strategisches Talent, besondere Kenntnisse, außergewöhnlich gute Erbanlagen, die Fähigkeit zur Visionsentwicklung und eine Auto-Leidenschaft beschieden. Seine Erfolge werden im Wesentlichen als Ergebnis seines überragenden Genies erklärt.

– Regelbrecher: Die Journalisten beschreiben Piech als eine Person, die sich bewusst gegen geltende Normen stellt, die Konventionen bricht und als unberechenbar in ihren Handlungen, ihrer Mimik und Wortwahl gilt. Das ungewöhnliche Verhalten wird in den Kontext des Unternehmenserfolgs gestellt.

– Kämpfer: Piech wird als Kämpfernatur beschrieben, der wettbewerbsorientiert und rekordsüchtig ist. Sehr hohe Ziele verfolgt er entschlossen und ohne Rücksicht auf Verluste. Den Beschreibungen zufolge gibt er nie auf, bis er erreicht hat, was er will. Ein kausaler Zusammenhang zum Unternehmenserfolg wird auch hier insinuiert.

– Unnahbar: Die Schilderungen beziehen sich auf eine wahrgenommene Aura der Macht, die für andere uneinnehmbar, angsteinflößend und geheimnisvoll wirkt. Da er „alles in der Hand hat", „nichts dem Zufall überlässt", oder „bei ihm alle Fäden zusammenlaufen", sind die Unternehmenserfolge konsequenterweise nur ihm zuzuschreiben.

Im Ergebnis zeigt sich ein mehrdimensionales Geflecht, das zur Konstruktion des Charismas Ferdinand Piechs herangezogen wird. Die Zuschreibungen der Wirtschaftspresse arbeiten vor allem mit eigenschaftsbezogenen Charismamerkmalen (drei der vier Charismabausteine beruhen auf Eigenschaften), die man entweder besitzt oder eben nicht.

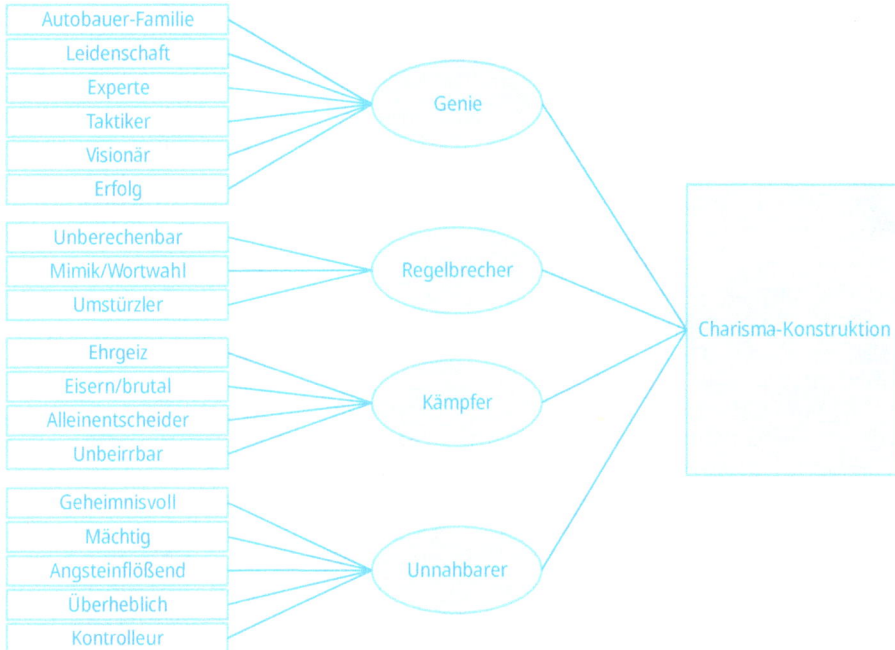

Abb. 8.1: Konstruktion des Charismas von Ferdinand Piechs (vgl. Bewernick/Schreyögg/Costas, 2013, S. 441 f.).

Dieser Befund wird aber durch die dauerhafte Kontextuierung zum Unternehmenserfolg eingeschränkt. Dies wirft die Frage nach der Kausalität auf. Sind charismatische Führungspersönlichkeiten erfolgreich oder verbindet man dauerhaften Erfolg mit Charisma?

Für die Führungsforschung bedeutet dies, dass charismatische Führung nicht einfach als eine Eigenschaft zu verstehen ist, sondern als ein komplexes Phänomen, das im sozialen Kontext von Zuschreibungen, Erfolg und Wahrnehmung existiert.

So wäre in zukünftigen Studien zu untersuchen, wie die als positiv wahrgenommenen Attribute (obwohl sie eigentlich negativ konnotiert sind – eisern, unberechenbar, unnahbar, ...) ins Negative kippen, wenn der Erfolg ausbleibt. Dann würden die Eigenschaften wohl eher als Stigma konstruiert werden.

Anwendungsbeispiel 8-2: Transformierende Führung

Schonbach Haus & Technik GmbH ist ein traditionsreiches, mittelständisches Familienunternehmen auf dem Gebiet der Gebäudetechnik. Mit ca. 120 Mitarbeitern erzielte man im letzten Jahr einen Umsatz von 75 Mio. Euro. Benedikt Schonbach wurde vor kurzem als alleiniger geschäftsführender Gesellschafter von seinem Vater eingesetzt, der sich nach über 42 Jahren im Unternehmen in den „verdienten Ruhestand" verabschiedet hat.

Benedikt hat nach einer Berufsausbildung im elterlichen Betrieb zum Elektroniker an der Hochschule Karlsruhe Elektrotechnik studiert und danach drei Jahre Berufserfahrung bei einem französischen Industriekonzern gesammelt.

Einige technische Entwicklungen wurden seines Erachtens vom Unternehmen in den letzten Jahren verschlafen und er hat es sich zum Ziel gesetzt, das Unternehmen in das Zeitalter der Digitalisierung zu führen. „Smart Homes" lautet für ihn die Vision und wenn er über die damit verbundenen technischen Möglichkeiten spricht, gerät er ins Schwärmen. Anschaulich und begeisternd vermittelt er den Mitarbeitern sein Bild von der Unternehmenszukunft, unterstützt tatkräftig die Fortbildung der Belegschaft auf dem Feld der Digitalisierung und formuliert ein zukunftweisendes Unternehmensmotto („Schonbach macht Häuser smart").

Zugleich geht er mit gutem Beispiel voran. Digitale Arbeitsmethoden setzt er selbst ganz selbstverständlich ein, bildet sich selbst ebenfalls regelmäßig fort und bezeichnet sich gerne als CDO des Unternehmens: „Chief Digital Officer".

Zugleich duldet er aber auch keinen Widerspruch und keine „Bremser" gegen den verordneten Wandel. Wer innerhalb der Belegschaft nicht mitzieht und nicht bereit ist, bedingungslos den Weg in die Unternehmenszukunft mitzugehen, für den sei kein Platz mehr in der Firma. Dies bringt er unmissverständlich bei jeder sich bietenden Gelegenheit, zuletzt im Rahmen der Betriebsversammlung, zum Ausdruck. „Wir haben Fahrt aufgenommen – auf Individualschicksale können wir dabei keine Rücksicht nehmen" ist zudem einer seiner Lieblingssätze. Persönliche Befindlichkeiten gilt es hintenanzustellen, damit die Unternehmenstransformation gelingen kann – davon ist er uneingeschränkt überzeugt.

Überprüfen Sie anhand der „4 I's" inwiefern Benedikt Schonbach transformativ führt.

Lösungsvorschlag

Einerseits agiert Benedikt Schonbach zwar als exemplarisches Vorbild (idealized influence), indem er selbst digitale Arbeitsmethoden ganz selbstverständlich selbst einsetzt und sich in dem Themenfeld selbst regelmäßig fortbildet. Auch inspiriert und motiviert er visionär seine Mitarbeiter (inspirational motivation): „Smart Homes" lautet seine Unternehmensvision und er versucht die Mitarbeiter für die neuen technischen Möglichkeiten zu begeistern („Schonbach macht Häuser smart"). Andererseits ermuntert er die Mitarbeiter nicht zu eigenständigem und kritischem Denken (intellectual stimulation), da er keinen Widerspruch zulässt. Auch geht er nicht individuell auf jeden einzelnen Mitarbeiter ein (individualized consideration), sondern fordert persönliche Befindlichkeiten hinten an zu stellen.

Anwendungsbeispiel 8-3: Gläserne Decke bei Brookshields & Partner

Anika Weber hatte nie Zweifel daran, dass sie es einmal ganz nach oben bis zur Partnerin in einer renommierten Unternehmensberatung schaffen würde. Ihr betriebswirtschaftliches Bachelor- und Masterstudium absolvierte sie als Jahrgangsbeste und schloss sogar noch eine Promotion an.

Problemlos erhielt sie zum Berufseinstieg einen Job als Beraterin bei der angesehenen Strategiebe-ratung Brookshields & Partner. Mit Feuereifer begab sie sich in ihr neues Tätigkeitsfeld und schaffte es schon bald, neue Kunden aus einer Branche zu gewinnen, die bislang nicht im Fokus der traditionsrei-chen Beratung stand. Schnell erwarb sie sich daher Anerkennung und Respekt bei ihren Kollegen und Vorgesetzten. Niemandem gelang es derart erfolgreich, neue Kunden zu gewinnen und bestehende Kunden zu binden.

Die Beförderungen zum Senior Consultant und sogar zur Managerin ließen daher auch nicht lange auf sich warten. Und zugleich mehrten sich in den letzten Monaten ihre Zweifel, ob sie tatsächlich in absehbarer Zeit als erste Frau die Partnerebene erreichen könnte.

Es stimmt sie beispielsweise zunehmend nachdenklich, dass Kollegen und sogar Partner sie regel-mäßig in ihrem Büro aufsuchen, um ihre privaten Probleme mit ihr zu besprechen und ihren Rat einzu-holen. Einerseits freut sie sich über das Vertrauen, das man ihr offensichtlich schenkt und zugleich war sie irritiert darüber, mit welchen Worten Dr. Brinkholm, Managing Partner bei Brookshields, das letzt-wöchige Executive Meeting eröffnete: „Lassen Sie uns zunächst die Kollegin Weber ins Boot holen, die zwar bekanntlich gut informiert über private Lebenssituationen ist, aber bei einigen geschäftlichen Entwicklungen nicht im Boot zu sein scheint." Dieser Satz ärgerte sie zwar sehr, sie schluckte ihre Ver-ärgerung jedoch herunter, da sie weiterhin eine gute Teamplayerin sein wollte.

Irritierend empfand sie auch die – wahrscheinlich scherzhaft gemeinten – Bemerkung von Herrn Plauer, ebenfalls Partner bei Brookshields, als er kürzlich in ihr Büro kam, wo sie mit Tamara Bühler, einer neu eingestellten Junior Beraterin im Gespräch war: „Oh, zwei Frauen in einem Büro. Und das in der Führungsetage, wie furchteinflößend!"

Gestern nun wurde offiziell bekannt gegeben, dass ihr Kollege Tobias Beckert Ende des Jahres zum Partner ernannt wird. Es war wie ein Schock für sie, war doch allen bekannt, dass er ihr eigentlich nicht das Wasser reichen konnte und weit weniger Erfolge vorzuweisen hatte. Im Gegenteil, zwei von ihm betreute Großkunden, haben sich im letzten Jahr sogar von Brookshields abgewendet. Sie sprach Dr. Brinkholm direkt darauf an, warum Beckert und nicht ihr eine Partnerschaft angeboten wurde. „Wissen Sie, Frau Weber, in der über siebzigjährigen Geschichte von Brookshields gab es noch nie eine Frau im Kreise der Partner. Und ferner: Die Familiengründung können sie ja nicht noch auf unbe-grenzte Zeit hinauszögern und dann werden sie zu Hause sicherlich mehr gebraucht als hier."

Identifizieren Sie die Aufstiegsblockaden, die sich Anika Weber bei Brookshields stellen.

Welche Maßnahmen würden Frauen wie Anika Weber helfen, die gleichen Karrierechancen zu haben wie ihre männlichen Kollegen?

Lösungsvorschlag

Folgende Aufstiegsblockaden können identifiziert werden:
- Geschlechtsspezifische Vorurteile seitens der Kollegen und Vorgesetzten, wonach sich Frauen eher für private Angelegenheiten als für berufliche Sachthemen in-teressieren.
- Männliche Vorgesetzte, die steigenden Frauenanteil als Bedrohung ansehen.
- Leistung im Beruf ist noch keine hinreichende Bedingung für beruflichen Aufstieg.
- Vereinbarkeitsproblematik (Vereinbarkeit von Beruf und Familie) wird aus-schließlich Frauen zugewiesen.

Mögliche Maßnahmen zur Erhöhung der Chancengleichheit:
- Quotierung von Führungspositionen nach Geschlecht, so lange Frauen in Führungspositionen unterrepräsentiert sind.
- Bewusstmachung von Geschlechterstereotypen.
- Egalitäre Verteilung der Haus- und Familienarbeit.
- Konsequente Verfolgung von Diskriminierung.

8.5 Weiterführende Literaturhinweise

Northouse, P. G.: Leadership. Theory and practice, 7. Aufl., Thousand Oaks, 2016.
Yukl, G.: Leadership in Organizations, 8. Aufl., Boston u.a., 2013.
Lang, R./Rybnikova, I. (Hrsg.): Aktuelle Führungstheorien und -konzepte, Wiesbaden 2014.
Felfe, J. (Hrsg.): Trends in der psychologischen Führungsforschung. Neue Konzepte und Methoden, Göttingen 2015.
Weibler, J.: Personalführung, 3. Aufl., München, 2017.

Die Lehrbücher von Northouse und Yukl ordnen die theoretischen und konzepiontellen Ansätze übersichtlich ein, zeigen die Entwicklungslinien auf und arbeiten die „Logik" der einzelnen Theoriefamilien heraus.

Das Lehrbuch von Weibler stellt in Deutschland das Standardwerk der Führung dar. Das Kompendium integriert grundsätzliche Darstellung der einzelnen Ansätze, aktuelle Forschungsergebnisse und Querverbindungen zwischen den Forschungsergebnissen. Das Buch eignet sich als Nachschlagewerk zu einzelnen Themen hervorragend.

https://www.youtube.com/watch?v=4D_1_1HtZGE
http://www.myspass.de/shows/tvshows/stromberg/

Die fiktive Dokumentation über Bernd Stromberg, Chef der Abteilung Schadensregulierung M-Z, dient als Anschauungsmaterial, wie Selbst- und Fremdbild von Führungskräften manchmal auseinanderklaffen können, wie Führung im Alltag manchmal (leider) auch funktioniert und wie sie meist nicht funktioniert. Die Serie Stromberg ist eine Adaption der britischen Serie The Office, die den – hoffentlich ebenfalls verzerrten – Alltag in einem britischen Büro zeigt.

Bewernick, M./Schreyögg, G./Costas, J.: Charismatische Führung: die Konstruktion von Charisma durch die deutsche Wirtschaftspresse am Beispiel von Ferdinand Piech, in: ZfBf, Heft 6, 2013, S. 434–465.

Die Studie von Bewernick/Schryögg/Costas wird als Anwendungsbeispiel genutzt.

9 Personalentgelt und Arbeitsleistung

9.1 Schlüsselbegriffe

Schlüsselbegriffe des Kapitels 9.1:

Motivation ist die aktivierte Verhaltensbereitschaft eines Individuums zur Erreichung bestimmter Ziele (Anstrengungsbereitschaft). Es handelt sich um intrapsychische Beweggründe, die Qualität, Richtung, Intensität und Dauer von Handlungen beeinflussen.

Motivationstheorien können in Inhalts- und Prozesstheorien differenziert werden. Inhaltstheorien erachten Bedürfnisse als handlungsauslösende Motive und fragen danach, was Menschen motiviert. Mithilfe von Inhaltstheorien soll die Frage beantwortet werden, welche Bedürfnisse Menschen haben, die sie durch ihr Handeln zu befriedigen versuchen? Sie fragen also nach den Motivinhalten. Folgende Ansätze können den Inhaltstheorien zugeordnet werden: Bedürfnispyramide (Maslow), ERG-Theorie (Alderfer), Theorie der gelernten Bedürfnisse (McClelland), Zwei-Faktoren-Theorie (Herzberg) und das Job Characteristics Model (Hackman/Oldham). Prozesstheorien hingegen lassen die Motivinhalte weitestgehend unberücksichtigt und versuchen die Bedingungen zu identifizieren, unter denen sich Motive aktualisieren und so Verhalten auslösen. Zu den Prozesstheorien zählen bspw. die erwartungstheoretischen Ansätze (VIE-Theorie (Vroom), Weg-Ziel-Modell (Evans), Zielsetzungstheorie (Locke)), die ökonomische Theorie (Frey) und die gleichheitstheoretischen Ansätze (wie die Equity Theorie (Adams)).

Die Vorstellung von Gerechtigkeit als normative Kategorie ist von unterschiedlichen individuellen und gesellschaftlichen Wertvorstellungen gekennzeichnet. Bei der Beurteilung einer Entgeltgerechtigkeit gibt es daher auch unterschiedliche Konzepte zur Beurteilung, ob ein Entgeltsystem gerecht ist oder nicht. Die Anforderungsgerechtigkeit stellt die Schwierigkeit der einzelnen Arbeitstätigkeiten, also die Anforderungen eines Arbeitsplatzes, in den Mittelpunkt der Gerechtigkeitsbetrachtung. Während Aussagen über die Komplexität beziehungsweise die Anforderungen eines Arbeitsplatzes unabhängig vom Arbeitsplatzinhaber getroffen werden, kann man Leistungsgerechtigkeit nur über die Differenzierung und Vergütung der individuellen Leistung eines Arbeitnehmers herstellen. Stellt man die Bedarfsgerechtigkeit in den Mittelpunkt, orientiert sich die Entgeltfindung an objektiv nachvollziehbaren sozialen Faktoren (anders als bei der nur subjektiv feststellbaren Bedürfnisgerechtigkeit). Die Entgelthöhe ergibt sich bei der Marktgerechtigkeit aus dem Zusammentreffen von Angebot und Nachfrage am Arbeitsmarkt. Von Potenzial- oder Qualifikationsgerechtigkeit spricht man, wenn die Vergütung nicht nur die gegenwärtig ausgeübte Tätigkeit, sondern auch die abrufbare Qualifikation des Arbeitnehmers honoriert. Die Frage nach einer Verteilungs- bzw. Vergleichsgerechtigkeit (distributive Gerechtigkeit) lässt sich mit Rückgriff auf die sog. Equity- oder Gleichgewichtstheorie von Adams beantworten. Dabei wird die eigene Entlohnung durch einen

https://doi.org/10.1515/9783110988611-009

Vergleich des Verhältnisses zwischen eigenem Arbeitsaufwand (bspw. Anstrengung oder Ausbildung) im Verhältnis zum Outcome (bspw. Vergütung oder Nebenleistungen) mit Kollegen des eigenen Unternehmens sowie extern Beschäftigten beurteilt. Die wahrgenommene Verteilungsgerechtigkeit beruht so nicht auf objektiven, sondern auf subjektiven Einschätzungen und Wahrnehmungen. In der Praxis ist zu beobachten, dass die wahrgenommene Gerechtigkeit nicht nur von den Ergebnissen, also der Entgelthöhe, abhängig ist. Einen weiteren Einfluss wird der empfundene Verfahrensgerechtigkeit (prozedurale Gerechtigkeit), also die Art und Weise des Zustandekommens der Entgelthöhe, zugeschrieben.

Das Neoklassische Modell des Arbeitsmarktes beschreibt einen Markt, der keinen marktverzerrenden Regulierungen (wie bspw. dem Arbeitsrecht) unterliegt. Daher passt sich der Lohnsatz jeder Änderung auf dem Arbeitsmarkt umgehend an, sodass der markträumende Lohn einen Ausgleich zwischen Arbeitskräfteangebot und -nachfrage erzeugt.

Bei der Effizienzlohntheorie heben die Arbeitgeber die Löhne absichtlich über das markträumende Niveau an. Die Unternehmen kompensieren die über dem Gleichgewichtslohn liegende Vergütung durch die überlegene Wettbewerbsposition, die sie durch bessere (bspw. in dem sie qualifizierte Mitarbeiter von Konkurrenten fernhalten) und motiviertere (basierend auf der Annahme, dass die gezeigte Leistung positiv von der gezahlten Vergütung abhängt) Mitarbeiter erwirtschaften können.

Die Insider-Outsider-Theorie liefert ebenfalls eine Erklärung für eine Vergütung oberhalb des Marktgleichgewichts. Allerdings zahlen die Arbeitgeber hier nicht freiwillig höhere Löhne. Hier können die beschäftigten Arbeitnehmer höhere Löhne aufgrund ihrer selbst geschaffenen bzw. durch Gesetzgebung, Rechtsprechung, Tarifverträge oder Betriebsvereinbarungen gestärkten Machtpositionen durchsetzen.

Lohnrigidität bezeichnet die Inflexibilität der Löhne nach oben oder unten.

Mit der Theorie der impliziten Kontrakte wird Lohnrigidität bei Arbeitslosigkeit erklärt. Im Laufe eines Konjunkturzyklus passen Arbeitgeber demnach die Löhne nicht – wie es im idealtypischen Neoklassischen Arbeitsmarktmodell der Fall ist – nach unten an, sondern zahlen unabhängig vom Auslastungsgrad ihrer Produktion stets ein geglättetes Lohnniveau. Damit ist der tatsächlich gezahlte Lohn in Wachstumsphasen geringer und in Rezessionen höher als der im Neoklassischen Arbeitsmarktmodell geltende Gleichgewichtslohn.

Schlüsselbegriffe des Kapitels 9.2:

Unternehmen gestalten Anreizsysteme mit dem Ziel, ihre Mitarbeiter zu motivieren, zu steuern und zu binden. Dabei greifen sie auf die Motivations-, Selektions- und Kooperationsfunktion von Anreizsystemen zurück.

Das monetäre Anreizsystem kann unterschiedliche Entgeltkomponenten umfassen, um die angestrebten Anreizwirkungen zu entfalten. Das fixe Grundentgelt basiert entweder auf dem Schwierigkeitsgrad der Stelle (anforderungsorientierte Grundentgeltfindung), der Qualifikation des Stelleninhabers (qualifikationsorientierte Grundentgeltfindung) oder der relativen Knappheit eines Berufsbildes auf dem Arbeitsmarkt (marktorientierte Grundentgeltfindung). Die variablen Entgeltkomponenten, die den Mitarbeitern zwar dem Grunde nach zugesagt sind, aber hinsichtlich der Höhe flexibel ausfallen, können sich auf die Leistung der Mitarbeiter beziehen (Leistungsvergütung) oder eine Beteiligung der Mitarbeiter am Unternehmenserfolg (Erfolgsbeteiligung) oder eine Beteiligung der Mitarbeiter am Eigen- oder Fremdkapital des Unternehmens (Kapitalbeteiligung) vorsehen. Zusatzleistungen umfassen die gesetzlich oder tarifvertraglich induzierten Sozialleistungen sowie die freiwillig gewährten betrieblichen Sozialleistungen.

Schlüsselbegriffe des Kapitels 9.3:

Die anforderungsorientierte Grundentgeltfindung basiert auf einer Arbeitsbewertung zur Ermittlung des Schwierigkeitsgrads von Stellen.

Die Arbeitsbewertung ist ein Verfahren zur Untersuchung und zum bewertenden Vergleich von Anforderungen einer Stelle. Sie dient dazu, eine Entgeltdifferenzierung auf Basis unterschiedlicher Arbeitsanforderungen zu erreichen.

Verfahren der Arbeitsanalyse dienen der empirischen Ermittlung der Anforderungen an einzelne Arbeitsplätze, die anschließend in eine Stellenbeschreibung überführt werden können. Arbeitsanalysen sollen dabei helfen, relevante Arbeitsinhalte zu erfassen, zu gliedern und aggregiert wiederzugeben. Hierbei kann zwischen personenorientiert-psychologischen und technisch-arbeitswissenschaftlichen Verfahren unterschieden werden.

Eine Stelle ist eine personenunabhängige, abstrakte Einheit im Organisationsgefüge, der Aufgaben-, Kompetenz- und Verantwortungsbereiche zugeordnet sind.

Die Leistungsvergütung basiert auf einer Leistungsbeurteilung zur Ermittlung der mitarbeiterseitigen Arbeitsleistung. Hierbei ist der Turnus (regelmäßige oder anlassbedingte Beurteilung), der Zeithorizont (Leistungs- oder Potenzialbeurteilung), die Zuständigkeit (Selbst-, Kollegen-, Vorgesetzten- oder 360-Grad-Beurteilung), die Kriteriendifferenzierung (summarische und analytische Beurteilung) sowie die Form der Beurteilung (freie oder gebundene Verfahren) festzulegen.

Bei freien Verfahren der Leistungsbeurteilung erfolgt ausschließlich eine verbale Bewertung (mit oder ohne Vorgabe von Beurteilungskriterien) in Form einer Eindrucksschilderung („Essay-Format"). Gebundene Verfahren sollen die Vergleichbarkeit der Beurteilungen erhöhen, wobei bei Einstufungsverfahren die Beurteilung anhand vorgegebener Kriterien (bezogen auf Eigenschaften des Beurteilten (eigenschaftsorientierte Einstufungsverfahren), Verhaltensweisen des Beurteilten (verhaltensorientierte Einstufungsverfahren) oder Arbeitsergebnisse des Beurteilten (ergebnisorientierte Verfahren) und vorgegebener Skalierung erfolgt, während Kennzeichnungsverfahren dem Beurteiler arbeitsrelevante Beschreibungen vorlegen und dieser entscheiden muss, inwieweit die jeweiligen Aussagen auf den Beurteilten zutreffen.

Die Erfolgsbeteiligung lässt die Mitarbeiter am Unternehmenserfolg (bspw. Gewinnbeteiligung) partizipieren, während bei der Kapitalbeteiligung eine Kapitaleinlage der Arbeitnehmer erfolgt (am Fremdkapital beispielsweise durch ein Mitarbeiterdarlehen und am Eigenkapital beispielsweise durch Belegschaftsaktien).

Die Entgeltkomponente der Zusatzleistungen ergibt sich aus gesetzlichen Vorgaben (gesetzliche Sozialleistungen) (wie beispielsweise die arbeitgeberseitigen Sozialversicherungsbeiträge oder die Entgeltfortzahlung im Krankheitsfall) oder tarifvertraglichen Vorgaben (tarifvertragliche Sozialleistungen) bei tarifgebundenen Unternehmen (wie beispielsweise tarifliches Urlaubsentgelt oder vermögenswirksame Leistungen) oder freiwillig gemachten, betrieblichen Zusagen (freiwillige Zusatzleistungen) (wie betriebliche Altersversorgung, Fahrkostenzuschüsse, Firmenwagen, Betriebskindergarten etc.).

Schlüsselbegriffe des Kapitels 9.4:

Als Arbeiter werden Arbeitnehmer bezeichnet, die im Rahmen ihres Arbeitsverhältnisses überwiegend körperlich-mechanisch tätig sind; als Angestellte werden die Arbeitnehmer bezeichnet, deren Tätigkeit überwiegend geistig-gedanklich ist.

Bei der Entlohnung in Form des Zeitlohns wird das Arbeitsentgelt nach Dauer der Arbeitszeit (bspw. Jahres, Monats-, Wochen-, Tages-, Stundenentgelt) ohne direkten Bezug zur erbrachten Arbeitsleistung gewährt (dies gilt auch bei einer Arbeitszeitregelung, die bspw. auf Vertrauensarbeitszeit setzt; hier ist die für die Entgeltfindung maßgebliche Zeiteinheit meist der Monat).

Akkordlohn vergütet im Gegensatz zum Zeitlohn nicht die Dauer der Arbeit, sondern die dabei erzielte Arbeitsleistung.

Normalleistung bezeichnet eine Leistung, die von einem geeigneten und eingearbeiteten Beschäftigten bei normalem Kräfteeinsatz ohne Gesundheitsschädigung auf die Dauer erreichbar ist.

Beim Stück- oder Geldakkord wird direkt ein bestimmter Geldsatz pro Mengeneinheit festgelegt. Dem Arbeiter wird so pro Werkstück ein bestimmter Geldsatz gutgeschrieben und vergütet. Der Arbeiter erhält dann mehr Lohn, wenn er mehr Werkstücke herstellt, als die Normalleistung vorsieht.

Beim gebräuchlicheren Zeitakkord wird für die Ausführung einer Tätigkeit bei Normalleistung eine bestimmte Arbeitszeit vorgegeben. Diese Zeit heißt Vorgabezeit. Hält der Arbeitnehmer diese Zeit ein, erhält er den Grundlohn nebst Akkordzuschlag, unterschreitet er sie, ist also schneller als die vorgesehene Normalleistung, führt dies zu einem Mehrverdienst.

Der Prämienlohn kommt dann zum Einsatz, wenn die Arbeitsbedingungen einem ständigen Wechsel unterworfen sind (mangelnde Akkordreife) und die Bezugsbasis der Prämie an unterschiedlichen quantitativen oder qualitativen Kriterien ansetzen soll.

In der Beamtenbesoldung dominiert das Alimentationsprinzip, nach dem der Beamte seine Arbeitskraft für den Dienstherrn einzusetzen hat und der Dienstherr dafür den Beamten und dessen Familie lebenslang standesgemäß unterhält. Die Zusammensetzung und Höhe der Alimentation ergibt sich, im Unterschied zur privaten Wirtschaft, nicht durch das Aushandeln und Vereinbaren von Tarif- oder Arbeitsverträgen, sondern durch Gesetz.

9.2 Wissensprüfung

9.2.1 Wiederholungsfragen

Hinweise zur Lösung der folgenden Fragen finden Sie in Kap. 9.1 des Lehrbuchs.

Wiederholungsfrage 9-1
Was versteht man unter der Motivation von Mitarbeitern?

Wiederholungsfrage 9-2
Welche Bedürfnisklassen werden in Maslows Bedürfnispyramide unterschieden?

Wiederholungsfrage 9-3
Welche Kernmotive unterscheidet die Theorie der gelernten Bedürfnisse nach McClelland?

Wiederholungsfrage 9-4
Inwiefern unterscheidet sich intrinsische von extrinsischer Motivation?

Wiederholungsfrage 9-5
Welche Merkmale müssen Stellen aufweisen, dass sie gemäß dem Job Characteristics Model (Hackman/Oldham) intrinsische Motivation hervorrufen können?

Wiederholungsfrage 9-6
Was vergleichen Mitarbeiter gemäß der Gleichheitstheorie (Equity Theorie) nach Adams?

Wiederholungsfrage 9-7
Wie realisiert sich Verfahrensgerechtigkeit?

Wiederholungsfrage 9-8

Warum heben Unternehmen gemäß der Effizienzlohntheorie die Löhne über das Niveau des Marktgleichgewichts?

Wiederholungsfrage 9-9

Warum heben Unternehmen gemäß der Insider-Outsider-Theorie die Löhne über das Niveau des Marktgleichgewichts?

Wiederholungsfrage 9-10

Warum liegt das Lohnniveau gemäß der Theorie der impliziten Kontrakte mal oberhalb, mal unterhalb des Marktgleichgewichts?

Hinweise zur Lösung der folgenden Fragen finden Sie in Kap. 9.2 des Lehrbuchs.

Wiederholungsfrage 9-11

Welche Ziele und Funktionen werden Entgeltsystemen zugeschrieben?

Hinweise zur Lösung der folgenden Fragen finden Sie in Kap. 9.3 des Lehrbuchs.

Wiederholungsfrage 9-12

Welche Schritte sind für eine anforderungsorientierte Grundentgeltfindung durchzuführen?

Wiederholungsfrage 9-13

Wie erfolgt eine qualifikationsorientierte Grundentgeltfindung?

Wiederholungsfrage 9-14

Wie erfolgt eine marktorientierte Grundentgeltfindung?

Wiederholungsfrage 9-15

Durch wen kann eine Leistungsbeurteilung erfolgen?

Wiederholungsfrage 9-16

Worin unterscheiden sich Erfolgs- und Kapitalbeteiligung?

Wiederholungsfrage 9-17

Nennen Sie jeweils zwei Beispiele für gesetzliche, tarifvertragliche sowie freiwillige Sozialleistungen.

Hinweise zur Lösung der folgenden Fragen finden Sie in Kap. 9.4 des Lehrbuchs.

Wiederholungsfrage 9-18

Worin liegt der definitorische Unterschied zwischen Arbeitern und Angestellten?

Wiederholungsfrage 9-19

Worin unterscheiden sich Akkordfähigkeit, Akkordreife und Ausbringungsmenge?

Wiederholungsfrage 9-20

Nennen Sie Elemente marktinduzierter und leistungsbezogener Anreizsysteme für Führungskräfte.

Wiederholungsfrage 9-21

Wie berechnet sich die Höhe des Entgelts im Heimatland- und Gastlandansatz?

Wiederholungsfrage 9-22

Welche Besoldungsordnungen kennt das Beamtenrecht und welche Beamtengruppen werden davon erfasst?

9.2.2 Multiple-Choice-Fragen

Hinweise zur Lösung: 9.1 Theoretische Grundlagen

MC-Frage 9-1

Welche der folgenden Aussagen ist zutreffend?
a) Hunger, Durst und Luft zählen zur Kategorie der Bedürfnisse.
b) Macht, Geld und Prestige zählen zur Kategorie der Motive.
c) Kälteschutz zählt zur Kategorie der Anreize.
d) Keine der genannten Antworten a) bis c) ist zutreffend.

MC-Frage 9-2

Welche der folgenden Aussagen ist zutreffend?

a) Bedürfnisse übersetzen Motive zu Handlungen.
b) Macht, Geld und Prestige zählen zu den Bedürfnissen.
c) Bedürfnisse werden durch Mangel ausgelöst.
d) Jede der genannten Antworten a) bis c) ist zutreffend.

MC-Frage 9-3

Welche der folgenden Aussagen ist zutreffend?

a) Bedürfnisse werden durch Mangelempfindungen ausgelöst.
b) Bedürfnisse führen zu Motiven.
c) Anreize übersetzen Motive zu Handlungen.
d) Jede der genannten Antworten a) bis c) ist zutreffend.

MC-Frage 9-4

Welches Motiv wird im Rahmen der Theorie der gelernten Bedürfnisse (McClelland) beschrieben durch das Zurückstellen eigener Interessen zugunsten organisationaler Ziele?

a) Sozialisiertes Machtmotiv
b) Persönlichkeitsbezogenes Machtmotiv
c) Leistungsmotiv
d) Sicherheitsorientiertes Beziehungsmotiv

MC-Frage 9-5

Welches Motiv wird im Rahmen der Theorie der gelernten Bedürfnisse (McClelland) beschrieben durch das Verlangen, den Mitarbeitern Selbstvertrauen zu vermitteln?

a) Persönlichkeitsbezogenes Machtmotiv
b) Sozialisiertes Machtmotiv
c) Sicherheitsorientiertes Beziehungsmotiv
d) Leistungsmotiv

MC-Frage 9-6

Welche Hypothese wird im Rahmen der ERG-Theorie (Alderfer) beschrieben durch die Dominanz von nicht befriedigten Bedürfnissen?

a) Frustrations-Hypothese
b) Frustrations-Regressions-Hypothese
c) Frustrations-Progressions-Hypothese
d) Befriedigungs-Progressions-Hypothese

MC-Frage 9-7

Welche Hypothese wird im Rahmen der ERG-Theorie (Alderfer) beschrieben durch die Aktivierung eines tieferliegenden Bedürfnisses durch Nichtbefriedigung eines höherliegenden Bedürfnisses?

a) Frustrations-Progressions-Hypothese
b) Frustrations-Regressions-Hypothese
c) Befriedigungs-Progressions-Hypothese
d) Frustrations-Hypothese

MC-Frage 9-8

Welcher Ansatz zählt zu den prozesstheoretischen Motivationstheorien?

a) ERG-Theorie (Alderfer)
b) Bedürfnispyramide (Maslow)
c) VIE-Theorie (Vroom)
d) Ökonomische Theorie

MC-Frage 9-9

Gemäß der Zwei-Faktoren-Theorie nach Herzberg

a) verhindern Hygienefaktoren Unzufriedenheit.
b) können nur Motivatoren Zufriedenheit hervorrufen.
c) wirkt Entgelt als Hygienefaktor.
d) Jede der Antworten a) bis c) ist zutreffend.

MC-Frage 9-10

Gegenstand der VIE-Theorie (Vroom) sind

a) Vielfältigkeit, Erwartungen und Instrumentalität.
b) Variabilität, Erwartungen und Instrumentalität.
c) Valenz, Instrumentalität und Erwartungen.
d) Valenz, Vielfältigkeit und Erwartungen.

MC-Frage 9-11

Die Gleichgewichtstheorie (Equity-Theorie)

a) besagt, dass das Verhältnis von Leistungen und Anreizen davon abhängt, wie das Verhältnis von Inputs des Arbeitnehmers und Outputs wahrgenommen wird.
b) betont, dass Gerechtigkeit dann besteht, wenn der Tauschprozess zwischen Organisation und Individuum als ausgeglichen empfunden wird.
c) geht davon aus, dass ein Arbeitnehmer bei Überbezahlung seine Leistung als gerecht vergütet empfinden wird und seine Leistung nicht erhöhen wird.
d) Die Aussagen a) bis c) sind richtig.

MC-Frage 9-12

Prozedurale Gerechtigkeit (Verfahrensgerechtigkeit) bezieht sich auf die ...

a) Höhe der Vergütung.
b) Art und Weise des Zustandekommens der Entgelthöhe.
c) Zusammensetzung der Vergütung.
d) Verteilungsgerechtigkeit.

MC-Frage 9-13

Welche Teilgerechtigkeit soll durch den Einsatz von Arbeitsbewertungsverfahren umgesetzt werden?

a) Leistungsgerechtigkeit
b) Anforderungsgerechtigkeit
c) Marktgerechtigkeit
d) Soziale Gerechtigkeit

MC-Frage 9-14

Welche Teilgerechtigkeit soll durch den Einsatz von Vergütungsstudien umgesetzt werden?

a) Leistungsgerechtigkeit
b) Anforderungsgerechtigkeit
c) Marktgerechtigkeit
d) Soziale Gerechtigkeit

MC-Frage 9-15

Welche Teilgerechtigkeit soll durch ein transparentes Verfahren verwirklicht werden?

a) Leistungsgerechtigkeit
b) Anforderungsgerechtigkeit
c) Soziale Gerechtigkeit
d) Keine der in a) bis c) genannten Aussagen ist zutreffend.

MC-Frage 9-16

Welche Teilgerechtigkeit soll durch den Einsatz von Erfolgsbeteiligungen umgesetzt werden?

a) Leistungsgerechtigkeit
b) Anforderungsgerechtigkeit
c) Marktgerechtigkeit
d) Keine der genannten Antworten a) bis c) ist zutreffend.

MC-Frage 9-17

Verfahrensgerechtigkeit kennt verschiedene Voraussetzungen. Ein Unternehmen zeigt auf, welche Beschwerde- und Widerspruchsrechte ein Mitarbeiter wahrnehmen kann. Welche Voraussetzung wird hier beschrieben?

a) Konsistenz
b) Stabilität
c) Repräsentativität
d) Keine der Antworten a) bis c) ist zutreffend.

MC-Frage 9-18

Verfahrensgerechtigkeit kennt verschiedene Voraussetzungen. Ein Unternehmen achtet auf die objektive Durchführung eines Verfahrens. Welche Voraussetzung wird hier beschrieben?

a) Konsistenz
b) Stabilität
c) Repräsentativität
d) Keine der Antworten a) bis c) ist zutreffend.

MC-Frage 9-19

Welches der folgenden Erklärungsmodelle führt zu keiner Arbeitslosigkeit?

a) Neoklassisches Modell
b) Effizienzlohntheorie
c) Insider-Outsider-Modell
d) Theorie der impliziten Kontrakte

MC-Frage 9-20

Welches der folgenden Modelle erklärt Löhne unterhalb des Marktgleichgewichts?

a) Neoklassisches Modell
b) Effizienzlohntheorie
c) Insider-Outsider-Modell
d) Theorie der impliziten Kontrakte

MC-Frage 9-21

Welches der folgenden Modelle erklärt die Lohnfindung durch risikoaverse Arbeitnehmer?

a) Neoklassisches Modell
b) Effizienzlohntheorie
c) Insider-Outsider-Modell
d) Theorie der impliziten Kontrakte

MC-Frage 9-22

Welches der folgenden Modelle erklärt die Lohnfindung durch die Verhandlungsmacht von Betriebsräten und Gewerkschaften?

a) Neoklassisches Modell
b) Effizienzlohntheorie
c) Insider-Outsider-Modell
d) Theorie der impliziten Kontrakte

Hinweise zur Lösung: 9.3 Entgeltfindung

MC-Frage 9-23

Mit Hilfe der Arbeitsbewertung werden

a) die Anforderungshöhe eines Arbeitsplatzes im Verhältnis zu anderen Arbeitsplätzen nach einem einheitlichen Maßstab bestimmt.
b) Anforderungsprofile, Entwicklungspotentiale sowie Karriere- und Laufbahnplanungen initiiert und durchgeführt mit dem Ziel einer langfristigen Ermittlung des qualitativen Personalbedarfs.
c) in analytischer Hinsicht die Arbeitsanforderungen der Arbeitsplätze global erfasst und die einzelnen Anforderungsarten summarisch berücksichtigt.
d) ausschließlich die charakteristischen Belastungen einzelner Arbeiten differenziert beurteilt und schließlich ein Arbeitswert aus der Summe der Individualbeurteilungen gebildet.

MC-Frage 9-24

Die Aufgaben, die in einer Stelle zusammengefasst sind, die Einordnung der Position in die Unternehmenshierarchie und das geforderte Anforderungsprofil werden festgehalten

a) in der Aufgabensynthese.
b) in der Aufgabenanalyse.
c) in der Arbeitsanalyse.
d) Keine der Aussagen a) bis c) treffen zu.

MC-Frage 9-25

In einem Tarifvertrag findet sich folgende Abstufung: „Lohngruppe 1: Arbeiten, für die keine besonderen Kenntnisse benötigt werden // Lohngruppe 2: Arbeiten, für die geringe zusätzliche Kenntnisse benötigt werden // Lohngruppe 3: Arbeiten, für die angelernte Spezialkenntnisse erforderlich sind". Auf welches Arbeitsbewertungsverfahren lässt sich das Beispiel zurückführen?

a) Summarik/Stufung
b) Analytik/Stufung
c) Summarik/Reihung
d) Analytik/Reihung

MC-Frage 9-26

Welche der folgenden Aussagen ist zutreffend?
a) Die Arbeitsanalyse fasst die Anforderungen an eine Stelle zusammen.
b) Die Arbeitsanalyse gibt die Inhalte der Stelle wider.
c) Die Arbeitsanalyse kann summarisch oder analytisch erfolgen.
d) Keine der Antworten a) bis c) ist zutreffend.

MC-Frage 9-27

Welche der folgenden Aussagen ist zutreffend?
a) Arbeitsbewertung und Stellenanalyse sind Synonyme.
b) Arbeitsbewertung ordnet die Stellen im Stellengefüge eines Unternehmens.
c) Arbeitsbwertung vergleicht die Qualifikationen einer Stelle.
d) Keine der Antworten a) bis c) ist zutreffend.

MC-Frage 9-28

In einem Tarifvertrag findet sich folgender Arbeitshinweis: „Die Stellen des Betriebs sind anhand ihrer Schwierigkeit paarweise zu vergleichen und dann aufsteigend zu werten."
Auf welches Arbeitsbewertungsverfahren lässt sich das Beispiel zurückführen?
a) Summarik/Stufung
b) Analytik/Stufung
c) Summarik/Reihung
d) Analytik/Reihung

MC-Frage 9-29

Die Lohnkosten pro Leistungseinheit sind konstant. Um welche Lohnform handelt es sich?
a) Akkordlohn
b) Zeitlohn
c) Beteiligungslohn
d) Stundenlohn

MC-Frage 9-30

Welche der folgenden Aussagen ist zutreffend?

a) Anforderungsorientierte Vergütung ist stellenunabhängig.

b) Qualifikationsorientierte Vergütung ist stellenunabhängig.

c) Anforderungsorientierte Vergütung ist stelleninhaberabhängig.

d) Keine der Aussagen a) bis c) sind richtig.

MC-Frage 9-31

In einem Tarifvertrag findet sich folgender Arbeitshinweis zur Grundentgeltfindung: „Die Stellen sind nach den Kriterien Initiative, Sorgfalt und körperlicher Anstrengung zu bewerten, zu bepunkten und anschließend zur Entgeltstufe 1 bei 0–5 Punkten, Entgeltstufe 2 bei 6–10 Punkten oder Entgeltstufe 3 bei 11–15 Punkten zuzuordnen?" Welches Arbeitsbewertungsverfahren wird hier beschrieben?

a) Summarik/Stufung

b) Analytik/Stufung

c) Summarik/Reihung

d) Analytik/Reihung

MC-Frage 9-32

Welche Strategie wird hier beschrieben? Das Unternehmen vergütet unterhalb des Marktniveaus, aber mit hohem variablen Anteil.

a) Leistungsorientierte Lagging-Strategie

b) Leistungsorientierte Benchmarking-Strategie

c) Leistungsorientierte Matching-Strategie

d) Keine der genannten Antworten a) bis c) ist zutreffend.

MC-Frage 9-33

Welche der nachfolgenden Entgeltbausteinen zählt zu den fixen Vergütungsbestandteilen?

a) Leistungslohn

b) Akkordlohn

c) Qualifikationsabhängige Vergütung

d) Kapitalbeteiligung

MC-Frage 9-34

Ein Leistungsbeurteilungsverfahren gibt drei Aussagen („Die Ablage ist zum Monatsende geordnet"; „Die Abrechnung erfolgt fehlerfrei" und „Das Personalbüro wird morgens pünktlich geöffnet") mit einer Skala zur Beurteilung vor. Welches Beurteilungsverfahren ist hier beschrieben:

a) Freies Verfahren mit Merkmalsvorgabe

b) Eigenschaftsorientiertes Einstufungsverfahren.

c) Verhaltensorientiertes Einstufungsverfahren.
d) Freiwahlverfahren.

MC-Frage 9-35

Ein Leistungsbeurteilungsverfahren gibt drei Hinweiswörter („Pünktlichkeit"; „Freund-lichkeit" und „Durchsetzungsfähigkeit") mit einer Skala zur Beurteilung vor. Welches Beurteilungsverfahren ist hier beschrieben:
a) Freies Verfahren mit Merkmalsvorgabe
b) Eigenschaftsorientiertes Einstufungsverfahren
c) Verhaltensorientiertes Einstufungsverfahren
d) Freiwahlverfahren

MC-Frage 9-36

Ein Leistungsbeurteilungsverfahren gibt drei Oberkriterien vor, anhand derer der Vorgesetzte einen Einstufungstext verfassen soll.
a) Freies Verfahren mit Merkmalsvorgabe
b) Eigenschaftsorientiertes Einstufungsverfahren
c) Verhaltensorientiertes Einstufungsverfahren
d) Freiwahlverfahren

MC-Frage 9-37

Ein Leistungsbeurteilungsverfahren bewertet auf eine Skala folgende Verhalten: Der Vorgesetzte hält regelmäßig Teammeetings ab (9 Punkte), der Vorgesetzte brieft seine Mitarbeiter einmal im Monat (6 Punkte), der Vorgesetzte verschickt Mails zu aktuellen Themen (5 Punkte), der Vorgesetzte informiert nur einige Mitarbeiter (2 Punkte). Wel-ches Verfahren wird hier beschrieben?
a) Verhaltenserwartungsskala
b) Verhaltensbeobachtungsskala
c) Kennzeichnungsverfahrensskala
d) Keine der genannten Antworten a) bis c) ist zutreffend.

MC-Frage 9-38

Die Unternehmensleitung verspricht den Mitarbeitern eine Erfolgsbeteiligung in Ab-hängigkeit der unternehmerischen Effizienzsteigerung. Diese Erfolgsbeteiligung wird welcher Form zugeordnet?
a) Ertragsbeteiligung
b) Gewinnbeteiligung
c) Leistungsbeteiligung
d) Keine der Aussagen in a) bis c) treffen zu.

MC-Frage 9-39

Die Unternehmensleitung verspricht den Mitarbeitern eine Erfolgsbeteiligung in Abhängigkeit einer definierten Kostenersparnis. Diese Erfolgsbeteiligung wird welcher Form zugeordnet?

a) Ertragsbeteiligung

b) Gewinnbeteiligung

c) Leistungsbeteiligung

d) Keine der Aussagen in a) bis c) treffen zu.

MC-Frage 9-40

Ein Mitarbeiter erhält vom Unternehmen einen verbilligten Kredit für seinen privaten Hausbau. Welche Entgeltkategorie wird hier beschrieben?

a) Kapitalbeteiligung am Fremdkapital

b) Kapitalbeteiligung am Eigenkapital

c) Sozial- und Zusatzleistung

d) Keine der Antworten a) bis c) ist zutreffend.

MC-Frage 9-41

Ein Unternehmen zählt alle Leistungen an die Mitarbeiter auf. Zur Aufzählung zählt auch die tariflich vereinbarte Leistung, ab sofort verbilligtes Mittagessen für die Mitarbeiter anzubieten. In welche Leistungskategorie fällt diese Leistung:

a) Sozialleistung im weiten Sinn

b) Sozialleistung im mittleren/üblichen Sinn

c) Sozialleistung im engen Sinn

d) Keine der Antworten a) bis c) ist zutreffend.

MC-Frage 9-42

Ein Unternehmen zählt alle Leistungen an die Mitarbeiter auf. Zur Aufzählung zählt auch die Lohnfortzahlung an Feiertagen. In welche Leistungskategorie fällt diese Leistung:

a) Sozialleistung im weiten Sinn

b) Sozialleistung im mittleren/üblichen Sinn

c) Sozialleistung im engen Sinn

d) Keine der Antworten a) bis c) ist zutreffend.

MC-Frage 9-43

Welche der folgenden Aussagen ist zutreffend?

a) Sozial- und Zusatzleistungen können aufgrund von Zugehörigkeit zu einer bestimmten Hierarchieebene gewährt werden.

b) Sozial- und Zusatzleistungen können auch an ehemalige Mitarbeiter gewährt werden.

c) Sozial- und Zusatzleistungen gehen über das vertraglich vereinbarte Entgelt hinaus.

d) Jede der Antworten a) bis c) ist zutreffend.

MC-Frage 9-44

Sozial- und Zusatzleistungen können …

a) gesetzlich begründet sein.

b) tarifvertraglich begründet sein.

c) freiwillig vom Arbeitgeber gezahlt werden.

d) Jede der Antworten a) bis c) ist zutreffend.

Hinweise zur Lösung: 9.4 Entgeltfindung für spezielle Gruppen

MC-Frage 9-45

Welche der folgenden Aussagen ist zutreffend?

a) Akkordfähigkeit setzt einen Arbeitsablauf frei von Mängeln voraus.

b) Akkordfähigkeit setzt einen Arbeitsablauf voraus, der mit Normalleistung erlernbar ist.

c) Akkordfähigkeit setzt einen Arbeitsablauf voraus, der mit Normalleistung beherrschbar ist.

d) Keine der Antworten a) bis c) ist zutreffend.

MC-Frage 9-46

Welche der folgenden Aussagen ist zutreffend?

a) Akkordreife bedeutet, dass die Arbeit im Voraus bekannt ist.

b) Akkordreife bedeutet, dass die Arbeit gleichartig ist.

c) Akkordreife bedeutet, dass die Arbeit regelmäßig wiederkehrend ist.

d) Keine der Antworten a) bis c) ist zutreffend.

MC-Frage 9-47

Welche der folgenden Aussagen ist zutreffend?

a) Akkordlohn vergütet die Dauer der Arbeit.

b) Akkordlohn vergütet die erzielte Arbeitsleistung.

c)   Akkordlohn vergütet die Normalleistung.
d)   Keine der Antworten a) bis c) ist zutreffend.

MC-Frage 9-48

Welche der folgenden Kategorien der Sollzeit-Erfassung wird durch folgenden Vorgang beschrieben: Ein Arbeiter wechselt den Bohrkopf, um dann das Werkstück vorgabegemäß bearbeiten zu können.
a)   Grundzeit
b)   Verteilzeit
c)   Rüstgrundzeit
d)   Keine der Antworten a) bis c) ist zutreffend.

MC-Frage 9-49

Folgende Informationen sind gegeben: Tariflicher Grundlohn 10 Euro; Akkordzuschlag 20%; Vorgabezeit pro Stück: 10 Minuten; Ist-Leistung 7 Stück. Wie hoch ist der Zeitakkord in €/h?
a)   17,5
b)   21
c)   14
d)   19,60

MC-Frage 9-50

Welche Akkordformen gibt es?
a)   Potenzialakkord
b)   Prozessakkord
c)   Ergebnisakkord
d)   Keine der Antworten a) bis c) ist zutreffend.

MC-Frage 9-51

Welche Bezugsgrößen kommen als Prämienlohn in Betracht?
a)   Menge
b)   Anstrengungsbereitschaft
c)   Verantwortungsübernahme
d)   Jede der Antworten a) bis c) ist zutreffend.

MC-Frage 9-52

Welche der folgenden Kategorien der Sollzeit-Erfassung wird durch folgenden Vorgang beschrieben: Von zehn Bohrvorgängen rutscht der Bohrer durch kleine Unachtsamkeiten einmal ab.

a) Rüstverteilzeit
b) Verteilzeit der Ausführung
c) Erholungszeit
d) Rüstgrundzeit

MC-Frage 9-53

Folgende Informationen sind gegeben: Tariflicher Grundlohn 20 Euro; Akkordzuschlag 20%; Vorgabezeit pro Stück: 10 Minuten; Ist-Leistung 7 Stück. Wie hoch ist der Zeitakkord in €/h?

a) 28
b) 19,60
c) 14
d) 21

Lösungen zu den Multiple-Choice-Fragen

1) b	12) b	23) a	34) c	45) d
2) c	13) b	24) d	35) b	46) d
3) d	14) c	25) a	36) a	47) b
4) a	15) d	26) b	37) a	48) c
5) b	16) d	27) b	38) c	49) c
6) a	17) d	28) c	39) c	50) d
7) b	18) a	29) a	40) c	51) a
8) c	19) a	30) b	41) b	52) b
9) d	20) d	31) b	42) a	53) a
10) c	21) d	32) a	43) d	
11) d	22) c	33) c	44) d	

9.3 Reflexion

Reflexion 9-1: Entwicklung von Motivationstheorien

Skizzieren Sie eine Motivationstheorie, die den Kerngedanken inhaltstheoretischer Ansätze in sich trägt. Skizzieren Sie eine prozesstheoretische Motivationstheorie.

Lösungsvorschlag

Die Skizze einer inhaltstheoretischen Motivationstheorie orientiert sich an Bedürfniskategorien. So wäre – selbstverständlich ironisch zugespitzt – denkbar, dass ein inhaltstheoretischer Ansatz für Menschen zwischen 14 und 30 Jahren folgende Katgeorien in sich vereint: Smartphone, Akku, WLAN, physiologische Bedürfnisse und Selbstverwirklichung.

Selbst-
verwirklichung
—
Physiologische Bedürfnisse

WLAN

Akku

Smartphone

Abb. 9.1: Skizze eines inhaltstheoretischen Ansatzes.

Im Anschluss an die Kategorisierung könnten nun bestimmte Prinzipien (analog zu den Wirkungshypothesen der ERG-Theorie) formuliert werden, die den Zusammenhang zwischen den Bedürfniskategorien verdeutlichen.

Ein prozesstheoretischer Ansatz würde bspw. die Elemente Ziel, Zielbedeutung, Fähigkeiten, Zielakzeptanz, Belohnung und Instrumentalität in eine begründbare Ordnung bringen.

Reflexion 9-2: VIE-Theorie

Diskutieren Sie die VIE-Theorie (Vroom) am Beispiel der Motivation für das Lernen für eine Klausur.

Lösungsvorschlag

Zunächst wären die Begriffe Valenz, Instrumentalität und Erwartungen im Kontext des Lernens für eine Klausur zu bestimmen.

Valenz (also die Wertigkeit eines Ziels) könnte sich in der Wertschätzung des Handlungsergebnisses (1. Ordnung) ausdrücken. In diesem Fall die hoffentlich durch das

Lernen erzeugte gute Note. Die Wertschätzung der Handlungsfolge (2. Ordnung) könnte im Wunsch liegen, durch die Note Ansehen bei den Eltern und Kommilitonen zu erhalten.

Die Erwartung beschreibt die subjektive Wahrscheinlichkeit, dass das Erreichen des Ergebnisses der ersten Ordnung (hier: gute Note) zu einem Ergebnis zweiter Ordnung führt (hier: Ansehen bei Kommilitonen oder Eltern). Maßgeblich für die Erwartung sind die eigenen Fähigkeiten. Wird es mir durch das Lernen gelingen, die gute Note durch Lernen zu erreichen (+1, wenn ich sicher bin, dass ich durch Lernen die gute Note erzielen werde, -1, wenn ich sicher bin, dass ich, egal wie viel ich lernen werde, keine gute Noten schreiben werde).

Instrumentalität ist das Verbindungsglied zischen Handlungsergebnis 1. Ordnung und Handlungsfolge 2. Ordnung. Freuen sich die Eltern über jede gute Note außerordentlich, so kann davon ausgegangen werden, dass sie sich auch über die nächste gute Note freuen werden.

Da die Variablen multiplikativ verknüpft sind, ergibt sich die Motivation zu lernen aus dem Produkt der Variablen. Ist eine davon negativ (bspw., weil ich jetzt schon weiß, dass lernen keine Auswirkung auf die gute Note haben wird), wird die Motivation zu lernen, gering bzw. negativ sein.

Reflexion 9-3: Ökonomische Theorie

Erläutern Sie den Verdrängungseffekt der Motivatin gemäß der ökonomischen Theorie der Motivation nach Frey/Osterloh an einem selbstgewählten Beispiel.

Lösungsvorschlag

Gemäß dem Verdrängungseffekt besteht die Gefahr, dass intrinsische Motivation durch extrinsische Motivation verdrängt wird. Geht man davon aus, dass Menschen stets selbstbestimmt handeln wollen, wird eine extrinsische Belohnung möglicherweise als Versuch der Fremdsteuerung oder Kontrollinstrument wahrgenommen, wodurch sich die intrinsische Leistungsbereitschaft möglicherweise reduziert.

Wenn Sie von einem Freund die Bitte erhalten, am kommenden Samstag bei seinem Umzug zu helfen, so werden Sie diesen voraussichtlich unterstützen. Bietet er Ihnen nun aber an, am kommenden Samstag für 2 Euro pro Stunde bei seinem Umzug zu helfen, so lehnen Sie ggf. das Angebot ab, weil Ihnen 2 Euro pro Stunde zu wenig erscheinen.

Im ersten Fall hätten Sie im Rahmen des Freundschaftsdiensts kostenlos geholfen, im zweiten Fall verdrängt die extrinsische Motivation (2 Euro pro Stunde) die intrinsische. Ihr Helfen hat nun ein „Preisschild" bekommen, das nicht Ihrem inneren zugeschriebenen Wert des Freundschaftsdiensts entspricht. Das „Preisschild" (welches

Ihnen womöglich aus ökonomischer Perspektive, die es nun bekommen hat, zu gering erscheint) verdrängt Ihre intrinsische Motivation und Sie lehnen dankend ab.

Reflexion 9-4: Equity Theory (Adams)

Erläutern Sie die Equity-Theorie (Adams) am Beispiel des Lernens für eine Klausur und dem Vergleich mit den Kommilitonen.

Lösungsvorschlag

In diesem Fall ist der Ausgangspunkt die Annahme, dass der Student Vergleiche zwischen seinem Aufwand und seinen Bemühungen (Input) und dem Ertrag (Outcome) anstellt. Die aufgewendete Zeit zum Lernen und die Anstrengung, während der Vorlesung aufzupassen werden dabei als Inputgrößen bezeichnet. Der Output stellt die Belohnung in Form der Klausurnote dar. Gleichzeitig vergleicht sich der Student mit Bezugspersonen (bspw. anderer Studenten) bezüglich der Leistung (Einsatz) und der Belohnung (Ertrag) in ähnlichen Situationen.

Der Student ist motiviert, zwischen seinem erbrachten Input und dem entsprechenden Output einen Gleichgewichtszustand zu erzeugen. Er vergleicht sein eigenes Input-Output-Verhältnis mit denen anderer Kommilitonen. Abweichungen von diesem Verhältnis nach oben oder unten führen zu Spannungen, denn sie werden als ungerecht erlebt. Liegt dieser Fall vor, ist der Mensch bestrebt, einen Gleichgewichtszustand herzustellen. Hierzu stehen eine Vielzahl von Reaktionsmöglichkeiten zur Verfügung.

Bspw. könnte der Student seinen Input verändern (er reduziert seine Lernintensität) oder er versucht den Ertrag zu ändern (indem er bspw. nach Nachbesserung der Klausurnote bittet). Alternativ redet er sich das Ergebnis schön (kognitive Verzerrung) oder er versucht die Vergeleichsperson zu beeinflussen, das nächste Mal weniger zu lernen). Eine weitere Möglichkeit wäre, dass der Stundet die Beziehung abbricht (in dem er bspw. einen anderen Studiengang wählt, bei dem ihm das Outcome/Input-Verhältnis besser erscheint) oder dass er andere Vergleichsmaßstäbe wählt (bspw. in dem er seine Leistung im privaten Sportbereich höher schätzt als Klausurnoten).

Reflexion 9-5: Entgeltgerechtigkeit

Welche öffentlich in den Medien und Politik diskutierten Phänomene zeigen, dass es sich bei der Entgeltgestaltung um ein gerechtigkeitssensitives Thema handelt? Finden Sie hierzu Beispiele.

Lösungsvorschlag

Regelmäßig wird die Vergütung von Top-Managern zum Gegenstand der öffentlichen Diskussion. Hier werden dann die Teilgerechtigkeiten Marktgerechtigkeit (Angebot und Nachfrage), Bedürfnisgerechtigkeit, Anforderungsgerechtigkeit oder Beteilgungsgerechtigkeit als Form der zentralen Gerechtigkeitsdimensionen als Argumente vorgebracht.

Am Beispiel der geschlechterbedingten Entgeltunterschiede („Gender Pay Gap") wird bspw. die Qualifikationsgerechtigkeit oder Anforderungsgerechtigkeit bzw. deren Verletzung diskutiert. Ebenso gibt es eine lebhafte Diskussion um Geringverdiener, die trotz Vollzeitbeschäftigung unterhalb der Armutsschwelle leben und daher ihr Einkommen um staatliche Sozialleistungen aufstocken müssen („working poor"). Und nicht zuletzt die Diskussion über die unterschiedliche Bezahlung von Mitgliedern der Stammbelegschaft („Normalarbeitsverhältnisse") und der Randbelegschaft („equal pay").

Reflexion 9-6: Arbeitsbewertungsverfahren

Diskutieren Sie mögliche Kriterien, die im Rahmen analytischer Arbeitsbewertungsverfahren sinnvoll sein können?

Lösungsvorschlag

Bei analytischen Verfahren gliedert sich die Gesamtanforderung an eine Stelle in mehrere Teilanforderungen auf. Hierzu könnten bspw. „Körperliche Anstrengung", „Geistige Anstrengung", „Verantwortung" oder „Umgebungseinflüsse" zählen.

Reflexion 9-7: Arbeitsbewertungsverfahren

Warum wäre „Teilzeit oder Vollzeit" kein sinnvolles Kriterium im Rahmen analytischer Arbeitsbewertungsverfahren?

Lösungsvorschlag

Das Ziel der Arbeitsbewertungsverfahren ist, die Anforderungen einer Stelle zu ermitteln. Die Frage, ob jemand in Voll- oder in Teilzeit eine Stelle ausübt, sagt nichts über die Schwierigkeit bzw. Anforderung der Stelle aus, sondern nur, in welchem zeitlichen Umfang die Stelle ausgeführt wird.

Die Anforderungen der Stelle sind in Teil- oder in Vollzeit die gleichen. Daher wäre Vollzeit/Teilzeit als Kritierium ungeeignet.

Reflexion 9-8: Qualifikationsorientierte Grundentgeltfindung

Skizzieren Sie, wie eine qualifikationsorietnierte Grundentgeltfindung konkret aussehen könnte. Diskutieren Sie, ob Sie gerne in einem solchen Unternehmen arbeiten würden.

Lösungsvorschlag

Ein Unternehmen könnte bspw. jedem Mitarbeiter 1.600 Euro Basisvergütung anbieten. In Abhängigkeit der Ausbildung könnten bspw. für eine zweijährige Ausbildung 400 Euro, für eine dreijährige Ausbildung 600 Euro, für eine darauf aufbauende Meister- oder Technikerausbildung weitere 400 Euro Vergütung gewährt werden. Für ein Bachelor- oder Masterabschluss könnten bspw. 600 und 800 Euro vorgesehen sein.

Die Vergütung könnte dann ergänzt werden durch nachgewiesene Qualifikationen in Fremdsprachen (bspw. pro Fremdsprache 100 Euro), IT-Kenntnissen (bspw. für die Beherrschung eines Standardlevels der Bürosoftware 50 Euro, für SAP-Kenntnisse 100 Euro, für Spezialkenntnisse weitere 100 Euro), Management-Fähigkeiten (bspw. für nachgewiesene Kurse in Zeitmanagement, Projektmanagement oder Konfliktmanagement je 75 Euro).

Die positiven Effekte einer qualifikationsorientierten Grundentgeltfindung werden darin gesehen, dass für die Mitarbeiter ein monetärer Anreiz zur kontinuierlichen Weiterbildung entsteht. Dies kann sich positiv bei der Einführung und dem Umgang mit neuen Technologien auswirken. Darüber hinaus werden mit der qualifikationsbezogenen Vergütung eine höhere Personaleinsatzflexibilität und schnellere Anpassungsprozesse verbunden, da die Mitarbeiter nicht für die Ausführung einer bestimmten Arbeitsaufgabe bezahlt werden, sondern für die angebotene Qualifikation. Dies kann eine konfliktärmere Anpassung der Wertschöpfungsprozesse an veränderte Rahmenbedingungen ermöglichen, da kein Mitarbeiter befürchten muss, durch Umorganisationen eine niedriger bewertete Tätigkeit durchführen zu müssen.

Dabei ist zu berücksichtigen, dass sich ein solches Vorgehen sicherlich nur für klein- und mittelständische Unternehmen eignet, die keine Massenfertigung, sondern eher Einzel- und Kleinserienfertigung mit hoher Qualitätsorientierung betreiben. Für Großunternehmen, insbesondere bei Massenfertigung, erscheint dieses Modell der Entgeltfindung eher ungeeignet. Darüber hinaus trägt der Arbeitgeber das Risiko der

Qualifikationsleerkosten: Der Arbeitgeber ist in der Pflicht, für jeden Qualifikations-
anstieg eine qualifikationsadäquate Aufgabe vorzuhalten, sodass die erhöhten Personalkosten durch eine produktivere Aufgabe gerechtfertigt würden.

Reflexion 9-9: Grundentgeltfindung

Inwiefern besteht ein Spannungsverhältnis zwischen anforderungsabhängiger und marktabhängiger Vergütung?

Lösungsvorschlag

Im Rahmen der anforderungsabhängigen Entgeltgestaltung erfolgt eine Bestimmung
des Entgelts in Abhängigkeit vom Anforderungsgrad der Stelle (unternehmensinterne
Bewertung der Stellen). Es wäre zufällig, wenn diese mit der alternativen Bestimmung
des Entgelts in Abhängigkeit von der relativen Knappheit eines Berufsbildes auf dem
regionalen Arbeitsmarkt (marktabhängige Vergütung) übereinstimmen würde. Die
Entscheidung zwischen anforderungs- oder marktabhängiger Vergütung ist mithin
eine entgeltpolitische Grundsatzentscheidung.

Reflexion 9-10: Leistungsbeurteilungsverfahren

Gegeben sei folgendes Ziel im Rahmen einer Zielvereinbarung: „Entwicklung und Entwicklung eines On-
line-Marketingkonzepts". Prüfen Sie anhand der SMART-Formel, welche Kriterien bei der Formulierung
von Zielen dabei verletzt wurden und entwickeln Sie eine Alternativformulierung, die der SMART-Formel
entspricht.

Lösungsvorschlag

Die Formulierung verletzt gleich mehrere Elemente der SMART-Formel. So wurde das
Ziel nicht in einer messbaren Dimension beschrieben (M) und ist ohne Hinweis darauf, wann das Ziel erreicht sein soll bzw. ob es hilft oder schadet, wenn das Ziel früher oder später erreicht wird (T). Ob das Ziel relevant, anspruchsvoll oder spezifisch
ist, lässt sich nur im konkreten betrieblichen Kontext beurteilen.

Bspw. wäre eine Formulierung wie: „Steigerung der Besucherzahlen der Homepage von heute durchschnittlich 2.000 Hits pro Tag auf 3.000 Besuche pro Tag bis zum 31.12.2020" besser für eine Zielvereinbarung geeignet.

Reflexion 9-11: Leistungsbeurteilungsverfahren

Entwerfen Sie beispielhaft ein eigenschaftsorientiertes Einstufungsverfahren und ein Verfahren mit einer Verhaltenserwartungsskala.

Lösungsvorschlag

Ein eigenschaftsorientiertes Beurteilungsverfahren könnte sich bspw. auf die Kriterien Initiative, Kooperation, Sorgfalt mit einer fünfstufigen Skala stützen.

Die Verhaltenserwartungsskala bildet eine Skala von tätigkeitsrelevanten Verhaltensweisen ab. Daher muss diese – anders als die eigenschaftsorientierte Einstufung – auch konkret an einem tätigkeitsnahen Beispiel erfolgen. In dem aufgezeigten Beispiel wird versucht, die Vorlesung eines Dozenten zu beurteilen. Gleichzeitig wird auch die Schwierigkeit bei der Skalenbildung deutlich. So lässt sich eine überschneidungsfreie, stringent aufeinander aufbauende Skale nur mit großer Mühe und Aufwand entwickeln.

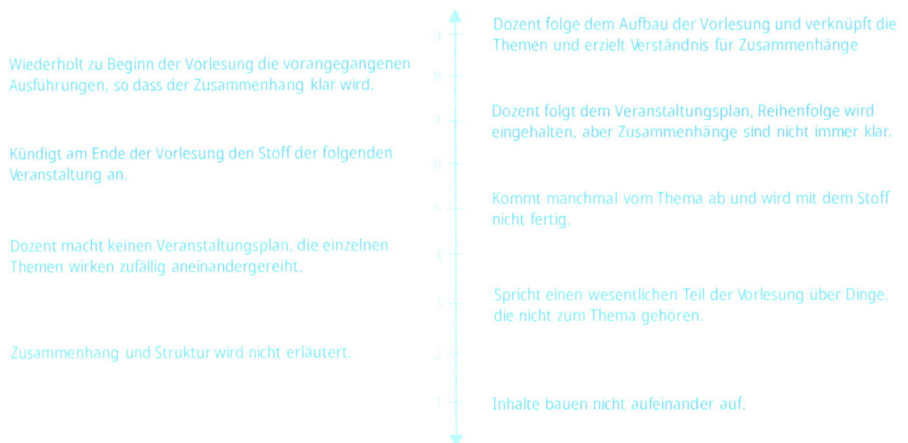

Wiederholt zu Beginn der Vorlesung die vorangegangenen Ausführungen, so dass der Zusammenhang klar wird.

Kündigt am Ende der Vorlesung den Stoff der folgenden Veranstaltung an.

Dozent macht keinen Veranstaltungsplan, die einzelnen Themen wirken zufällig aneinandergereiht.

Zusammenhang und Struktur wird nicht erläutert.

Dozent folge dem Aufbau der Vorlesung und verknüpft die Themen und erzielt Verständnis für Zusammenhänge

Dozent folgt dem Veranstaltungsplan, Reihenfolge wird eingehalten, aber Zusammenhänge sind nicht immer klar.

Kommt manchmal vom Thema ab und wird mit dem Stoff nicht fertig.

Spricht einen wesentlichen Teil der Vorlesung über Dinge, die nicht zum Thema gehören.

Inhalte bauen nicht aufeinander auf.

Abb. 9.2: Beispiel für eine Verhaltenserwartungsskala.

Reflexion 9-12: Leistungsbeurteilungsverfahren

Erläutern Sie Objektivität, Reliabilität und Validität als Gütekriterien von Leistungsbeurteilungsverfahren.

Lösungsvorschlag

Lösung: Objektivität liegt vor, wenn das Ergebnis der Leistungsbeurteilung unabhängig von der Person des Beurteilers ist (also ein neutraler Dritter das Verfahren gleich angewendet hätte und zum gleichen Ergebnis gekommen wäre). Reliabilität liegt vor, wenn eine wiederholte Beurteilung dasselbe Ergebnis erbringt (bspw. wenn der Vorgesetzte das Beurteilungsverfahren eine Woche später wieder mit demselben Ergebnis durchführen würde). Validität liegt vor, wenn das genutzte Beurteilungsverfahren tatsächlich die Leistung der Mitarbeiter misst, die für das Unternehmen relevant ist.

Reflexion 9-13: Beteiligungssysteme

Welche Chancen und Risiken bestehen für die Beschäftigten bei Beteiligungssystemen?

Lösungsvorschlag

In Marktwirtschaften tragen grundsätzlich die Unternehmer das finanzielle Risiko der unternehmerischen Tätigkeit und nicht die Arbeitnehmer. Im Gegenzug können die Gewinne vereinnahmt werden.

Durch Erfolgs- und Kapitalbeteiligung der Arbeitnehmer sollen aus Mitarbeitern „Mitunternehmer" werden und mithin soll das unternehmerische Denken und Handeln der Mitarbeiter gefördert werden. Gleichwohl trifft die Unternehmensleitung weiterhin die für den Unternehmenserfolg maßgeblichen Entscheidungen. Ist das Unternehmen nicht erfolgreich, wird dies zugleich für den Mitarbeiter (negativ) einkommenswirksam.

Reflexion 9-14: Beteiligungssysteme

Was versteht man unter dem Cafeteria-Modell der freiwilligen Zusatzleistungen?

Lösungsvorschlag

Mitarbeiter haben die Möglichkeit, zwischen verschiedenen Zusatzleistungen innerhalb eines vorgegebenen Budgets zu wählen.

Reflexion 9-15: Arbeiter und Angestellte

Zeigen Sie an einem Beispiel auf, warum die Unterscheidung zwischen Arbeitern und Angestellten in den vergangenen Jahren zunehmend schwerer geworden ist.

Lösungsvorschlag

Die klassische Unterscheidung orientierte sich an der Idee, dass Arbeitnehmer überwiegend körperlich-mechanisch tätig sind und Angestellte überwiegend geistig-gedanklich tätig werden.

Am Beispiel des CNC-Programmierers kann man erkennen, dass die Unterscheidung zunehmend schwieriger wird. So ist der CNC-Programmierer mitten in der Produktion verortet, trägt im Zweifel den klassischen „Blaumann" und ist Industriemechaniker, Zerspanungsmechaniker, Maschinenschlosser oder hat eine vergleichbare Ausbildung abgeschlossen. Diese Aufzählung wäre traditionell der Kategorie Arbeiter zuzuordnen. Doch CNC-Programmierer erstellen auch Programme für die automatisierte spanende Fertigung von Werkstücken. Dabei setzen sie Vorgaben aus technischen Zeichnungen in werkstoff- und fertigungsgerechte Funktionsfolgen von mehrachsigen, teilweise lasergesteuerten CNC-Maschine um. Diese Tätigkeiten sind überwiegend geistig-gedanklich zu vollbringen.

Reflexion 9-16: Akkord- und Prämienlohn

Warum kann Prämienlohn als Weiterentwicklung des Akkordlohns verstanden werden?

Lösungsvorschlag

Da der Akkordlohn ausschließlich die Mengenleistung honoriert, stellt der Prämienlohn eine Weiterentwicklung dar, weil neben der Mengenleistung weitere objektiv ermittelbare Bezugsgrößen die Leistungsvergütung ausmachen (wie beispielsweise Qualitätsprämien,

Ersparnisprämien, Nutzungsgradprämien oder Arbeitssicherheitsprämien). Werden ausschließlich Mengenprämien gewährt, unterscheidet er sich nicht vom Akkordlohn.

Reflexion 9-17: Auslandsentsendung

Was spricht für den Einsatz des „Heimatlandansatzes" im Rahmen der Vergütung von in das Ausland entsendeten Mitarbeitern und was für den „Gastlandansatz"?

Lösungsvorschlag

Beim Heimatlandansatz ist sichergestellt, dass den entsendeten Mitarbeiter durch den Auslandsaufenthalt keine finanziellen Nachteile entstehen. Der Mitarbeiter erhält ein Einkommen, welches er für eine vergleichbare Tätigkeit auch im Heimatland erhalten würde. Durch den vorgenommenen Kaufkraftausgleich und weiterer Zulagen ist sichergestellt, dass sein Lebensstandard dem im Heimatland entspricht. Allerdings führt dieses Verfahren dazu, dass die Entgelthöhe des Entsendeten erheblich von den Entgelthöhe der lokalen Kollegen im Einsatzland abweicht, was zu Spannungen führen kann. Dieses Problem tritt beim Gastlandansatz nicht auf, da das lokale Entgeltgefüge der Maßstab für die Entgeltfindung darstellt und dadurch die Gleichbehandlung der Delegierten mit den lokalen Kollegen sichergestellt ist. Allerdings unterscheiden sich die lokalen Entgeltstrukturen möglicherweise erheblich von denen des Heimatlandes, wodurch eventuell Mitarbeiter schwerlich für einen Auslandseinsatz zu motivieren sind.

9.4 Anwendung

Anwendungsbeispiel 9-1: Entwurf eines Entgeltsystems

Entwickeln und begründen Sie ein Entgeltsystem. Zeigen Sie auf, welche Komponenten mit welcher Zielsetzung für welche Mitarbeitergruppen eingesetzt werden.

Lösungsvorschlag

Der systematische Ansatz bei der Gestaltung von Vergütungssystemen lässt sich vor dem möglichen „Instrumentenkasten" einer betrieblichen Vergütungs- und Zusatzleistungspolitik vielfältig ausgestalten. Am Beispiel der SAP AG wird aufgezeigt, wie die konzeptionellen und theoretischen Erwägungen aus den vorherigen Kapiteln in ein Vergütungssystem in der Praxis umgesetzt werden können (vgl. hierzu und im Folgenden Oechsler/Wiskemann, 2008).

Die SAP AG stellte für die Gestaltung ihres Entgeltsystems folgende Anforderungen auf:

- **Berücksichtigung der internen Struktur:** Über das Vergütungssystem soll die unterschiedliche Wertigkeit der betrieblichen Funktionen im Hinblick auf die Wertschöpfungsprozesse abgebildet werden.

- **Marktbezogene Gehälter:** Die Vergütungshöhe und -zusammensetzung muss den Markt (im Hinblick auf Konkurrenten wie Softwarehäuser oder IT-Dienstleister) reflektieren. Dabei soll das Vergütungspaket attraktiv genug sein, leistungsstarke Mitarbeiter von anderen Unternehmen zu rekrutieren, jedoch nicht zu einer generellen Überbezahlung führen, da dies die Wettbewerbsfähigkeit des Unternehmens schmälern würde. Grundsätzlich sollen Entgelte, die über dem Marktniveau liegen, in Form variabler Vergütungsbestandteile gezahlt werden.

- **Leistungsorientierung:** Das Vergütungssystem soll flexibel (d. h. nach oben und unten) auf Leistungsschwankungen des Mitarbeiters reagieren können.

- **Positiver Beitrag zur Beschäftigungspolitik.** Durch einen möglichst hohen flexiblen Anteil an den Gehaltskosten wird es dem Unternehmen ermöglicht, diese in wirtschaftlich schwierigen Zeiten ohne Personalabbau abzusenken bzw. in wirtschaftlich guten Zeiten die Vergütungshöhe zu steigern.

Bei der Betrachtung der grundsätzlichen Vorüberlegungen fallen zwei wesentliche Zielsetzungen auf. Das Vergütungssystem soll marktorientiert und von variablen Entgeltbestandteilen geprägt sein.

Den einzigen fixen Gehaltsbestandteil stellt das Monatsgehalt im Sinne eines Grundgehalts dar. Dieser wird marktorientiert (bspw. über Benchmarks) und funktionsorientiert vergütet. Eine Anforderungsorientierung wird nicht verfolgt. Auf klassische Vergütungskomponenten wie Urlaubs- oder Weihnachtsgeld wird bei der SAP AG verzichtet. Hintergrund ist die Überlegung, diese Vergütungsbestandteile als Erfolgsbeteiligung auszuzahlen.

Der variable Anteil an der Barvergütung beträgt im Unternehmensdurchschnitt 23 %, was ungefähr 30 % des Grundgehalts entspricht. Dabei gilt, dass je mehr ein Mitarbeiter verdient, desto höher ist der variable Anteil der Vergütung (Chancen-Risiko-Anteil).

Ein wichtiges Instrument stellen so genannte Bonuspläne dar, bei denen alle Mitarbeiter ab dem Professional-Level teilnehmen. Die Zielvereinbarungspläne sind in ihrer Struktur vorgegeben (Individual-, Team- und Unternehmensziele; Mindestgewichtung einzelner Ziele, minimale und maximale Anzahl an Zielen, Zielerreichung-Entgeltrelation, Erwartungsstufen – 100 % entspricht einer vollständigen Zielerreichung des anspruchsvollen Ziels, 50 % Zielerreichung entspricht einer deutlichen Verfehlung der angestrebten Ziele), die konkrete inhaltliche Ausgestaltung wird aber zwischen Vorgesetzten und Mitarbeiter dezentral vereinbart.

Tab. 9.1: Barvergütung bei der SAP AG (vgl. Oechsler/Wiskemann, 2008, S. 18).

Baustein	Name	Fix oder variabel?	Für wen?	Hängt ab von:
Grundentgelt	Monatsgehalt	Fix	Alle Mitarbeiter	Markt
Zielvereinbarung	Bonusplan	Variabel	Mitarbeiter ab Professional-Level (ca. 95% aller Mitarbeiter)	Zielerreichung
Individuelle Leistungsvergütung	Prämie	Variabel	Alle Mitarbeiter, die nicht am Bonusplan- Programm teilnehmen	individuelle Leistung
Kollektive Leistungsvergütung	Erfolgsbeteiligung	Variabel	Alle Mitarbeiter	Unternehmenserfolg
Kapitalbeteiligung	STARs	Variabel	Alle Mitarbeiter ab gewissen Eintrittsdatum	Aktienkursentwicklung
Kapitalbeteiligung	Stock Options	Variabel	Key Performer	Aktienkursentwicklung

Das Erfolgsbeteiligungsmodell der SAP AG sieht vor, dass ein Mitarbeiter bei ganzjähriger Beschäftigung ein Monatsgehalt zusätzlich bekommt, wenn eine spezifisch für das jeweilige Geschäftsjahr definierte Zielgröße (wie bspw. das Betriebsergebnis) im Geschäftsjahr erreicht wurde. Wird das Unternehmensziel zu mehr als 100 % erreicht, dann bekommt jeder Mitarbeiter für jeden Prozentpunkt über der 100 %-Marke zusätzlich zwei Prozent mehr ausgezahlt. Ist die Erreichung des Unternehmensziels geringer als 100 %, dann bekommt der Mitarbeiter eine Auszahlung linear zur Zielerreichung, bei weniger als 75 % Zielerreichung schließlich entfällt die Erfolgsbeteiligung ganz. In einem realistischen Zielerreichungskorridor ist das Programm für die Mitarbeiter insgesamt von Vorteil (da das Programm eine höhere Chance als Risiko bietet). Gleichzeitig „atmet" die Personalkostenstruktur mit dem Unternehmenserfolg und stellt somit sicher, dass nur dann etwas ausgezahlt wird, wenn dieses auch vorher erwirtschaftet wurde.

Mit dem virtuellen Aktienoptionsprogramm STAR (Stock Appreciation Right) beteiligt das Unternehmen die Mitarbeiter an der Entwicklung des Unternehmenswertes. Die Ausgabe der sogenannten STARs erfolgt einmal jährlich und richtet sich nach dem durchschnittlichen Kurs der SAP-Aktie in einem fest definierten Bezugszeitraum.

In einer Gesamtvergütungsperspektive ergänzen sich bei SAP AG fixe und variable Barvergütungsbestandteile sowie ausgewählte Zusatzleistungen. Hervorzuheben sind Leistungen, wie bspw. Firmenwagen für Professionals nach dreijähriger Betriebszugehörigkeit oder verbilligte Baudarlehen, die Möglichkeit Sabbaticals zu nehmen oder die betriebliche Versorgung, die in Form eines Cafeteria-Ansatzes ausgestaltet ist (der Mitarbeiter kann die Aufteilung eines Budgets auf die Hinterbliebenen-, Alters- oder Berufsunfähigkeitsversorgung bedarfsgerecht wählen).

Auszahlungslinie

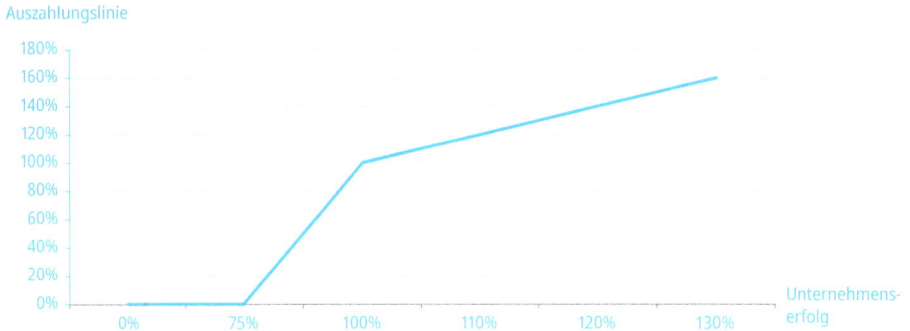

Abb. 9.3: Gestaltung der Erfolgsbeteiligung.

Standard-Modell	Vergütungskomponenten der SAP AG
Grundentgelt	Markt-und funktionsorientiertes Grundgehalt
Leistungsvergütung	Zielvereinbarungen führen zu individuellen Bonusplänen
Erfolgsbeteiligung	Erfolgsbeteiligung an der Unternehmensperformance
Kapitalbeteiligung	Virtuelle Kapitalbeteiligung: STARs (Stock Appreciation Rights)
Zusatzleistungen	Definierte Zusatzleistungen für alle Mitarbeiter Cafeteria-Modell für bestimmte Leistungen

Abb. 9.4: Gestaltungsoptionen der SAP AG.

Eine Übersicht über die Gestaltungsoptionen bei der Entgeltfindung der SAP AG findet sich in der Abbildung.

Anwendungsbeispiel 9-2: Arbeitsbewertung nach dem Stufenwertzahlverfahren

Bei einem tarifgebundenen süddeutschen Automobilzulieferer erfolgt die Grundentgeltfindung anforderungsorientiert. Der Tarifvertrag sieht ein Stufenwertzahlverfahren als Bewertungssystem von Stellen vor. Das Bewertungssystem unterscheidet mehrere Anforderungsarten mit jeweils mehreren Bewertungsstufen.

Führen Sie eine Arbeitsbewertung für eine/n Einkaufssachbearbeiter/in mit folgender Stellenbeschreibung durch:

Einholen von Angeboten (marktgängige Teile bei vorgegeben Lieferanten)

Bedarf an Teilen anhand der Meldungen der Fachbereiche zusammenstellen. Qualitätsanforderungen und Ausführung abklären. Angebote einholen und in Bezug auf Preise, Konditionen etc. vergleichen. Angebote zusammenstellen und zur Fachprüfung weiterleiten.

Durchführen von Bestellungen (marktgängige Teile bei vorgegeben Lieferanten)

Nachfolgebestellungen zu gleichen Konditionen durchführen. Bei wesentlichen Mengenänderungen Preisanpassung vorschlagen. Liefertermine überwachen, ggf. reklamieren, Men-gendifferenzen klären.

Vorbereiten von Unterlagen für größere Abschlüsse

Gemeldeten Teilebedarf auf Plausibilität prüfen, bisherige Entwicklung erfassen, bei deutlichen Veränderungen Ursachen erfragen.

Lösungsvorschlag

Der ERA-Tarifvertrag der Metall- und Elektroindustrie Nordwürttemberg-Nordbaden sieht in seinen Eingruppierungsbeispielen eine Eingruppierung in der Entgeltgruppe 7 vor:

Für das Merkmal Ausbildung werden 13 Punkte vergeben, da das Aufgabenbild eine dreijährige Berufsausbdilung, bspw. als Industriekaufmann/frau erforderlich macht. Als Erfahrung wird 1 Punkt vergeben. Das Merkmal Denken wird mit 3 Punkten bewertet, da die Aufgabendurchführung die Anwendung von standardisierten Lösungswegen erforderlich macht. Die Vorklärung von Konditionen, die Angebotsauswahl und Bestelldurchführung erfordern Handlungsspielraum bei einzelnen Teilaufgaben und wird mit 5 Punkten bewertet. Die Klärung von Abweichungen, Sonderfragen und Auffälligkeiten verlangt Abstimmung in routinemäßigen Einzelfragen und wird mit 3 Punkten beim Merkmal Kommunikation bewertet. Mitarbeiterführung ist nicht ersichtlich und wird nicht bewertet.

In der Summe ergibt sich so eine Punktzahl von 25 Punkten, was Entgeltgruppe 7 entspricht.

Anwendungsbeispiel 9-3: Arbeitsbewertung nach dem Stufenwertzahlverfahren

Bei der Unilavox GmbH, einem tarifungebundenen süddeutschen Automobilzulieferer, erfolgt die Grundentgeltfindung anforderungsorientiert. Hierzu hat das Unternehmen ein Bewertungssystem entwickelt, mit dem sämtliche Stellen unterhalb der Teamleiterebene auf Basis von Stellenbeschreibungen bewertet und einer Entgeltgruppe zugeordnet werden.

Ihnen liegt die Stellenbeschreibung für die Stelle „Sekräter/in" vor:

– Erstellen von Unterlagen (Präsentationen, Vorträge, etc.) auf Basis fachspezifischer Unterlagen. Erstellen von Schriftstücken (Briefe, Berichte, Mail, etc.) nach Vorlagen, fehlende Informationen einholen und unterschriftsreif vorlegen.

Wissen und Können

A durch Anlernen

		Punkte
A1	Kenntnisse, körperliches Können bzw. Fertigkeiten, die eine einmalige Arbeitsunterweisung und kurze Übung erfordern (Erläuterung: Anlernzeit wenige Tage).	3
A2	Kenntnisse, körperliches Können bzw. Fertigkeiten, die eine Arbeitsunterweisung und längere Übung erfordern (gemäß Tarifbeispiele i.d.R. bis zu 2 Wochen).	4
A3	Kenntnisse, körperliches Können bzw. Fertigkeiten, die eine Arbeitsunterweisung und Übung über mehrere Wochen erfordern (Erläuterung: Anlernzeit 2 - 8 Wochen).	5
A4	Kenntnisse, körperliches Können bzw. Fertigkeiten, die ein systematisches Anlernen über einen Zeitraum der Stufe A 3 hinaus erfordert, wobei das Anlernen auch die Vermittlung theoretischer Kenntnisse umfassen kann (Erläuterung: Anlernzeit 8 Wochen bis ½ Jahr).	7
A5	Kenntnisse, körperliches Können bzw. Fertigkeiten, die ein umfangreiches systematisches Anlernen über ein halbes Jahr hinaus erfordern.	9

oder

B durch Ausbildung und

		Punkte
B1	Abgeschlossene, i.d.R. **zweijährige** Berufsausbildung i.S. des BBiG.	10
B2	Abgeschlossene, i.d.R. drei- bis dreieinhalbjährige Berufsausbildung i.S. des BBiG.	13
B3	Abgeschlossene Berufsausbildung i.S. des BBiG und eine darauf aufbauende abgeschlossene, i.d.R. **einjährige** Vollzeit-Fachausbildung (z. B. Meister-Ausbildung IHK).	16
B4	Abgeschlossene Berufsausbildung i.S. des BBiG und eine darauf aufbauende abgeschlossene, i.d.R. **zweijährige** Vollzeit-Fachausbildung (z. B. staatlich geprüfter Techniker).	19
B5	Abgeschlossenes Fachhochschulstudium.	24
B6	Abgeschlossenes Universitätsstudium.	29

E ... durch Erfahrung

		Punkte
E1	bis 1 Jahr	1
E2	ab 1 Jahr bis 2 Jahre	3
E3	ab 2 Jahre bis 3 Jahre	5
E4	ab 3 Jahre bis 5 Jahre	8
E5	ab 5 Jahre	10

D Denken

		Punkte
D1	Einfache Aufgaben, die eine leicht zu erfassende Aufnahme und Verarbeitung von Informationen erfordern.	1
D2	Aufgaben, die eine schwerer zu erfassende Aufnahme und Verarbeitung von Informationen erfordern oder Aufgaben, die es erfordert, standardisierte Lösungswege anzuwenden.	3
D3	Aufgaben, die eine schwierige Erfassung und Verarbeitung von Informationen erfordern, oder Aufgaben, die es erfordern, aus bekannten Lösungsmustern zutreffende Lösungswege auszuwählen und anzuwenden.	5
D4	Umfangreiche Aufgaben, die es erfordert, bekannte Lösungsmuster zu kombinieren.	8
D5	Problemstellungen, die es erfordern, bekannte Lösungsmuster weiterzuentwickeln.	12
D6	Neuartige Problemstellungen, die es erfordern, neue Lösungsmuster zu entwickeln.	16
D7	Neue komplexe Problemstellungen, die innovatives Denken erfordern; langerfristige Entwicklungstrends sind zu berücksichtigen.	20

H Handlungsspielraum / Verantwortung

		Punkte
H1	Die Arbeitsdurchführung erfolgt nach Anweisungen.	1
H2	Die Arbeitsdurchführung erfolgt nach Anweisungen mit geringem Handlungsspielraum bei einzelnen Arbeitsverrichtungen (einzelne Arbeitsstufen innerhalb einer Teilaufgabe).	3
H3	Die Arbeitsdurchführung erfolgt nach Anweisungen mit Handlungsspielraum bei einzelnen Teilaufgaben (Teil eines Gesamtauftrages oder Arbeitsablaufes).	5
H4	Die Arbeitsdurchführung erfolgt nach Anweisungen mit Handlungsspielraum innerhalb der Arbeitsaufgabe.	7
H5	Die Arbeitsdurchführung erfolgt nach allgemeinen Anweisungen mit erweitertem Handlungsspielraum innerhalb der Arbeitsaufgabe. Alternative Handlungswege bzw. Möglichkeiten sind gegeben.	9
H6	Die Arbeitsdurchführung erfolgt nach Zielvorgaben mit Handlungsspielraum für ein Aufgabengebiet. Zur Aufgabendurchführung ist der selbstständige Einsatz bekannter Methoden und Hilfsmittel erforderlich.	11
H7	Die Arbeitsdurchführung erfolgt nach Zielvorgaben mit erweitertem Handlungsspielraum für ein komplexes Aufgabengebiet.	14
H8	Die Arbeitsdurchführung erfolgt nach allgemeinen Zielen mit weitgehendem Handlungsspielraum für ein umfangreiches Aufgabengebiet.	17

K Kommunikation

		Punkte
K1	Informationseinholung und -weitergabe zur Erledigung der Arbeitsaufgabe (z. B. Auftrag entgegennehmen und abmelden, auftretende Abweichungen melden).	1
K2	Abstimmung in routinemäßigen Einzelfragen im direkten Zusammenhang mit der Arbeitsaufgabe (z.B. auftretende Abweichungen durchsprechen und abstimmen)	3
K3	Abstimmung über routinemäßige Einzelfragen hinaus bei häufig unterschiedlichen Voraussetzungen in direktem Zusammenhang mit der Arbeitsaufgabe (z.B. auftretende Abweichungen klären).	5
K4	Abstimmung und Koordinierung im Rahmen des übertragenen Aufgabenkomplexes bei gleicher Gesamtzielsetzung. Unterschiedliche Interessenlagen treten auf.	7
K5	Interessenvertretung für den übertragenen Aufgabenkomplex gegenüber Anderen bei unterschiedlichen Zielsetzungen (z.B. Gespräche Einkäufer mit Lieferant).	10
K6	Verhandlungen von funktionsübergreifender Bedeutung mit Anderen bei unterschiedlichen Zielsetzungen.	13

F Mitarbeiterführung

		Punkte
F1	Erteilen von Anweisungen unter konstanten und überschaubaren Rahmenbedingungen und Zielen.	2
F2	Erläuterung der Ziele und Abklärung der Aufgabenstellung mit Anhörung der Mitarbeiter. Sich ändernde bedingungen und deren Auswirkung sind nach Art und Umfang überschaubar.	3
F3	Erreichung eines gemeinsamen Aufgabenverständnisses zur Zielerreichung, auch bei teilweise unterschiedlicher Interessenlage. Sich ändernde Rahmenbedingungen und deren Auswirkungen sind abschätzbar.	4
F4	Gemeinsame Entwicklung von aufgaben-/bereichsbezogenen sowie individuellen Zielen bei teilweise unterschiedlicher Interessenlage. Sich ändernde Rahmenbedingungen und deren Auswirkungen sind schwerer abschätzbar.	5
F5	Gemeinsame, auf persönliche Überzeugung der Mitarbeiter ausgerichtete Entwicklung und Ausgestaltung von aufgaben-/bereichsbezogenen sowie individuellen Zielen, bei häufig unterschiedlichen Interessenlagen, mit eigenen und/oder anderen Mitarbeitern. Sich ändernde Rahmenbedingungen und deren Auswirkungen sind schwer abschätzbar, funktions- und/oder bereichsübergreifend.	7

Punkte	6 – 6	7 – 8	9 – 11	12 – 14	15 – 18	19 – 22	23 – 26	27 – 30	31 – 34	35 – 38	39 – 42	43 – 46	47 – 50	51 – 54	55 – 58	59 – 63	64 – 96
Entgeltgruppe	EG 1	EG 2	EG 3	EG 4	EG 5	EG 6	EG 7	EG 8	EG 9	EG 10	EG 11	EG 12	EG 13	EG 14	EG 15	EG 16	EG 17

Abb. 9.5: Stufenwertzahlverfahren nach dem ERA-Tarifvertrag der M+E-Industrie in Baden-Württemberg.

- Termine mit Geschäftspartnern abestimmen, Reisen organisieren und abrechnen, interne Termine vereinbaren und verfolgen.
- Administrative Aufgaben des Fachgebiets erledigen und einfache Fachauskünfte erteilen.
- Dokumente klassifizieren und ablegen. Eingangspost sichten, Prioritäten festlegen und zur Bearbeitung vorlegen. Ausgangspost auf formale Richtigkeit und Vollständigkeit prüfen und Versand vorbereiten.

Das Bewertungssystem und die korrespondierende Punkte-Entgeltstufen-Tabelle finden Sie in der Abbildung.

Nehmen Sie eine Arbeitsbewertung für diese Stelle vor.

Tab. 9.2: Stufenwertzahlverfahren.

Merkmal	Stufe	Beschreibung	Punkte
Für die Stelle erforderliche Qualifikation	1	Anlerntätigkeit	5
	2	Abgeschlossene Berufsausbildung	10
	3	Abgeschlossenes Bachelorstudium	13
	4	Abgeschlossenes Masterstudium	15
Anforderungen an das Denken	1	Anwendung bekannter Lösungswege	5
	2	Kombination bekannter Lösungswege	8
	3	Weiterentwicklung bekannter Lösungswege	11
	4	Entwicklung neuer Lösungswege	15
Handlungsspielraum	1	Nach Anweisungen ohne Handlungsspielraum	5
	2	Nach Anweisungen mit Handlungsspielraum	8
	3	Nach Zielvorgaben für einzelne Teilaufgaben	12
	4	Nach Zielvorgaben für komplexe Aufgaben	17
Kommunikation	1	Abstimmung in routinemäßigen Einzelfragen	5
	2	Klärung vornehmen über routinemäßige Einzelfragen	7
	3	Interessenvertretung bei gleicher Gesamtzielsetzung	11
	4	Verhandlungen bei unterschiedlichen Zielsetzungen der Beteiligten	17

Lösungsvorschlag

Bewertung der für die Stelle erforderlichen Qualifikation: Die Ausführung der Assistenz- und Verwaltungsaufgaben erfordert eine Berufsausbildung (bspw. Kaufmann/-frau für Bürokommunikation). Dies entspricht einer Einstufung mit 10 Punkten.

Bewertung der Anforderungen ans Denken: Die Erfassung der Geschäftsvorgänge sowie das Erstellen von Unterlagen erfordern eine Anwendung bekannter Lösungswege. Dies entspricht einer Einstufung mit 5 Punkten.

Bewertung des Handlungsspielraums: Die Organisation des Sekretariats und die Wahrnehmung der Assistenzaufgaben erfolgen nach Anweisungen mit Handlungsspielraum für die Aufgabenerfüllung mit 8 Punkten.

Bewertung der Anforderungen an die Kommunikation: Terminabstimmung und -verfolgung sowie die Reiseorganisation erfordert die Zusammenarbeit mit internen und externen Stellen und die Vornahme von Klärungen über Einzelfragen. Dies entspricht einer Einstufung mit 7 Punkten.

Anwendungsbeispiel 9-4: Beamtenbesoldung

Finden Sie heraus, welche Vergütung der Bürgermeister Ihrer Gemeinde erhält.

Lösungsvorschlag

Die Besoldung von Bürgermeistern ist meist einzelgesetzlich geregelt und fügt sich in die Besoldungsordnung des jeweiligen Bundeslandes ein. So findet sich bei der Suche nach der Besoldung von Bürgermeistern in Baden-Württemberg bspw. das „Gesetz über die Besoldung ... der Bürgermeister". Dort ist in § 2 aufgezählt, welcher Besoldungsgruppe Bürgermeister in Abhängigkeit von der Größe der Gemeinde gewährt wird (bspw. für Gemeinden bis zu 1.000 Einwohnern A12 bzw. A13, für Gemeinden bis zu 10.000 Einwohnern A16 oder B2 oder für Gemeinden mit einer Einwohnerzahl über 500.000 Einwohnern B11.

Darüber hinaus findet sich in § 8 noch ein Hinweis über eine zusätzliche Dienstaufwandsentschädigung in Höhe von 13,5% des Grundgehalts.

Wie hoch die konkrete Monatsvergütung ist, lässt sich dann in den Besoldungstabellen des Landes nachschlagen. Ein wiedergewählter Bürgermeister einer Gemeinde mit bis zu 10.000 Einwohnern erhält demnach die Besoldungsgruppe B2, was einer Vergütung (Stand 01.07.2018) von 7.618,24 Euro entspricht. Hinzu kommt die Dienstaufwandsentschädigung von 13,5% oder 1.028,46 Euro. In der Summe ergibt das eine Monatsvergütung von 8.646,70 Euro.

9.5 Weiterführende Literaturhinweise

Newman, J. M./Gerhart, B./Milkovich, G. T.: Compensation, 12. Aufl. Boston 2017.

Martocchio, J. J.: Strategic Compensation. A Human Resource Management Approach, 9. Aufl., Hoboken 2017

Gupta, N./Conroy, S. A./Delery, J. E.: The many faces of pay variation, in: Human Resource Management Review, Jg. 22, 2012, S. 100–115.

Pink, D. H.: Drive. Was Sie wirklich motiviert, Salzburg 2009.

Die ersten beiden Empfehlungen zählen zu den Standardlehrbüchern zum Thema Entgeltmanagement.

Der Beitrag von Gupta/Contry/Delery gibt eine Übersicht hinsichtlich der Vielfalt möglicher Entgeltkomponenten und zeigt damit die Möglichkeiten einer differenzierten Entgeltgestaltung auf.

Das populärwissenschaftliche Buch „Drive" diskutiert skeptisch die Möglichkeiten der Motivierung der Mitarbeiter durch finanzielle Anreize.

http://www2.igmetall.de/homepages/era-wissen/datenbank.html

Auf der Website zum Tarifvertrag in der Metall- und Elektroindustrie Nordbaden/Nordwürttemberg finden sich weitere bewertete Stellenbeschreibungen zur Verdeutlichung, wie ein Stufenwertzahlverfahren funktioniert und angewendet wird.

10 Personalentwicklung und Arbeitsqualifikation

10.1 Schlüsselbegriffe

Schlüsselbegriffe des Kapitels 10.1:

Personalentwicklung umfasst alle Maßnahmen der Bildung, der Förderung und der Organisationsentwicklung, die durch eine Organisation zielgerichtet geplant, durchgeführt und evaluiert werden.

Im Rahmen der Personalentwicklung erfolgt die Organisation von Lernprozessen mit dem Ziel der Erhöhung der Leistungsfähigkeit der Mitarbeiter. Im Zentrum steht also das Lernen der Mitarbeiter. Lernen umfasst hierbei die Aneignung von Wissen und Fähigkeiten und führt im Ergebnis zu einem Aufbau von Verhaltensdispositionen.

Lerntheorien erklären, wie Lernen erfolgt und woraus sich Hinweise zur Ausgestaltung von Lernumgebungen ergeben.

Für behavioristische Lerntheorien manifestiert sich Lernen in veränderten Verhaltensweisen und erfolgt durch Konditionierung. Demnach wird Lernen stets durch externe Reize ausgelöst (Reiz-Reaktions-Mechanismus). Dabei sind wiederholte Reize notwendig, um die Verhaltensänderung zu stabilisieren. Zur Stabilisierung muss die Verhaltensänderungen belohnt oder bestraft) werden ("Dressurlernen").

Kognitive Lerntheorien erachten Lernen als kognitiven Prozess, in dem neue Informationen aufgenommen und in bestehendes Wissen integriert werden. Lernen erfolgt demnach durch Einsicht und auf der Grundlage bereits gemachter Erfahrungen sowie bereits erworbener Fähigkeiten.

Für konstruktivistische Lerntheorien ist Lernen ein aktiver, selbstgesteuerter Prozess des Lernenden. Es handelt sich um eine individuelle Konstruktionsleistung des Gehirns ("Wissenskonstruktion"). Äußere Eindrücke und Erfahrungen lösen höchst individuelle Interpretationen und Lernvorgänge aus, die nicht deterministisch von außen ausgelöst werden können. Demnach können Lernende nicht von außen gesteuert werden, sondern allenfalls angeregt oder irritiert werden.

Schlüsselbegriffe des Kapitels 10.2:

Um die betriebliche Personalentwicklung systematisch durchführen zu können, erfolgt in der Personalentwicklungsplanung zunächst die Bestimmung des Personalentwicklungsbedarfs. Dieser ergibt sich aus der Gegenüberstellung der Soll-Kompetenzen und den aktuellen Fähigkeitsprofilen der Mitarbeiter (Ist-Kompetenzen). Aus diesem Soll-Ist-Abgleich kann dann der Maßnahmenplan der Personalentwicklung abgeleitet werden.

https://doi.org/10.1515/9783110988611-010

Im Mittelpunkt der betrieblichen Bildung steht die Qualifizierung der Mitarbeiter. Hierdurch soll eine höchstmögliche Übereinstimmung zwischen den Fähigkeiten der Mitarbeiter und den Anforderungen der Arbeitsplätze sichergestellt werden. Als Formen der betrieblichen Bildung können die berufsvorbereitende, die berufsbegleitende und die berufsverändernde Bildung unterschieden werden.

Die berufsvorbereitende Bildung bereitet auf die erstmalige Ausübung einer bestimmten beruflichen Tätigkeit vor. Hierbei bereitet die Anlernausbildung auf Tätigkeiten vor, deren Ausübung keine formale Berufsausbildung erfordert, sondern durch Unterweisung am Arbeitsplatz erlernt werden kann (bspw. Helfertätigkeiten in der Produktion, im Lager oder in der Verwaltung). Die Berufsausbildung erfolgt in Deutschland hingegen im dualen System und endet mit einem staatlich anerkannten Berufsabschluss. Die Dualität besteht in dem Zusammenwirken der Lernorte Unternehmen und Berufsschule als eigenständige Bildungsträger. Auch das duale Studium und Traineeprogramme sind der berufsvorbereitenden Bildung zuzuordnen. Duale Studiengänge übertragen hierbei den Grundgedanken der dualen Berufsausbildung auf das akademische Hochschulstudium, indem Studium und praktische Ausbildung kombiniert werden. Traineeprogramme sind hingegen eine von Unternehmen offerierte berufliche Einstiegsoption für Hochschulabsolventen. In einem Zeitraum von sechs bis 24 Monaten durchlaufen die Trainees verschiedene Abteilungen. Durch die Mitarbeit an unterschiedlichen Arbeitsplätzen und ergänzenden Weiterbildungsveranstaltungen werden sie auf die Übernahme einer qualifizierten Funktion vorbereitet. Traineeprogramme liefern dadurch eine fundierte Entscheidungsgrundlage hinsichtlich des künftigen Einsatzgebietes nach Abschluss des Programms.

Im Unterschied zur berufsvorbereitenden Bildung ist die berufsbegleitende Bildung (Fort- und Weiterbildung) an bereits im Beruf tätige Arbeitnehmer (Berufserfahrene) adressiert. Die Anpassungsqualifizierung stellt sicher, dass die Fähigkeiten der Mitarbeiter an die sich wandelnden Stellenanforderungen angepasst bleiben, während die Aufstiegsqualifizierung Maßnahmen bezeichnet, die Mitarbeiter auf die Übernahme ranghöherer Stellen vorbereiten soll. Ergänzungsqualifizierungen weisen hingegen keinen konkreten Stellenbezug auf (bspw. Maßnahmen zur Persönlichkeitsentwicklung).

Die berufsverändernde Bildung umfasst die berufliche Umschulung sowie die berufliche Rehabilitation. Umschulungen zielen auf den Erwerb eines neuen Berufs, während die berufliche Rehabilitation die Teilhabe am Arbeitsleben nach längerer Krankheit sicherstellen soll.

Bildungsmaßnahmen können in „on the job"-Maßnahmen und in „off the job"-Maßnahmen unterschieden werden. Training on the job zielt darauf ab, Lernvorgängen durch konkrete Arbeitserfahrungen auszulösen. Es handelt sich um Methoden zur Vermittlung realer Handlungen in anwendungsorientierten Lernsituationen am Arbeitsplatz. Hierzu können Job Rotation, Job Enlargement und Job Enrichment gerechnet werden. Job Rotation ist hierbei der systematisch geplante Wechsel von Arbeitsplätzen zur fachlichen und persönlichen Weiterentwicklung. Beim Job Enlargement hingegen sollen Lernprozesse durch eine quantitative Aufgabenerweiterung ausgelöst werden. Es erfolgt eine Übernahme zusätzlicher ranggleicher, also qualitativ gleichwertiger Aufgaben. Und schließlich beinhaltet Job Enrichment die qualitative Erweiterung der Arbeitsaufgabe. Ranghöhere und mithin anspruchsvollere Aufgaben werden dem Stelleninhaber übertragen. Training off the Job umfasst lehrbasierte Bildungsmaßnahmen. Das Lernen findet außerhalb des Arbeitsplatzes statt. Beispielhafte Methoden sind Lehrvorträge, Rollenspiele, Fallstudien, Planspiele oder gruppendynamische Trainingsformen.

Im Rahmen der Evaluation des Personalentwicklungscontrollings erfolgt eine Überprüfung der Wirksamkeit der Maßnahmen der Personalentwicklung. Pädagogisch war eine Personalentwicklungsmaßnahme dann erfolgreich (pädagogische Wirksamkeit), wenn sich die Adressaten neues Wissen oder Fähigkeiten angeeignet haben (Lernerfolg) und im Arbeitsalltag einsetzen können (Transfererfolg). Ökonomische Wirksamkeit liegt vor, wenn ein positiver Return on Investment realisiert wurde.

Schlüsselbegriffe des Kapitels 10.4:

Mitarbeiterförderung („Talent Management") umfasst sämtliche Maßnahmen des Unternehmens, die auf den individuellen beruflichen Aufstieg von Mitarbeitern ausgerichtet sind. Die Adressaten des Talent Managements sind mithin die Potenzialträger, also diejenigen Mitarbeiter und Mitarbeiterinnen, denen die Übernahme einer höherrangigen Position in der Zukunft zugetraut wird. Der Gegenstandsbereich des Talent Managements ist die Karriere, also die Positions- und Stellenfolge der Beschäftigten. Im Rahmen der Mitarbeiterförderung erfolgt eine Planung der zukünftigen Stellenfolge der Talente (Potenzialträger) und die Bestimmung der hierzu erforderlichen qualifizierenden Maßnahmen.

Führungs-, Fach- und Projektlaufbahn können als unterschiedliche Karrieretypen differenziert werden. Die Führungslaufbahn entspricht der klassischen Managementlaufbahn. Der hierarchische Aufstieg (bspw. Gruppenleitung, Abteilungsleitung, Bereichsleitung oder Mitglied der Unternehmensleitung) ist verbunden mit zunehmender Personal- und Budgetverantwortung sowie steigendem Einfluss auf erfolgsrelevante betriebswirtschaftliche Entscheidungen. Beim Aufstieg innerhalb der Fachlaufbahn (bspw. Fachreferent/in, Hauptreferent/in oder Bereichsreferent/in) bleiben die Mitarbeiter ihrem jeweiligen Fachgebiet (bspw. Produktentwicklung, IT oder Rechnungswesen) treu, streben also nicht ins „General Management" und übernehmen vor allem zusätzliche fachliche Verantwortlichkeiten. Die Projektlaufbahn ist als Karrieretypus dadurch gekennzeichnet, dass die Mitarbeiter im Laufe ihrer Karriere (bspw. Leiter/in C-Projekt, Leiter/in B-Projekt, Leiter/in A-Projekt) die Leitung zunehmend größerer Projekte, also zeitlich befristete, innovative Aufgabenstellungen, die eine interdisziplinäre Zusammenarbeit erfordern, übernehmen.

Häufig eingesetzte Instrumente der Mitarbeiterförderung sind Mentoring und Coaching. In beiden Fällen vollzieht sich das Lernen innerhalb einer Dyade (Paarbeziehung): Der Mentor regt Lernvorgänge beim Mentee an, der Coach beim Coachee. Mentoring bezeichnet eine Interaktionsbeziehung, in dem eine erfahrene Person (Mentor) eine andere Person (Mentee, Protégé) in berufsbezogenen und persönlichen Fragen über einen längeren Zeitraum hinweg berät und unterstützt (insb. karrierebezogene Unterstützung). Beim Coaching handelt es sich um eine individuelle Beratung einzelner Personen hinsichtlich tätigkeitsbezogener, leistungsbezogener oder zwischenmenschlicher Fragestellungen (z. B. psychosoziale Unterstützung) durch einen psychologisch geschulten, unternehmensexternen Berater (Coach). Das Ziel des Coachings besteht in der Entwicklung individueller Lösungskompetenzen des Coachee (Hilfe zur Selbsthilfe).

Schlüsselbegriffe des Kapitels 10.5:

Auch der organisatorische Wandel löst Personalentwicklungsbedarfe aus, denen im Rahmen der Organisationsentwicklung begegnet wird. Der organisatorische Wandel wird hierbei durch unternehmensexterne Entwicklungen (Veränderungen in der politischen, rechtlichen, sozialen, technologischen oder natürlichen Unternehmensumwelt) oder unternehmensinternen Veränderungen (bspw. Strategiewechsel oder Fusionierung) ausgelöst. Nicht selten reagieren Mitarbeiter mit Widerstand gegenüber den geplanten Veränderungen, weshalb die Organisationsentwicklung auf eine umfassende Einbeziehung der Mitarbeiter (partizipativer Ansatz) beim Wandel setzt. Häufig hört man hier den Leitspruch: „Aus Betroffenen sollen Beteiligte gemacht werden".

10.2 Wissensprüfung

10.2.1 Wiederholungsfragen

Hinweise zur Lösung der folgenden Fragen finden Sie in Kap. 10.1 des Lehrbuchs.

Wiederholungsfrage 10-1
Wann hat Lernen stattgefunden?

Wiederholungsfrage 10-2
Was besagt das „Jost'sche Gesetz" des Lernens?

Wiederholungsfrage 10-3

Worin besteht lernpsychologisch der „Primäreffekt" und der „Rezenzeffekt" des Lernens?

Wiederholungsfrage 10-4

Was versteht man unter „Konditionierung"?

Wiederholungsfrage 10-5

Wie erfolgt „Modelllernen" nach A. Bandura?

Wiederholungsfrage 10-6

Inwiefern unterscheiden sich „Single-Loop-Lernen", „Double-Loop-Lernen" und Deutero-Lernen" nach Argyris/Schön?

Wiederholungsfrage 10-7

Erläutern Sie den Unterschied zwischen implizitem und explizitem Wissen nach Nonaka/Takeuchi.

Wiederholungsfrage 10-8

Nennen Sie jeweils ein Beispiel für eine fachliche Kompetenz, eine methodische Kompetenz und eine soziale Kompetenz.

Hinweise zur Lösung der folgenden Fragen finden Sie in Kap. 10.3 des Lehrbuchs.

Wiederholungsfrage 10-9

Was ist kennzeichnend für die Anlernausbildung?

Wiederholungsfrage 10-10

Worin unterscheidet sich berufsbegleitende von berufsvorbereitender Bildung?

Wiederholungsfrage 10-11

Worin unterscheidet sich berufsverändernde von berufsvorbereitender Bildung?

Wiederholungsfrage 10-12

Erläutern Sie „fachliche Einarbeitung" und „soziale Eingliederung" als Handlungsfelder der Einführung neuer Mitarbeiter.

Wiederholungsfrage 10-13

Wie heißen die vier Stufen der „fachlichen Unterweisung" als klassische Bildungsaktivität „on the job"?

Wiederholungsfrage 10-14

Erläutern Sie die Bildungsaktivität „Qualitätszirkel" als Beispiel für eine Personalentwicklungsmaßnahme „near the job".

Wiederholungsfrage 10-15

Worin besteht die Legitimationsfunktion des Bildungscontrollings?

Wiederholungsfrage 10-16

Was versteht man unter pädagogischer und was unter ökonomischer Wirksamkeit von Personalentwicklungsmaßnahmen?

Hinweise zur Lösung der folgenden Fragen finden Sie in Kap. 10.4 des Lehrbuchs.

Wiederholungsfrage 10-17

Inwiefern unterscheiden sich Mentoring und Coaching als Instrumente der Mitarbeiterförderung?

Wiederholungsfrage 10-18

Benennen Sie zwei typische Zielgruppen für Mentorenprogramme.

Wiederholungsfrage 10-19

Was ist kennzeichnend für die Versetzung als Form der Auslandsentsendung?

Wiederholungsfrage 10-20

Erläutern Sie das Konzept der „Cultural Self-Awareness" als Instrument zur Vorbereitung auf einen Auslandseinsatz.

Hinweise zur Lösung der folgenden Fragen finden Sie in Kap. 10.5 des Lehrbuchs.

Wiederholungsfrage 10-21

Was wird unter Organisationsentwicklung verstanden?

Wiederholungsfrage 10-22

Inwiefern unterscheiden sich der inkrementale vom fundamentalen organisatorischen Wandel?

10.2.2 Multiple-Choice-Fragen

Hinweise zur Lösung der folgenden Fragen finden Sie in Kap. 10 des Lehrbuchs.

MC-Frage 10-1

Welches Handlungsfeld zählt zur engen Definition der Personalentwicklung?
a) Betriebliche Bildung
b) Mitarbeiterförderung
c) Organisationsentwicklung
d) Jede der genannten Antworten a) bis c) ist zutreffend.

Hinweise zur Lösung der folgenden Fragen finden Sie in Kap. 10.1 des Lehrbuchs.

MC-Frage 10-2

Ein Kind erhält, nachdem es etwas Schlimmes getan hat, Fernsehverbot. Die Eltern wollen das Kind konditionieren durch …
a) positive Verstärkung.
b) negative Verstärkung.
c) Bestrafung 1. Art.
d) Bestrafung 2. Art.

MC-Frage 10-3

Das Jost´sche Gesetz beschreibt das Phänomen, dass …
a) das anfänglich gelernte Wissen am längsten in Erinnerung bleibt.
b) das zuletzt gelernte Wissen am längsten in Erinnerung bleibt.
c) das mittendrin gelernte Wissen am längsten in Erinnerung bleibt.
d) Keine der vorherigen Antworten ist richtig.

MC-Frage 10-4

Bei der klassischen Konditionierung löst nach abgeschlossener Konditionierung ein bedingter Reiz …
a) eine bedingte Reaktion hervor.
b) eine unbedingte Reaktion hervor.

c) keine Reaktion hervor.

d) eine neutrale Reaktion hervor.

MC-Frage 10-5

Ein Kind hat schmerzhaft gelernt, dass Feuer heiß ist und meidet seitdem heiße Gegenstände. Welcher Mechanismus wirkt hier?

a) Positive Verstärkung

b) Negative Verstärkung

c) Bestrafung 1. Art

d) Bestrafung 2. Art

MC-Frage 10-6

Behavioristische Lerntheorien untersuchen ...

a) wie sich Lernen durch Beobachtung vollzieht.

b) den Zusammenhang zwischen Lernauslöser und Lernergebnis.

c) den Lernprozess.

d) Keine der vorherigen Antworten ist richtig.

MC-Frage 10-7

Welche Formen der Konditionierung unterscheiden behavioristische Lerntheorien?

a) Klassische Konditionierung

b) Neoklassische Konditionierung

c) Inkrementelle Konditionierung

d) Keine der genannten Antworten a) bis c) ist zutreffend.

MC-Frage 10-8

Als Formen der Wissensumwandlung unterscheiden Nonaka/Takeuchi ...

a) Internalisierung.

b) Sozialisation.

c) Externalisierung.

d) Jede der genannten Antworten a) bis c) ist zutreffend.

Hinweise zur Lösung der folgenden Fragen finden Sie in Kap. 10.3 des Lehrbuchs.

MC-Frage 10-9

Instrumente der berufsvorbereitenden Bildung sind ...

a) Umschulung.

b) Berufsausbildung.

c) Qualitätszirkel.

d) Aufstiegsqualifikation.

MC-Frage 10-10

Job Enlargement ist gekennzeichnet durch ...

a) einen systemtaisch geplanten Wechsel von Arbeitsplätzen.

b) eine Anreicherung der Arbeitstätigkeit durch höherwertige Aufgaben.

c) eine Vergrößerung des Aufgabenbereichs durch das Hinzufügen gleichrangiger Aufgaben.

d) Keine der genannten Antworten a) bis c) ist zutreffend.

MC-Frage 10-11

Methoden der Personalentwicklung „off the job" sind ...

a) Stellvertretung.

b) Lehrvortrag.

c) Job Enrichtment.

d) Job representation by proxy.

MC-Frage 10-12

Welche der folgenden Bereiche zählt zu dem berufsbegleitenden Bereich?

a) Anlernen

b) Rehabilitation

c) Anpassungsqualifizierung

d) Trainee-Programm

MC-Frage 10-13

Ordnen Sie die folgende Bildungsaktivität einer übergeordneten Systematik zu: Durchführen einer Fallstudie.

a) Training into the job

b) Training on the job

c) Training off the job

d) Training near the job

MC-Frage 10-14

Ordnen Sie die folgende Bildungsaktivität einer übergeordneten Systematik zu: Übertrag von Sonderaufgaben.

a) Training into the job

b) Training on the job

c)   Training off the job
d)   Training near the job

MC-Frage 10-15

Der bisherige Arbeitsinhalt eines Mitarbeiters konzentrierte sich auf das Bohren eines Werkstücks. Als Personalentwicklungsmaßnahme wird dem Mitarbeiter nun zusätzlich auch das Fräsen des Werkstücks überantwortet. Die damit verbundene Maßnahme wird bezeichnet als

a)   Job Rotation.
b)   Job Enlargement.
c)   Job Enrichtment.
d)   Keine der vorherigen Antworten ist richtig.

MC-Frage 10-16

Eine vierwöchige Zertifikats-Seminarreihe lässt sich zuordnen als ...

a)   Fortbildung.
b)   Weiterbildung.
c)   Umschulung.
d)   Eine eindeutige Zuordnung ist nicht möglich

MC-Frage 10-17

Nach einem Englischkurs werden die Vokabelkenntnisse abgeprüft. Das Personalenwicklungscontrolling findet auf welcher Ebene statt?

a)   Zufriedenheit
b)   Kognitive Lernergebnisse
c)   Affektive Lernergebnisse
d)   Lerntransfer

MC-Frage 10-18

Nach einem Englischkurs wird die Zufriedenheit mit den Räumlichkeiten und dem Catering abgefragt. Das Personalenwicklungscontrolling findet auf welcher Ebene statt?

a)   Reaktion
b)   Lernen
c)   Kosten
d)   Ergebnisse

MC-Frage 10-19

Mehrere Wochen nach einem Englischkurs wird der Vorgesetzte des teilnehmenden Mitarbeiters befragt, ob der Kurs „etwas gebracht hat". Das Personalenwicklungscontrolling findet auf welcher Ebene statt?

a) Reaktion
b) Lernen
c) Kosten
d) Keine der genannten Antworten a) bis c) ist zutreffend.

Hinweise zur Lösung der folgenden Fragen finden Sie in Kap. 10.4 des Lehrbuchs.

MC-Frage 10-20

Welche Besetzungsstrategie wird hier beschrieben? Schlüsselpositionen in den Auslandsniederlassungen werden mit Führungskräften aus dem Land des Stammhauses besetzt.

a) Ethnozentrische Besetzungsstrategie
b) Polyzentrische Besetzungsstrategie
c) Geozentrische Besetzungsstrategie
d) Regiozentrische Besetzungsstrategie

MC-Frage 10-21

Welche Besetzungsstrategie wird hier beschrieben? Schlüsselpositionen in den Auslandsniederlassungen werden mit Führungskräften vor Ort besetzt.

a) Ethnozentrische Besetzungsstrategie
b) Polyzentrische Besetzungsstrategie
c) Geozentrische Besetzungsstrategie
d) Regiozentrische Besetzungsstrategie

MC-Frage 10-22

Welche Besetzungsstrategie wird hier beschrieben? Schlüsselpositionen in den Auslandsniederlassungen werden allein nach Qualifikation besetzt.

a) Ethnozentrische Besetzungsstrategie
b) Polyzentrische Besetzungsstrategie
c) Geozentrische Besetzungsstrategie
d) Regiozentrische Besetzungsstrategie

MC-Frage 10-23

Welche Besetzungsstrategie wird hier beschrieben? Schlüsselpositionen in den Auslandsniederlassungen werden mit Führungskräften aus einer bestimmten Region besetzt.
a) Ethnozentrische Besetzungsstrategie
b) Polyzentrische Besetzungsstrategie
c) Geozentrische Besetzungsstrategie
d) Regiozentrische Besetzungsstrategie

MC-Frage 10-24

Internationale Unternehmen mit einer ethnoszentrischen Stellenbesetzungspolitik ...
a) besetzen Schhlüsselpositionen in ihren Auslandsgesellschaften vorrangig mit einheimischen Mitarbeitern.
b) besetzen Schlüsselpositionen in ihren Auslandsgesellscahften vorrangig mit aus dem Stammhaus entsendeten Mitarbeitern.
c) lassen die Nationalität des Mitarbeiters bei der Besetzung von Schlüsselpositionen weitestgehend unbeachtet.
d) Keine der genannten Antworten a) bis c) ist zutreffend.

MC-Frage 10-25

Die langfristigste Form der Auslandsentsendung ist die ...
a) Dienstreise.
b) Abordnung.
c) Versetzung.
d) Stellvertretung.

Hinweise zur Lösung der folgenden Fragen finden Sie in Kap. 10.5 des Lehrbuchs.

MC-Frage 10-26

Nach ihrer Interventionsrichtung können folgende Veränderungsstrategien im Rahmen des organisatorischen Wandels unterschieden werden:
a) „Total Crash"-Strategie
b) „Multiple Nucleus"-Strategie
c) „Winner takes it all"-Strategie
d) „Low hanging fruits"-Strategie

Lösungen zu den Multiple-Choice-Fragen

1) a	7) a	13) c	19) d	25) c
2) d	8) d	14) d	20) a	26) b
3) a	9) b	15) b	21) b	
4) a	10) c	16) d	22) c	
5) c	11) b	17) b	23) d	
6) b	12) c	18) a	24) b	

10.3 Reflexion

Reflexion 10-1: Effekte der Personalentwicklung

Inwiefern werden die Effekte der Personalentwicklung auf das mitarbeiterseitige Lernen einerseits aus der Perspektive der konstruktivistischen Lerntheorie überschätzt und andererseits unterschätzt, wenn man Personalentwicklung als die unternehmensseitigen Maßnahmen der Organisation von Lernprozessen definiert?

Lösungsvorschlag

Aus der Perspektive der konstruktivistischen Lerntheorie kann bezweifelt werden, ob Lernvorgänge, die sich im Inneren des Mitarbeiters vollziehen, zielgerichtet von außen durch betriebliche Personalentwicklungsmaßnahmen ausgelöst werden können. In dieser Perspektive erscheint es eher unwahrscheinlich, dass sich mitarbeiterseitiges Lernen durch Unternehmen planvoll organisieren lässt.

Andererseits bleibt in diesem Verständnis der Personalentwicklung das informelle Lernen unberücksichtigt. Denn selbstverständlich wird in Unternehmen auch außerhalb formaler Personalentwicklungsmaßnahmen in Situationen gelernt, die nicht primär dem Lernen der Teilnehmer gewidmet sind (informelles Lernen). Vieles von dem, was in Unternehmen gelernt wird, findet außerhalb von Personalentwicklungsmaßnahmen statt.

Reflexion 10-2: Goldfisch-Teich-Problematik

Welche Probleme bringt es möglicherweise mit sich, wenn Arbeitgeber Hochschulabsolventen neben dem Direkteinstieg auch Traineeprogramme zum Berufseinstieg anbieten?

Lösungsvorschlag

Problembereich 1: Wie können die beiden Einstiegsoptionen, Direkteinstieg und Traineeprogramm, präzise voneinander abgegrenzt werden (hinsichtlich der Adressaten und der Ziele der beiden Varianten)?

Problembereich 2: Unrealistisch überhöhte Karriereerwartungen seitens der Trainees aufgrund Vorzugsbehandlung (z. B. hinsichtlich Mentoring, Auslandseinsatz, Fortbildung) gegenüber Direkteinsteiger.

Problembereich 3: Gefahr, dass sich die Mehrheitsgruppe der „Nicht-Trainees" (Direkteinsteiger) gegenüber den Trainees zurückgesetzt fühlt. Interpretation des Direkteinstiegs als minderwertigere Einstiegsoption („Mitarbeiter 2. Klasse").

Reflexion 10-3: Training off the job

Was versteht man unter dem Transferproblem von „Trainings off the job" und durch welche Maßnahmen kann das Transferproblem gemindert werden?

Lösungsvorschlag

Das Transferproblem entsteht, weil im Gegensatz zu „Trainings on the job" Lernort und Arbeitsplatz nicht deckungsgleich sind, weshalb es keineswegs selbstverständlich ist, das das am Lernort Gelernte auch tatsächlich am Arbeitsplatz umgesetzt werden kann (Transfer des Gelernten in den Arbeitsalltag).

Transfersichernde Maßnahmen sind beispielsweise: Festlegung der Ziele und Inhalte des Trainings im Vorfeld (unter Einbeziehung des Vorgesetzte, des Mitarbeiters und des Trainers), praxisnahe und teilnehmerbezogene Trainingsgestaltung, Thematisierung möglicher Transferhemmnisse bereits im Training, Transfergespräch zwischen Vorgesetzten und Mitarbeiter nach dem Training, Transferevaluation (z. B. Kontrollen im Tätigkeitsfeld) und Bildung von Lerngruppen („Erfa-Gruppen") im Anschluss an das Training.

Reflexion 10-4: Lern- und Transfererfolg

Wo liegen die Unterschiede zwischen dem Lern- und Transfererfolg von Bildungsmaßnahmen?

Lösungsvorschlag

Lernerfolg manifestiert sich im Wissens- und Kompetenzerwerb, während sich der Transfererfolg darin niederschlägt, inwiefern der Mitarbeiter das Gelernte am Arbeitsplatz umsetzen kann.

Reflexion 10-5: Lern- und Transfererfolg

Warum unterscheidet Kirkpatricks Modell zur Evaluation von Bildungsmaßnahmen zwischen dem Zufriedenheitserfolg und dem Lernerfolg?

Lösungsvorschlag

Der Zufriedenheitserfolg resultiert aus der Bewertung der Bildungsmaßnahme durch die Teilnehmer (im Extremfall entsteht Zufriedenheit durch das sehr gute Frühstück des Hotels, in das man für die Zeit des besuchten Seminars eingebucht war). Aus der Zufriedenheit der Teilnehmer kann jedoch nicht zwangsläufig geschlossen werden, dass die Teilnehmer auch tatsächlich etwas gelernt haben. Diese Diskrepanz kann auch in umgekehrter Richtung entstehen, sodass gleichzeitig eine geringe Teilnehmerzufriedenheit bei einem hohen Lernerfolg vorliegt.

Reflexion 10-6: Job Enlargement und Job Enrichtment

Welche Konsequenzen haben Job Enlargement und Job Enrichment auf die anforderungs-abhängige Entgeltkomponente?

Lösungsvorschlag

Die anforderungsabhängige Entgeltkomponente erfasst den Schwierigkeitsgrad einer Stelle. Dieser erhöht sich durch die Erweiterung des Aufgabengebiets durch ranggleiche Aufgaben nicht, weshalb Job Enlargement die anforderungsabhängige Entgeltkomponente unverändert lässt. Die Anreicherung des Aufgabengebiets durch ranghöhere Aufgaben, erhöht hingegen den Schwierigkeitsgrad der Stelle, weshalb Job Enrichment zu einer Erhöhung der anforderungsabhängigen Entgeltkomponente führt.

Reflexion 10-7: Potenzialmessung

Warum ist es schwieriger das Potenzial als die Leistung von Beschäftigten zu messen?

Lösungsvorschlag

Leistung wird im Nachhinein (ex post) ermittelt und bezieht sich auf das beobachtete Arbeitsverhalten und die quantifizierten Arbeitsergebnisse des Mitarbeiters. Die Potenzialbeurteilung erfolgt hingegen zukunftsbezogen (ex ante) und beinhaltet eine Vermutung über die latenten Leistungsoptionen des Mitarbeiters. Es handelt sich um eine Einschätzung, inwiefern dem Mitarbeiter zugetraut wird, eine höherrangige Position in Zukunft einzunehmen. Entsprechend hoch ist die Gefahr der Fehleinschätzung.

Reflexion 10-8: Potenzialmessung

Inwiefern zeigen die bereits seit Jahrzehnten beliebten Talentshows (bspw. „Deutschland sucht den Superstar", „Germanys next topmodel" oder „Voice of Germany") wie schwierig und fehleranfällig eine Potenzialeinschätzung ist?

Lösungsvorschlag

Die aus den Talentwettbewerben hervorgegangen Gewinner sind bislang höchst selten kommerziell erfolgreiche Popstars geworden. Und zugleich hat kaum ein kommerziell tatsächlich erfolgreicher Popstar einen ebensolchen Talentwettbewerb absolviert.

An diesem einfachen Beispiel zeigt sich, wie schnell „Potenzial" oder „Leistung" von anderen Kriterien bei der Beurteilung überlagert wird.

Reflexion 10-9: Karrierewege

Warum kann es für Unternehmen sinnvoll sein, neben der Managementlaufbahn auch eine Fachlaufbahn zu institutionalisieren?

Lösungsvorschlag

Bei einer Alternativlosigkeit der Führungslaufbahn werden karriereorientierte Fachexperten in die Führungslaufbahn gedrängt, obwohl Managementpositionen nicht ihren Fähigkeiten und Neigungen entsprechen. Unternehmen verlieren hierdurch gute Fachkräfte und gewinnen ungeeignete Führungskräfte. Dies entspricht weder den Bedarfen der Organisation noch führt dies zu Zufriedenheit bei den neu ernannten Führungskräften. Daher kann es sinnvoll sein, mehrere Optionen von Laufbahnpfaden zu institutionalieren.

10.4 Anwendung

Anwendungsbeispiel 10-1: Personalentwicklung als Bildung

Finden Sie historische und aktuelle Beispiele, wie sich die Berufsausbildung entwickelt hat.

Lösungsvorschlag

Am Beispiel der Daimler AG kann die Entwicklung der Berufsausbildung nachgezeichnet werden.

Die Lehrlingsausbildung ist beim Erfinderunternehmen des Automobils fast so alt wie das Auto selbst. Da das 1888 erfundene Automobil und viele Arbeitsschritte zur Produktion neu waren, bot es sich an, die Arbeitskräfte selbst auszubilden. Während in den Anfangsjahren das benötigte Wissen unsystematisch an die Mitarbeiter weitergegeben wurde, wuchs der Bedarf an qualifizierten Arbeitskräften während des Ersten Weltkriegs so stark an, dass sowohl die Daimler Motorengesellschaft in Stuttgart als auch Benz & Cie. in Mannheim 1916 eigene Ausbildungsabteilungen und Lehrlingswerkstätten einrichten (vgl. für die folgende historischen Ausführungen Kulturgut Mobilität, 2014).

Da es noch keine Erfahrungen und Beispiele für eine Lehrlingsausbildung gab, entwickelten beide Unternehmen ihr eigenes Ausbildungssystem. Während einer Zeit von vier Jahren wurden die Lehrlinge an verschiedenen Maschinen ausgebildet und mussten nebenher Schreib- und Zeichenarbeiten zur theoretischen Vertiefung erledigen. Im letzten Lehrjahr lernen sie unterschiedliche Abteilungen im Werk kennen, bevor sie die abschließende Gesellenprüfung ablegten. Die Vergütung orientierte sich an den steigenden Anforderungen während der Lehrzeit: Im ersten Lehrjahr sind es 6 Pfennig pro Arbeitsstunde, im vierten Jahr schon 16 Pfennig.

Die Ausbildung war streng, hierarchisch und an militärische Routinen angelehnt. In einem Ausbildungstagebuch erinnert sich ein Lehrling an seinen ersten Tag im

Abb. 10.1: „Ausbildung in der Motorenschule" der DMG 1916/18 (Mercedes-Benz Classic, 2014).

Herbst 1918: „Der Eintrittstag wickelte sich wie der erste Tag des Rekruten in der Kaserne ab. Verlesen, einteilen an den passenden Arbeitsplatz und Waschraumplatz, Aushändigung der Papiere, Anrede über Verhaltensregeln und der Eine oder Andere wurde schon am ersten Tag mit der gemütvollen Art unsanfter schwäbischer Freundlichkeit berührt." Die Lehrlinge müssen sich mühsam vom Handlanger und Botenjungen des Gesellen hocharbeiten, Toiletten putzen und nach zehn bis elf Stunden Arbeit im Werk abends im Gewerbeunterricht dem theoretischen Unterricht folgen.

Da die Bewerberzahlen anstiegen, wurden im Jahr 1920 eine Aufnahmeprüfung und ein Lehrvertrag eingeführt. Dieser sah neben den arbeitsrechtlichen Verhaltensregeln auch Bestimmungen für das Verhalten außerhalb der Arbeitszeit vor. So gab es ein Strafbuch, das die innerbetrieblichen Vergehen festhielt, für die die Lehrlinge 20 Pfennig Strafe zahlen mussten (bspw. „wegen unter der Bank liegen während der Vesperpause", „wegen unbefugtem Kartenspiel in der Mittagspause", „wegen Rauchen in der Werkstatt", „wegen zu langem Aufenthalten im Waschraum", „wegen Nichtreinigen der Bohrmaschine" und „wegen Nichtabschließen des Kleiderkastens"). Außerhalb des Werks sollten die Auszubildenden sich anständig und gesittet verhalten, Vereinen nur nach Zustimmung des Arbeitgebers beitreten und sich von politischen Veranstaltungen ganz fernhalten.

Über die Jahre wuchs die Anzahl der Lehrlinge weiter an. So betrug im Jahr des Zusammenschlusses der Benz & Cie und der Daimler Motorengesellschaft im Jahr 1926 der Anteil der Auszubildenden 4,8 Prozent der gesamten Arbeiterschaft

Nach der Regierungsübernahme durch die Nationalsozialisten wurde auch die Lehrlingsausbildung neuen Vorgaben angepasst. Neben dem Lehrziel, nationalsozialistisches Gedankengut aufzunehmen, wurden nun Ausbildungsgrundsätze wie die „Erziehung zur Pünktlichkeit und Sparsamkeit, zu Kameradschaft und Leistungswillen" priorisiert. Jeder Lehrling musste ein Werkarbeitsbuch führen, in das er die wöchentliche „Losung mit Flaggenspruch" und die in jeder Woche ausgeführten Arbeiten eintrug.

Abb. 10.2: Lehrlingsausbildung im Jahr 1940 (Mercedes-Benz Classic, 2014).

Nach dem Ende des zweiten Weltkriegs startet die Daimler-Benz AG gestaltete sich der Neuaufbau des Ausbildungswesens schwierig. 1946 wurden 330 Lehrlinge von nur zwei Lehrern unterrichtet, weil viele Lehrer vom Dienst suspendiert oder in Gefangenschaft geraten waren. 1949 wurde in Untertürkheim die neue Lehrwerkstatt fertig gestellt. Wie schon vor dem Krieg fand der Berufsschulunterricht zum Teil auf dem Werksgelände statt. 1966 betrug der Anteil der Azubis an der Gesamtbelegschaft rund 10 Prozent.

Seit Mitte der 1960er Jahre entwickelte Daimler-Benz das Ausbildungswesen in Deutschland durch Modellversuche weiter (bspw. durch die Einführung neuer Ausbildungsberufe oder durch die Einführung einer gemeinsamen Grundausbildung, allgemeiner Fachbildung und einer darauf aufbauenden Spezialisierung). Für die kaufmännische Ausbildung errichtet Daimler-Benz Ende der 1960er Jahre eine „Scheinfirma". Dort kümmerten sich die Nachwuchs-Kaufleute unter Anleitung des jeweiligen Ausbildungsleiters darum, ein Unternehmen zu führen, das es nur auf dem Papier gab, um betriebliche Zusammenhänge zu veranschaulichen.

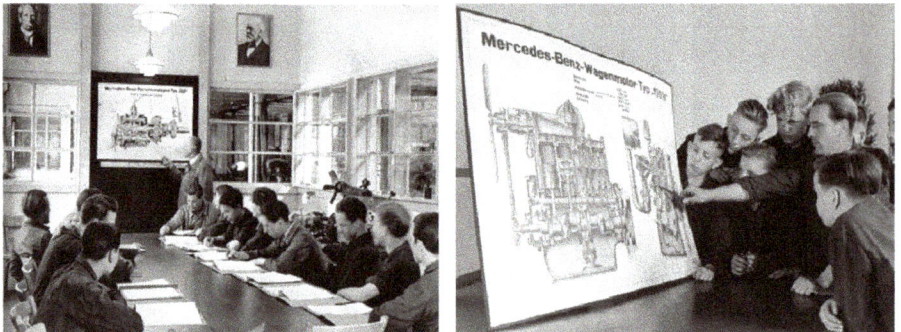

Abb. 10.3: Unterricht mit Lehrtafeln (Mercedes-Benz Classic, 2014).

Ende der 1960er- und zu Anfang der 1970er-Jahre herrschte in Deutschland eine bildungspolitische Aufbruchsstimmung. Die Hochschulen standen vor der Herausforderung, die steigende Anzahl der Studierenden bedarfsgerecht auszubilden. Gleichzeitig fürchteten Unternehmen eine sinkende Attraktivität der Berufsausbildung. Daimler engagierte sich als Antwort auf die Herausforderungen beim Auf- und Ausbau der Berufsakademien, die den Studenten ein duales Studium ermöglichten.

In den frühen Achtzigern hatte das Unternehmen eine Ausbildungsquote von 5,2 %. 45 Prozent der Auszubildenden waren dabei Kinder von Werksangehörigen. Mit mehr als 4000 neuen Azubis pro Jahr waren die Ausbildungslehrstätten in den unterschiedlichen Standorten ausgelastet.

Über die Jahre wurden neben den klassischen Ausbildungsberufen (bspw. der Fertigungsmechaniker oder Industriemechaniker) weitere Ausbildungsberufe angeboten (bspw. der Mechatroniker und Kraftfahrzeugmechatroniker). Die Daimler AG bot im Jahr 2009 eine Ausbildung in 22 technischen und 14 kaufmännischen Berufen für über 2000 neue Azubis an. Die Übernahmequote lag bei 89 Prozent.

Anwendungsbeispiel 10-2: Personalentwicklung als Förderung

Finden Sie aktuelle Beispiele, wie sich Personalentwicklung als Förderung in der aktuellen Personalpraxis gestalten kann.

Lösungsvorschlag

Am Beispiel der Daimler AG kann aufgezeigt werden, wie sich Personalentwicklung als Förderung gestaltet. Die Daimler AG verfügt über einen spezialisierten Personalbereich, der die Führungskräfteentwicklung verantwortet. Die Führungskräfteentwicklung ist dabei unterteilt in vier Hauptbereiche (Onboarding, Executive Resource Management, Internationales Transfer Management und Offboarding). Damit soll zum einen die Betreuung der oberen beiden Führungsebenen des Konzerns verantwortet und zum anderen die konzernweite Personalentwicklung gesteuert werden.

Die Führungskräfteentwicklung beginnt mit dem Onboarding. Die Rekrutierung externer Mitarbeiter soll durch eine attraktive Arbeitgebermarke erleichtert werden. Die Rekrutierung interner Mitarbeiter kann durch eine geplante Heranführung an die Aufgabe erfolgen. Während es früher über 30 verschiedene Talentprogramme gab, wurden diese durch das „CAReer"-Programm ersetzt. Neue Mitarbeiter können im Programmumfeld cross-divisional und cross-funktional das Unternehmen kennenlernen. Ergänzt werden die Einsätze durch verschiedene Off-the-job-Trainings und internationale Einsätze.

On-Boarding		Executive Resource Management	Internationales Transfer- Management			Off-Boarding
HR- Marketing	Top Talent Programme	Performance & Potential Management	Support	Integration	Re- Integration	Altersbedingter Austritt
		Nachfolgeplanung und Stellenbesetzung				
	Externes Executive Search	Entwicklungsprogramme				Outplacement

Abb. 10.4: Aufgabenbereiche der Personalförderung (vgl. Titzrath, 2013, S. 274).

Bei der Diskussion um das individuelle Entwicklungspotenzial und mögliche Entwicklungsschritte wurde ein „Leadership Evaluation and Development" (LEAD)-Prozess etabliert. Dieser Prozess koordiniert und leitet die operativen Maßnahmen, die im Zusammenhang mit der individuellen Förderung stehen (bspw. die Ergebnisse der Zielvereinbarungen, Potenzialeinschätzungen, durchgeführte Schulungen, Auslandseinsätze, Vorgesetzteneinschätzungen, ...). Die Ergebnisse des LEAD-Prozesseses bilden die Grundlage für eine Diskussion zwischen der Personalentwicklung, den Personalverantwortlichen der Divisionen und den Linienmanager jeder Division. Diese stimmen sich über die Einschätzung eines Mitarbeiter ab und dokumentieren das Ergebnis in einer „HR Development Roadmap".

Zielerreichung vs. Ziel- vereinbarung	Performance & Potenzial Ein- schätzung	Performance and Potential Validation Meeting	Feedback & Entwicklungs- diskussion	Executive Development Conference	Feedback & Umsetzung der Entwicklungs- diskussion

Abb. 10.5: Lead-Prozess (vgl. Titzrath, 2013, S. 276).

Die dort aufgeführten Vorschläge zur Nachfolgeplanung, Besetzung von Schlüsselpositionen, Nachwuchssituation und Potenzialeinschätzung werden in der jährlichen Executive Development Conference diskutiert und final festgelegt. Die gemeinsame, divsionsübergreifende Abstimmung ist deshalb notwendig, da sich die Geschäftseinheiten regional und funktional überschneiden.

Mit der übergreifenden Abstimmung werden zwei Vorteile verbunden. Zum einen steht den Nachwuchskräften ein regional und funktional größeres Angebot zur Weiterentwicklung zur Verfügung und zum anderen können die Prinzipien der Personalförderung (bspw. mit Blick auf Leitlinien, Verfahren, Kompetenzmodell und Bewertungsmaßstäbe) unternehmensweit und über Hierarchien hinweg konsistent umgesetzt werden.

Anwendungsbeispiel 10-3: Personalentwicklung als Organisationsentwicklung

Zeigen Sie auf, wie sich die Daimler AG in den vergangenen Jahrzehnten immer wieder gewandelt hat. Diskutieren Sie, ob das jeweilige Change Management als Erfolg zu werten ist.

Lösungsvorschlag

Die heutige Daimler AG war über Jahrzehnte hinweg fast ausschließlich im Fahrzeugbau tätig. Mitte der 1980er Jahre wurden durch eine Diversifikationsstrategie der damaligen Daimler-Benz AG neue Märkte wie bspw. die Luft- und Raumfahrt, die Elektronik und Mikroelektronik und Dienstleistungsbereiche gesucht. Hintergrund war die Befürchtung, dass der Automarkt gesättigt sei und Überkapazitäten vorhanden waren (vgl. hierzu und zur folgenden Darstellung der Geschichte von Daimler-Benz Vahs, 2012, S. 303 ff.)

Nach zahlreichen Übernahmen mit einem Gesamtwert von mehr als 6 Mrd. Euro (bspw. MBB, Dornier, MTU oder AEG) wurde die Daimler-Benz AG in eine geschäftsführende Holding umgewandelt, unter deren Dach vier ergebnisverantwortliche Unternehmensbereiche (Mercedes-Benz, AEG, Daimler-Benz, Aerospace und debis) vereinigt wurden. Die eigenständigen Geschäftsfelder (mit ihren zahlreichen Geschäftsbereichen) waren fortan für die operative Geschäftstätigkeit zuständig, die Holding für die strategische Ausrichtung, Koordination und Kontrolle des Gesamtunternehmens.

Die einzelnen Geschäftsfelder sollten durch Querschnittsfunktionen (Personal, Forschung, PR, ...), Querschnittskompetenzen (kombinierte Nutzung von Technologien), integrierende Geschäfte (bspw. Finanzdienstleistungen) mit der Holding (bspw. Finanz-, Bilanz und Steuerplanung) und untereinander verbunden sein.

Bereits ein Jahr später musste die vom damaligen Vorstandsvorsitzenden Edzard Reuter formulierte Organisationsstruktur aufgrund der sichtbaren Konflikte und Probleme wieder aufgegeben werden:
– Die Konzentration des Finanzmanagements in der Holding lähmte die nachgelagerten Geschäftsbereiche.
– Es kam zu Kompetenzstreitigkeiten zwischen der zentralistischen Holding und den eigenverantwortlich agierenden Geschäftsbereiche.
– Die unterschiedlichen Geschäftsfelder konnten kaum Synergieeffekte realisieren.
– Die Bürokratie und die Entscheidungsdauer nahmen zu.

Mit dem Wechsel von Reuter zu Jürgen Schrempp wurde die Vision des „Integrierten Technologiekonzerns" als gescheitert angesehen. 1997 wurden daher zahlreiche Geschäftsbereiche aufgegeben und die Änderung in den Strukturen mit einer formalen Verschmelzung der Mercedes-Benz AG zur Daimler-Benz AG abgeschlossen. Die neue Struktur sah vor, dass die vier Geschäftsfelder Personenwagen, Nutzfahrzeuge, Luft-

und Rahmfahrt (Dasa) und Dienstleistungen (debis) ihre Leiter als Mitglieder in den Gesamtvorstand entsandten. Die Querschnittsaufgaben Finanzen, Controlling, Forschung, Personal und Vertrieb wurde geschäftsfeldübergreifend organisiert.

Sowohl der Vorstand als auch der Aufsichtsrat erhofften sich nun eine längere Phase der Ruhe und kontinuierlicher Unternehmensentwicklung. Umso überraschter waren die Mitarbeiter als sie 1998 erfuhren, dass das Unternehmen mit der amerikanischen Chrysler Corporation verschmolzen werden sollte. Zielsetzung war die „Bündelung der Stärken" durch eine gemeinsame Nutzung der unterschiedlichen Produktpalette und regionalen Schwerpunkte.

	Kleinwagen	Mittelklasse	Oberklasse	Luxus-klasse	Pickup	Minivan	Gelände-wagen
Preisklasse hoch	A-Klasse	C-Klasse	E-Klasse	S-Klasse		Town & Country	Grand Cherokee / M-Klasse
Preisklasse mittel	Neon	Cirrus Stratus	Intrepid Concorde	LHS 300M	RAM	Caravan	Durango Cherokee
Preisklasse niedrig	Neon	Breeze			Dakota	Voyager	Cherokee Wrangler

Daimler | Chrysler

Abb. 10.6: Produktpalette der Fusionspartner (vgl. Schlönz, 2014, S. 39).

Die „Hochzeit im Himmel" (so Schrempps Bezeichnung der Fusion) sollte Einsparpotenziale in den Bereichen Einkauf, Forschung, Technologie und Vertriebsinfrastruktur in Höhe von erst 1,3 Mrd. Euro und kontinuierlich steigend bis 3 Mrd. Euro jährlich erbringen. Die Organisationsstruktur wurde aufgeteilt in Automotive (Mercedes-Benz, Chrysler, Jeep, Dodge, Plymouth, Freightliner, Sterling, SETRA und smart) und Non-Automotive (Luft- und Raumfahrt und Dienstleistungen). Die Unternehmensführung wurde zusammengelegt. Die Vorstände der neu entstandenen DaimlerChrysler AG sollten vom ersten Tag an die Integration vorantreiben. Projektteams wurden gebildet, die an den Lenkungskreis der Vorstände (das sog. „Chairmen's Integration Council") berichteten. Innerhalb von 24 Monaten sollten alle wichtigen Schritte abgeschlossen sein.

Der Zusammenschluss (inklusive zahlreicher personeller Neuerungen) zog sich über mehrere Jahre. Vor allem die Entwicklung einer gemeinsamen Unternehmenskultur bereitete anhaltende Probleme. Der amerikanischen Fusionspartner sah in dem einst als „merger of equals" angekündigten Zusammenschluss eine bedrohliche „germanization" ihrer ehemaligen Chrysler Corporation, die deutschen Fusionspartner kam mit der „think big"-Haltung ihrer amerikanischen Kollegen nicht klar. In der Folge sank innerhalb von drei Jahren der Unternehmenswert von ehemals 94 Mrd. Euro auf knapp die Hälfte (50 Mrd. Euro), die Rentabilität ging von 10,9 % auf 2,5 % zurück und die Bonität wurde von A + auf BBB + zurückgestuft.

Die Folgezeit war geprägt von strategischen Entscheidungen, die im Zusammenhang mit der Fusion zu sehen sind. 2004 wurde beschlossen, sich nicht an der geplanten Kapitalerhöhung der Mitsubishi Motors Corporation zu beteiligen, die Anteile an Hyundai Motor Company wurden verkauft, designierte Vorstände wurden nicht berufen und die Arbeitnehmervertreter im Aufsichtsrat lehnten aussichtsreiche Kandidaten für den Posten des Vorstandsvorsitzenden brüsk ab.

Im Jahr 2006 wurde schließlich Jürgen Schrempp von Dieter Zetsche als Vorstandsvorsitzender abgelöst. Dieser initiierte im Jahr 2006 das „Neue Managementmodell". Damit sollten strukturelle Veränderungen, Konsolidierung und Integration von Verwaltungsfunktionen und eine Verlegung der Konzernzentrale von Stuttgart-Möhringen nach Stuttgart-Untertürkheim erfolgen. Gleichzeitig wurden die Forderungen lauter, Chrysler zu verkaufen. Das Ende der „Welt AG" wurde durch ein Angebot der Private Equity-Gesellschaft Cerberus besiegelt. Cerberus zahlte 5,5 Mrd. Euro für die Übernahme Chryslers (Daimler zahlte ursprünglich 36 Mrd. US-Dollar). Die folgende Namensänderung in Daimler AG konnte die strukturellen Probleme nicht lösen (zudem wurden Proteste laut, die den Wegfall des Namenspartners Benz bedauerten). Zetsche wurde auf einer Pressekonferenz gefragt, ob Daimler „20 Jahre mit superteuren Träumereien vergeudet" habe.

Die weltweite Wirtschaftskrise im Jahr 2009 verstärkte den Druck auf das Management nochmals. Chrysler stand vor der Pleite und konnte nur durch die amerikanische Regierung und einer Fusion mit Fiat gerettet werden. Daimler unterzog sich rigider Kostensenkungsprogramme und spielte mit dem Gedanken, mit BMW zu kooperieren. Im Jahr 2010 konnte der Verlust des Vorjahrs ausgeglichen werden und die eingeleiteten strategischen Initiativen (bspw. die Modularisierung der Baugruppen) trugen zum Unternehmensgewinn 2011 bei.

Welchen Fehler machte DaimlerChrysler?

Mittlerweile gilt die Fusion von Daimler und Chrysler als Fallbeispiel, wie man Change-Projekte nicht durchführen sollte. Dabei haben beide Unternehmen vieles richtig (im Sinne der Change-Lehrbücher) gemacht.

Betrachtet man die acht Kardinalfehler bzw. Phasen, die Kotter für Change-Projekte typischerweise vorschlägt, dann erkennt man, dass auch ein durch zahlreiche Berater verstärktes und auf Kommunikation setzendes Change Management nicht vor einem Scheitern von Veränderungsprozessen bewahrt.

Woran lag es dann? Hier gibt es zwei Erklärungsstränge. Die einen betonen, dass grundsätzlich unterschiedliche Unternehmenskulturen sowie das tiefliegende Misstrauen auch nicht durch ausgefeilte Kommunikationsinstrumente und Change Management-Instrumente überwunden werden konnten. Die Daimler-Mitarbeiter sprachen den Chrysler-Kollegen ab, gute Autos bauen zu können. Sie sahen in den Amerikanern lediglich gute Showmaster, aber keine Ingenieure.

Die Amerikaner hingegen beschwerten sich über die Freudlosigkeit der deutschen Kollegen, die nur behäbig vor sich hin arbeiten. Hinzu kam die beiderseitige

Tab. 10.1: DaimlerChrysler und Kotters Phasenmodell.

Phasen	Aktivitäten
Notwendigkeit des Wandels	Die möglichen Vorteile (sich ergänzende Produktpalette, regional unterschiedlich ausgebaute Vertriebsinfrastruktur, Synergien beim Einkauf und der Entwicklung) wurden gegen die möglichen Gefahren des Nichtstuns (Marktsättigung, teurer Aufbau einer eigenen Vertriebsinfrastruktur, Abfallen gegenüber Konkurrenten aufgrund Lücken im Produktportfolio) abgegrenzt und kommuniziert.
Koalition der Mächtigen	Jeder Vorstand übernahm Integrationsprojekte, Vorstand priorisierte Integrationsmaßnahmen, die die Projektteams mit Patenschaften von mindestens zwei Vorständen abarbeiteten.
Vision und Strategie	Die Vision und die Strategie zur Umsetzung der Vision wurden definiert. Die Strategie wurde für die Change-Projekte konkretisiert.
Kommunikation	Kommunikationsplattformen für die interne Kommunikation wurden aufgebaut, auf der Integrationsverantwortliche über Ansprechpartner, Projektfortschritt und mögliche Probleme informiert wurden. Gleichzeitig wurden die Mitarbeiter durch Videos, Interviews, Briefe, Zeitungen und Broschüren mit Informationen versorgt. Zudem besuchten Vorstände jedes Werk für Frage-und-Antwort-Runden.
Hindernisse beseitigen	Für jeden Prozess wurden mindestens zwei Ansprechpartner definiert (einer in den USA, einer in Deutschland), die auf der Ebene unter dem Vorstand über Geschäftsbereiche hinweg Entscheidungen treffen konnten. Die kulturelle Integration wurde durch eine Vielzahl von Workshops, Seminaren, gegenseitigen Besuchen, Ausland- und Austauschprogramme für die Kinder von Werksangehörigen, Anleitungen, interkulturelle Weiterbildungen, Sprachkurse und vieles mehr begleitet. Die Mitarbeiter erhielten T-Shirts, Kugelschreiber und Broschüren über die Historie beider Unternehmen, um eine gemeinsame Identifikationsbasis zu schaffen.
Short Term Wins	Hierfür wurden aus allen Projekten regelmäßig Erfolgsgeschichten sowohl über unternehmenseigene Kommunikationskanäle als auch extern über Journalisten und Pressekonferenzen verbreitet.
Erfolge konsolidieren	Jedem der Projektleiter wurde verdeutlicht, dass die Projektorganisation und die damit verbundenen Ressourcen nur temporär zur Verfügung stehen. Daher hatte jeder die Aufgabe, die veränderten und implementierten Strukturen in die Linienfunktion zu überführen. Erst wenn dies nachweisbar für eine definierte Zeit als gelungen betrachtet wurde, galt der Prozess als vollständig verändert.
Verankerung	Die achte Phase konnte nicht abgeschlossen werden, da die Fusion schon bald als gescheitert galt und erste Gerüchte über eine Trennung aufkamen.

Angst, vom jeweils anderen dominiert zu werden. Daimler-Mitarbeiter fürchteten sich vor dem größeren amerikanischen Partner, Chrysler-Mitarbeiter fürchteten sich vor einer schleichenden Germanisierung und Vormachtstellung der Deutschen. Die Gräben schienen unüberwindbar.

Eine zweite Erklärung liefert die Wandelmüdigkeit der Mitarbeiter. Die Mitarbeiter hatten in den zwanzig Jahren vor der Fusion zahlreiche Umstrukturierungen, Strategiewechsel und Change-Initiativen erlebt und umgesetzt. Die Mitarbeiter erlebten, dass die jeweiligen Parameter verändert wurden, an denen erfolgreiches Arbeiten gemessen wurde (bspw. Kunden- und Mitarbeiterzufriedenheit unter Reuter, der Shareholder Value unter Schrempp sowie die Manager- und Aktionszufriedenheit unter Zetsche). Die Notwendigkeit und Zielrichtung der Veränderungen wurden mit unterschiedlichen Paradigmen und Strategien begründet, die jeweils in eine wünschenswerte und versprochene Ruhephase münden sollte. Der andauernde Wandel in den Grundpositionen und Strukturen ließ für die Organisation aber keine Ruhephasen entstehen. Als mit dem Zusammenschluss zwischen Daimler und Chrysler erneut eine Organisationsentwicklung stattfinden sollte, glaubten die Mitarbeiter nicht mehr an die kommunizierten Inhalte, Versprechungen und die Wirksamkeit der von internen und externen Change-Berater eingesetzten Instrumente. Das Veränderungspotenzial war zu diesem Zeitpunkt überstrapaziert.

Tab. 10.2: Veränderungsprozesse in Abhängigkeit der Vorstandsvorsitzenden (vgl. Scholz, 2014, S. 39).

Daimler unter ...	Edzard Reuter	Jürgen Schrempp	Dieter Zetsche
Notwendigkeit des Wandels	Herrschaft	Wettbewerb	Weisung
Zielsystem	Wohlwollender Patriarch	Wachstum	Rationalisierung
Indikator	Kunden- und Mitarbeiterzufriedenheit	Aktionärszufriedenheit	Manager- und Aktionärszufriedenheit
Change-Richtung	Vertikal	Horizontal	Top Down

Welche der beiden Erklärungsstränge zutrifft, lässt sich nicht mit Bestimmtheit sagen. Daher ist die Fusion zwischen Daimler und Chrysler weniger ein Beispiel dafür, dass ex-ante das Change Management nicht richtig durchgeführt wurde, sondern vielmehr, dass die sozialtechnologische Perspektive, die eine Beherrschbarkeit von Wandelprozessen annimmt und unterstellt, dass es die „richtige" Veränderungsstrategie und die „richtige" Auswahl von Techniken und Instrumenten gibt, an der Wirklichkeit scheitern kann.

Anwendungsbeispiel 10-4: Personalentwicklungsplanung

Sie sind Abteilungsleiterin einer regional operierenden Bank und Mitglied der fünfköpfigen Fortbildungskommission des Finanzinstituts. Neben Ihnen ist die Kommission noch durch ein Mitglied der Geschäftsführung, ein Betriebsratsmitglied, dem Personalleiter sowie einem externen Berater besetzt.

Jährlich bietet das Unternehmen Führungskräften der Gruppenleiterebene ein mehrtägiges Führungstraining an, um die Leistungen der Teilnehmer auf dem Gebiet der Mitarbeiterführung zu steigern. Aufgrund von Budgetvorgaben können in diesem Jahr drei Gruppenleiter/innen das Seminar besuchen. Die Kommission hat nunmehr die Aufgabe, diese drei Kandidaten zu benennen.

Frau Kain ist bereits sechs Jahre als Gruppenleiterin tätig und hat bereits mehrfach ihr Interesse an einem Leadershipseminar bekundet. Herr Apel ist ebenfalls bereits sechs Jahre Gruppenleiter und führt das größte Team der Bank mit 18 ihm direkt unterstellten Mitarbeitern. Er hat noch nie ein Führungstraining besucht, aber er scheint über eine angeborene Führungspersönlichkeit zu verfügen. Frau Beckert hat drei Jahre Erfahrung als Führungskraft. Ihr Team weist den höchsten Krankenstand und die höchste Fluktuationsquote im Unternehmen auf. Dies liegt ihres Erachtens an dem allseits unbeliebten und wenig karriereförderlichen Aufgabengebiet der Innenrevision, das sie verantwortet und für das sich Mitarbeiter, aus nachvollziehbaren Gründen, nur schwerlich dauerhaft begeistern lassen.

Frau Krause leitet eine Projektgruppe, die ein von der Geschäftsführung stark beachtetes Thema bearbeitet. Entsprechend werden Höchstleistungen vom Team erwartet. Der Seminarbesuch dürfte Frau Krause kaum möglich sein, da derzeit zwei Stellen in der Projektgruppe unbesetzt sind, weshalb sie auch in operativen Aufgaben stark gefordert ist.

Frau Liu und Herr Bukamelé sind die heimlichen Stars der Gruppenleiterriege. In den jährlich durchgeführten Mitarbeiterbefragungen belegen sie stets die Spitzenpositionen. Und das obwohl Frau Liu als einzige aus dem Kreis der Gruppenleiter/innen keinen Hochschulabschluss vorzuweisen hat, sondern sich hochgearbeitet hat, nachdem sie ursprünglich vor über acht Jahren als „Zeitarbeiterin" im Unternehmen begonnen hat. Herr Bukamelé hingegen ist promovierter Volkswirt, der sogleich nach seiner Hochschulassistentenzeit als Gruppenleiter eingestiegen ist.

Herr Robbinson ist erst vor vier Monaten zum Gruppenleiter befördert worden. Die sieben ihm nunmehr unterstellten Mitarbeiter waren zuvor seine ihm gleichgestellten Kollegen. Seine Vorgesetzte hat ihn bereits mehrfach darauf hingewiesen, dass sein informeller und fast freundschaftlicher Führungsstil nicht dem Stil des Hauses entspricht. So ist er beispielsweise der einzige Gruppenleiter, der seine Mitarbeiter duzt und zu abendlichen Barbeceus nach Hause einlädt. Herr Kolokowski hingegen führt seine Mitarbeiter über Einschüchterung und Angst, obwohl die Führungsgrundsätze des Unternehmens einen kooperativen Führungsstil vorsehen. Er fordert von seinen Leuten Unterordnung, Gehorsam und uneingeschränkte Loyalität. Seine Erfahrungen als Armeeoffizier bieten ihm seines Erachtens eine sehr gute Grundlage für seine bankinterne Führungskarriere.

Für welche drei Kandidaten werden Sie sich innerhalb der Fortbildungskommission aussprechen?

Lösungsvorschlag

Mit dem Seminar wird das Ziel verfolgt, die Leistung der Führungskräfte auf dem Gebiet der Mitarbeiterführung zu verbessern. Es richtet sich also primär an Führungskräfte, die Defizite auf diesem Gebiet aufweisen. Dies darf bei Frau Beckert vermutet werden (hoher Krankenstand und hohe Fluktuation). Zudem weichen die von Herrn Robbinson (zu große Mitarbeiterorientierung und Nähe zu den Mitarbeitern) und Herrn Kolokowski (Führung durch Einschüchterung und Angst) praktizierten Führungsstile vom unternehmensintern geforderten Führungsverhalten (Führungsleitlinien) ab.

Andere mögliche Begründungen (wie Größe der Leitungsspanne, Interessensbekundung, Betriebszugehörigkeit, formale Qualifikation, Aufmerksamkeit durch das Top Management etc.) sind angesichts der Zielsetzung des Seminars nicht überzeugend.

10.5 Weiterführende Literaturhinweise

Collings, D. G./Mellahi, K.: Strategic Talent Management, in: Human Resource Management Review, Heft 7, 2009, S. 304-313.

Collings und Mellahi haben einen Beitrag verfasst, der inzwischen als „Klassiker" des Themengebiets Mitarbeiterförderung gilt.

Gold, J. et al.: Human Resource Development. Theory and Practice, 2. Aufl., Basingstoke 2013.
Lefrancois, G. R.: Psychologie des Lernens, 5. Aufl., Heidelberg 2015.
Becker, M.: Personalenwicklung, 6. Aufl., Stuttgart 2013.
Sonntag, K. (Hrsg.): Personalentwicklung in Organisationen, 4. Aufl., Göttingen, 2016

Die Lehrbücher von Gold et al. und Lefrancois stellen die grundlegenden Lehrbücher zum Themengebiet Personalentwicklung und Lernen dar. Der Sammelband von Sonntag umfasst Beiträge zu sämtlichen Handlungsfeldern der Personalentwicklung.

Kirkpatrick, D. L./Kirkpatrick, J. D.: Evaluation Training Programs, 3. Aufl., San Francisco 2006.

Kirkpatrick/Kirkpatrick beleuchten das Thema Bildungscontrolling.

11 Personalanpassung und Arbeitsbeendigung

11.1 Schlüsselbegriffe

Schlüsselbegriffe des Kapitels 11.1:

Personalanpassungen werden dann notwendig, wenn die vorhandenen quantitativen und qualitativen Ressourcen nicht mit den benötigten Kapazitäten übereinstimmen.

Schlüsselbegriffe des Kapitels 11.2:

Proaktive Maßnahmen sollen dem Unternehmen die Bildung eines Flexibilitätspuffers ermöglichen, der in Zeiten wirtschaftlicher Schwächen hilft, Beschäftigungsstabilität zu gewährleisten.

Reaktive Maßnahmen können, ebenso wie proaktive Maßnahmen, dazu beitragen, den Entscheidungsspielraum und damit die Handlungsautonomie des Unternehmens in Krisenzeiten so groß wie möglich zu erhalten.

Schlüsselbegriffe des Kapitels 11.4:

Eine **Kündigung** ist eine einseitige, empfangsbedürftige Willenserklärung, die mit Zugang wirksam wird.

Der **personenbedingten Kündigung** liegt eine dem Arbeitnehmer nicht vorwerfbare Vertragsstörung zugrunde, die auf das Arbeitsverhältnis so einwirkt, dass der Zweck des Arbeitsvertrags nicht mehr erfüllt werden kann.

Die **verhaltensbedingte Kündigung** ermöglicht es dem Arbeitgeber, auf ein vertragswidriges Verhalten des Arbeitnehmers zu reagieren.

Der **betriebsbedingten Kündigung** liegt eine unternehmerische Entscheidung zugrunde, aufgrund derer der Arbeitnehmer nicht mehr vertragsgemäß eingesetzt werden kann.

Schlüsselbegriffe des Kapitels 11.5:

Wenn sich durch Betriebsänderungen Nachteile für einen großen Teil der Mitarbeiter ergeben, kann der Betriebsrat einen **Interessensausgleich** verlangen. Im Interessensausgleich wird vereinbart, wie und wann die Betriebsänderung durchgeführt werden soll.

Der **Sozialplan** ist eine Vereinbarung zwischen Arbeitgeber und Betriebsrat über den wirtschaftlichen Ausgleich entstehender Nachteile.

https://doi.org/10.1515/9783110988611-011

Transfergesellschaften sind Organisationen, in die Mitarbeiter ausgegliedert werden, die ein Unternehmen nicht mehr beschäftigen kann. Da die neu gegründete Transfergesellschaft keine Beschäftigungsmöglichkeit für die neuen Mitarbeiter hat, beantragt diese bei der Arbeitsagentur Kurzarbeitergeld (Kug). Die Arbeitsagentur unterstützt daraufhin die Mitarbeiter in der Transfergesellschaft finanziell mit dem sog. Transfer-Kug für maximal ein Jahr (je nach Fallkonstellation mit bis zu 67 % des letzten Nettoentgelts).

Schlüsselbegriffe des Kapitels 11.6:

Fluktuation bezeichnet den Fortgang eines Beschäftigten, der ersetzt werden muss. Dabei kann zwischen erwünschten (Fortgang mit Willen des Unternehmens) und unerwünschten (Fortgang gegen den Willen des Unternehmens) Fluktuation unterschieden werden.

Schlüsselpersonen sind alle Mitarbeiter, die aufgrund ihrer einzigartigen und wertvollen Fähigkeiten von besonderer Bedeutung für die Umsetzung erfolgsrelevanter Größen sind.

Als **Schlüsselpositionen** werden Stellen bezeichnet, (1) die eine besondere unternehmerische Funktion wahrnehmen oder (2) für die es einen Bedarf gibt, der sich nur schwer über den internen oder externen Arbeitsmarkt decken lässt.

11.2 Wissensprüfung

11.2.1 Wiederholungsfragen

Hinweise zur Lösung der folgenden Fragen finden Sie in Kap. 11.1 des Lehrbuchs.

Wiederholungsfrage 11-1
Welche Ursachen von Personalanpassungsmaßnahmen können unterschieden werden. Worin liegen die Unterschiede?

Hinweise zur Lösung der folgenden Fragen finden Sie in Kap. 11.2 des Lehrbuchs.

Wiederholungsfrage 11-2
Welche Beschäftigungsstrategien werden unterschieden? Wo lassen sich hier deutsche Unternehmen einordnen?

Wiederholungsfrage 11-3

Wie lassen sich sich einzelne proaktive und reaktive Maßnahmen der Personalanpassung ordnen?

Wiederholungsfrage 11-4

Wie funktioniert Gleitzeit und Kurzarbeit aus beschäftigungspolitischer Perspektive?

Hinweise zur Lösung der folgenden Fragen finden Sie in Kap. 11.3 des Lehrbuchs.

Wiederholungsfrage 11-5

Warum braucht man unterschiedliche Kriterien zur Beurteilung von Maßnahmen der Personalanpassung? Welche Kriterien können unterschieden werden?

Hinweise zur Lösung der folgenden Fragen finden Sie in Kap. 11.4 des Lehrbuchs.

Wiederholungsfrage 11-6

Was ist eine Kündigung und welche Wirksamkeitsvoraussetzung für eine Kündigung kennen Sie?

Wiederholungsfrage 11-7

Welche Voraussetzungen müssen für eine außerordentliche Kündigung vorliegen?

Wiederholungsfrage 11-8

Welche Voraussetzungen müssen für eine personen-, verhaltens- und betriebsbedingte Kündigung vorliegen?

Hinweise zur Lösung der folgenden Fragen finden Sie in Kap. 11.5 des Lehrbuchs.

Wiederholungsfrage 11-9

Wie lassen sich Interessenausgleich und Sozialplan unterscheiden?

Hinweise zur Lösung der folgenden Fragen finden Sie in Kap. 11.6 des Lehrbuchs.

Wiederholungsfrage 11-10

Welche direkten und indirekten Kosten können als Fluktuationskosten angenommen werden?

Wiederholungsfrage 11-11
Welche theoretischen Erklärungen für Kündigungsentscheidungen kennen Sie?

11.2.2 Multiple-Choice-Fragen

Hinweise zur Lösung: 11.1 Ursachen von Anpassungsmaßnahmen

MC-Frage 11-1
Welche Aussage ist im Kontext von Beschäftigungsstrategien zutreffend?
a) Wenn Schwankungen des Beschäftigungsbedarfs durch Einstellungen ausgeglichen werden, spricht man vom amerikanischen Modell.
b) Wenn Schwankungen im Beschäftigungsbedarf durch Aufstockung von Teilzeit in Vollzeitverträgen ausgeglichen werden, spricht man vom amerikanischen Modell.
c) Das Vertragsverständnis im japanischen Modell wird durch ein Austauschverhältnis beschrieben.
d) Keine der genannten Antworten a) bis c) ist zutreffend.

Hinweise zur Lösung: 11.2 Maßnahmen der Personalanpassung

MC-Frage 11-2
Welche Aussage ist im Kontext von Beschäftigungsstrategien zutreffend?
a) Die Befristung von Arbeitsverträgen zählt zu den reaktiven Maßnahmen.
b) Erfolgsbeteiligungen zählen zu den proaktiven Maßnahmen.
c) Nutzung der natürlichen Fluktuation zählt zu den proaktiven Maßnahmen.
d) Keine der genannten Antworten a) bis c) ist zutreffend.

MC-Frage 11-3
Welche Aussage ist im Kontext von Beschäftigungsstrategien zutreffend?
a) Überstundenabbau zählt zu den proaktiven Maßnahmen.
b) Das Vereinbaren von Aufhebungsverträgen zählt zu den proaktiven Maßnahmen.
c) Der Einsatz von Leiharbeitern zählt zu den reaktiven Maßnahmen.
d) Keine der genannten Antworten a) bis c) ist zutreffend.

Hinweise zur Lösung: 11.3 Kriterien zur Beurteilung von Alternativen

MC-Frage 11-4

Wenn es gelingt, die vorhandenen Überkapazitäten abzubauen, dann ist welches Kriterium zur Beurteilung von Anpassungsmaßnahmen erfüllt?

a) Zeitlicher Aspekt

b) Qualitativer Aspekt

c) Quantitativer Aspekt

d) Keine der genannten Antworten a) bis c) ist zutreffend.

MC-Frage 11-5

Die Betrachtung der Wirkung von Anpassungsmaßnahmen auf die nicht betroffenen Mitarbeiter zählt zu welchem Kriterium zur Beurteilung von Anpassungsmaßnahmen?

a) Außendarstellung

b) Qualitativer Aspekt

c) Quantitativer Aspekt

d) Keine der genannten Antworten a) bis c) ist zutreffend.

Hinweise zur Lösung: 11.5 Maßnahmen der Personalanpassung

MC-Frage 11-6

Interne Stellenbörsen zählen im Rahmen der Personalanpassung zu den

a) monetären Maßnahmen.

b) örtlichen Maßnahmen.

c) zeitlichen Maßnahmen.

d) qualitativen Maßnahmen.

MC-Frage 11-7

Der Abschluss von Aufhebungsverträgen zählt zu den

a) qualitativen Maßnahmen.

b) örtlichen Maßnahmen.

c) Maßnahmen mit Kündigung.

d) Maßnahmen ohne Kündigung.

MC-Frage 11-8

Die Durchführung von Kurzarbeit zählt im Rahmen der Personalanpassung zu den

a) örtlichen Anpassungsmaßnahmen.

b) qualitativen Maßnahmen.

c) zeitlichen Anpassungsmaßnahmen.

d) Maßnahmen mit Kündigung.

Hinweise zur Lösung: 11.4 Rechtliche Regelungen der Freisetzung

MC-Frage 11-9

Eine Abmahnung ist bei folgender Kündigungsart notwendig:

a) Personenbedingte Kündigung
b) Verhaltensbedingte Kündigung
c) Betriebsbedingte Kündigung
d) Austauschkündigung

MC-Frage 11-10

Eine krankheitsbedingte Kündigung wird welcher Kündigungsart zugerechnet?

a) Personenbedingte Kündigung
b) Verhaltensbedingte Kündigung
c) Betriebsbedingte Kündigung
d) Austauschkündigung

MC-Frage 11-11

Welche Aussage ist zutreffend?

a) Das Arbeitsgericht überprüft nicht die betriebswirtschaftliche Sinnhaftigkeit einer betriebsbedingten Kündigung.
b) Ein Betrieb, der Jahr für Jahr Rekordergebnisse erzielt, kann nicht betriebsbedingt kündigen.
c) Die Interessenabwägung bei der verhaltensbedingten Kündigung erfolgt durch die Sozialauswahl.
d) Die Interessenabwägung bei der außerordentlichen Kündigung erfolgt durch die Sozialauswahl.

MC-Frage 11-12

Welche Aussage ist zutreffend?

a) Eine Kündigung darf nur der übergeben, der auch kündigungsberechtigt ist.
b) Wenn der Arbeitgeber persönlich alle für die Kündigung relevanten Informationen (Kündigungsart, -frist, -Adressdetails, …) mündlich mitteilt, gilt die Kündigung als wirksam zugegangen.
c) Liegt ein wichtiger Grund vor (bspw. Diebstahl, Schlägerei, vorgetäuschte Krankheit), so kann auf eine Interessenabwägung im Rahmen der außerordentlichen Kündigung verzichtet werden.
d) Keine der genannten Antworten a) bis c) ist zutreffend.

MC-Frage 11-13

Welche Kündigungsart wird hier beschrieben? Die Wiederholungsgefahr einer schuldhaften Vertragsstörung steht im Zentrum der Interessensabwägung.

a) Personenbedingte Kündigung
b) Verhaltensbedingte Kündigung
c) Betriebsbedingte Kündigung
d) Austauschkündigung

MC-Frage 11-14

Fallen im Lagerbereich Arbeitsplätze auf der Ebene der Lagerhelfer weg, so …

a) kann der Arbeitgeber bestimmte Arbeitnehmer von der Sozialauswahl ausnehmen, wenn es im berechtigten Interesse des Arbeitgebers liegt, diese zu behalten.
b) muss der Arbeitgeber auch prüfen, ob es noch verfügbare Arbeitsplätze als Lagerleiter- oder Vorarbeiter gibt, die zuerst besetzt werden müssten.
c) Als Kriterium für soziale Schutzwürdigkeit kann auch "Leistungsbereitschaft" herangezogen werden.
d) Keine der genannten Antworten a) bis c) ist zutreffend.

MC-Frage 11-15

Welche der Aussagen ist zutreffend?

a) Ein direkt auf eine Sachgrundbefristung folgende Befristung ohne Sachgrund ist zulässig.
b) Folgt auf eine sachgrundlose Befristung von zwei Jahren eine Sachgrundbefristung ist dies zulässig.
c) Eine auf eine Sachgrundbefristung folgende Sachgrundbefristung ist nicht zulässig.
d) Folgt eine sachgrundlose Befristung auf eine sachgrundlose Befristung ist dies immer unzulässig.

MC-Frage 11-16

Ein Mitarbeiter wurde von 01.01. bis 31.01. sachgrundlos befristet eingestellt. Daraufhin wurde mit ihm eine Verlängerung bis 31.03. vereinbart. Dann eine Verlängerung bis 30.04. vereinbart. Welche Befristungsoptionen stehen dem Arbeitgeber nun noch zur Verfügung?

a) Keine
b) Eine weitere Befristung bis Jahresende.
c) Noch zwei Befristungen bis Ende des Jahres.
d) Noch zwei Befristungen bis Ende des nächsten Jahres.

MC-Frage 11-17

Ein Mitarbeiter wurde von 01.01.2019 bis 31.12.2019 sachgrundlos befristet eingestellt. Darauf wurde eine weitere Befristung bis 28.12.2020 vereinbart. Dann bis eine Befristung bis zum 29.12.2020 vereinbart und dann eine Befristung bis 30.12.2020. Wie ist die Situation aus der Perspektive des Befristungsrechts zu beurteilen?

a) Die Anzahl an zulässigen sachgrundlosen Befristung wurde überschritten.

b) Die zulässige Höchstbefristungsdauer wurde überschritten.

c) Da mit demselben Arbeitgeber bereits zuvor ein befristetes Arbeitsverhältnis bestanden hat (§ 14 Abs. 2 Satz 1 TzBfG) waren die Verlängerungen unzulässig.

d) Keine der genannten Antworten a) bis c) ist zutreffend.

MC-Frage 11-18

Welchen Inhalt regelt ein Interessenausgleich?

a) Während der Qualifikationsphase erhalten die betroffenen Arbeitnehmer ihr altes Entgelt weiter.

b) Mit der Arbeitsaufnahme einer geringer eingestuften Tätigkeit wird die Differenz zur alten Lohngruppe ausgeglichen.

c) Bevor Entlassungen ausgesprochen werden, werden erst Überstunden abgebaut.

d) Aufgrund eines längeren Anfahrtsweg werden an die betroffenen Arbeitnehmer 200 Euro pauschal ausgezahlt.

MC-Frage 11-19

Welchen Inhalt regelt ein Sozialplan?

a) Die Abbaumaßnahmen werden im zweiten Quartal des Folgejahres durchgeführt.

b) Die Änderung des Produktionsprozesses erfolgt in zwei Stufen.

c) Bevor Entlassungen ausgesprochen werden, werden erst Überstunden abgebaut.

d) Aufgrund eines längeren Anfahrtsweg werden an die betroffenen Arbeitnehmer 200 Euro pauschal ausgezahlt.

Hinweise zur Lösung: 11.6 Fluktuation und Mitarbeiterbindung

MC-Frage 11-20

Welcher Pfad im Pfadmodell der Fluktuation ist hier beschrieben? Beim Mitarbeiter staut sich Unzufriedenheit auf, sodass der Mitarbeiter Alternativen sucht und bei nächstbester Gelegenheit kündigt.

a) Schockinduzierter Planrealisierung

b) Schockinduzierte Impuls

c) Schockinduzierte Alternativabwägung

d) Unzufriedenheitsorientierte Alternativabwägung

MC-Frage 11-21

Welcher Pfad im Pfadmodell der Fluktuation ist hier beschrieben? Der Mitarbeiter er-fährt, dass er einen neuen Vorgesetzten bekommt, mit dem er schon in der Vergan-genheit sehr schlechte Erfahrungen gemacht hat. Daraufhin begibt er sich auf Alternativensuche und kündigt, sobald eine gute Alternative vorliegt.
a) Schockinduzierter Planrealisierung
b) Schockinduzierte Impuls
c) Schockinduzierte Alternativabwägung
d) Unzufriedenheitsorientierte Alternativabwägung

MC-Frage 11-22

Welcher Pfad im Pfadmodell der Fluktuation ist hier beschrieben? Der Mitarbeiter er-fährt, dass er einen neuen Vorgesetzten bekommt, mit dem er schon in der Vergan-genheit sehr schlechte Erfahrungen gemacht hat. Daraufhin kündigt er entschlossen und begibt sich dann auf die Alternativensuche.
a) Schockinduzierter Planrealisierung
b) Schockinduzierte Impuls
c) Schockinduzierte Alternativabwägung
d) Unzufriedenheitsorientierte Alternativabwägung

MC-Frage 11-23

Welche Bindung im Rahmen der Commitment-Theorie von Etzoni hat ein Mitarbeiter, der seinem sterbenden Vater das Versprechen gegeben hat, niemals das Unternehmen zu verlassen?
a) Kalkulative Bindung
b) Normative Bindung
c) Affektive Bindung
d) Bindung durch Zwang

MC-Frage 11-24

Welche Bindung im Rahmen der Commitment-Theorie von Etzoni hat ein Mitarbeiter, dessen Pflichtgefühl dem Unternehmen gegenüber keine Kündigung zulässt.
a) Kalkulative Bindung
b) Normative Bindung
c) Affektive Bindung
d) Bindung durch Recht

MC-Frage 11-25

Welche Bindung im Rahmen der Commitment-Theorie von Etzoni hat ein Mitarbeiter, der ein Angebot eines anderen Unternehmens ablehnt, weil sich dadurch sein Fahrtweg verlängern würde.

a) Kalkulative Bindung
b) Normative Bindung
c) Affektive Bindung
d) Bindung durch Zwang

Lösungen zu den Multiple-Choice-Fragen

1) a	6) d	11) a	16) b	21) c
2) b	7) d	12) d	17) d	22) b
3) d	8) c	13) b	18) c	23) c
4) c	9) b	14) a	19) d	24) b
5) d	10) a	15) b	20) d	25) a

11.3 Reflexion

Reflexion 11-1: Wirkung von Anpassungsmaßnahmen

Ordnen Sie in einem Diagramm mit den Achsen „Quantitative Wirkung" (Fähigkeit, Überkapazitäten abzubauen) und „Zeitliche Wirkung" (wie schnell wirken die getroffenen Maßnahmen) die reaktiven Anpassungsmaßnahmen Urlaubsgestaltung, Überstundenabbau, Einzelkündigung, Kurzarbeit, Einstellungsstopp und Massenkündigung ein.

Lösungsvorschlag

Es wäre denkbar auf der Achse „Quantitative Wirkung" Urlaubsgestaltung, Überstundenabbau, Einstellungsstopp, Einzelkündigung, Kurzarbeit und Massenkündigung aufsteigend anzuordnen.

Auf der Achse „Zeitliche Wirkung" von langsam bis sofort wirksam könnte Einstellungsstopp, Überstundenabbau, Urlaubsabbau, Kurzarbeit, Einzelkündigung, Massenkündigung aufsteigend angeordnet sein.

Reflexion 11-2: Berechnung von Kündigungsfristen

Fall 1: Ein Arbeitnehmer will sein Arbeitsverhältnis kündigen. Im Arbeitsvertrag steht hierzu, dass eine Kündigung mit einer Frist von 4 Wochen zum 15. oder zum Monatsende möglich ist. Der Arbeitnehmer kündigt am Montag, den 1. April.

Fall 2: Der Arbeitgeber will dem Arbeitgeber mit einer Frist von einem Monat zum Monatsende kündigen. Der Arbeitgeber kündigt am 1. April.

An welchem Tag wird die Kündigung in Fall 1 und Fall 2 wirksam?

Lösungsvorschlag

Kündigt der Arbeitnehmer am Montag, den 1. April, so endet die vierwöchige Frist am Montag, den 29. April um 24 Uhr. Die Kündigung wird so zum 30. April wirksam.

In Fall 2 läuft die Monatsfrist am 1. Mai ab. Da die Kündigung nur zum Monatsende möglich ist, kann die Kündigung erst zum nächsten Monatsende nach Ablauf der Frist, also zum 31. Mai wirksam werden.

Reflexion 11-3: Außerordentliche Kündigung

Der Arbeitgeber bemerkt den Diebstahl von Druckertoner durch einen seiner kürzlich eingestellten Mitarbeiter. Dies könnte eine außerordentliche Kündigung rechtfertigten. Warum darf der Arbeitgeber nur innerhalb der nächsten zwei Wochen kündigen?

Lösungsvorschlag

Die außerordentliche Kündigung muss innerhalb von zwei Wochen nach dem Eintreten eines „sachlichen Grundes" erfolgen. Damit will man verhindern, dass Vorratsgründe gesammelt werden (bspw. um eine schwere Pflichtverletzung in der Vergangenheit erst nach Jahren als Grund für eine Kündigung zu nutzen).

Reflexion 11-4: Ordentliche Kündigung

Ein Mitarbeiter wurde als „Ladenhilfe für Auffüll- und Verräumarbeiten" in einem Getränkemarkt eingestellt. Nach einiger Zeit weigert sich der Mitarbeiter aus religiösen Gründen alkoholische Getränke zu verräumen. Mehrere ergebnislose Gespräche, Aufforderungen und Belehrungen später kündigt der Arbeitgeber fristgemäß.

Welche Kündigungsart ist hier einschlägig. Prüfen Sie die Voraussetzungen.

Lösungsvorschlag

Die Kündigung könnte personenbedingt sein, da es eine erhebliche Beeinträchtigung der betrieblichen Interessen darstellt, die aber dem Arbeitnehmer nicht vorwerfbar (=schuldhaft) ist. Wenn die Weigerung des Arbeitnehmers mit fundamentalen, unüberwindbaren Glaubensüberzeugungen begründet ist, so kann das dem Arbeitnehmer nicht vorgeworfen werden.

Die Prognose fällt negativ auf, wenn der Arbeitnehmer glaubhaft versichert, dass die religiöse Überzeugung so tief ist, dass sie ihn auch in Zukunft binde.

Darüber hinaus ist eine Interessenabwägung durchzuführen. Hier müssen Ursache und Ausmaß der Störung mit Lebens- und Dienstalter, Unterhaltspflichten oder dem bisherigen Verlauf des Arbeitsverhältnisses abgewogen werden.

Bleibt noch die Frage zu klären, ob es ein milderes Mittel gibt (ultima ratio). Kann der Arbeitgeber den Mitarbeiter womöglich sinnvoll innerhalb des vertraglich vereinbarten Leistungsspektrums (bspw. das Auffüllen und Verräumen von Nicht-Alkoholika) einsetzen oder aber zu geänderten Konditionen (bspw. auf einem niedriger bezahlten Arbeitsplatz), so muss der Arbeitgeber diese Möglichkeiten ausschöpfen. Ist dies nicht möglich, so kann er personenbedingt kündigen.

Reflexion 11-5: Befristung

Ein Arbeitgeber möchte einen Arbeitnehmer befristet einstellen. Als Sachgrund führt er § 14 Abs. 1 Nr. 1 TzBfG (Vorübergehender Bedarf an Arbeitsleistung) mit der Begründung an, dass er nicht absehen kann, ob in Zukunft auch noch so viel Arbeit vorhanden sein wird, wie aktuell.

Diskutieren Sie, ob dies der Intention des Gesetzgebers entspricht.

Lösungsvorschlag

§ 14 Abs. 1 Nr. 1 kennt als einen möglichen Sachgrund den vorübergehenden Bedarf an Arbeitsleistung. Damit ist aber nicht die bloße Ungewissheit über die zukünftig kommenden oder nicht kommenden Aufträge gemeint. Diese Ungewissheit muss der Arbeitgeber als ihm zugewiesenes Arbeitgeberrisiko immer tragen.

Das TzBfG hat mit diesem Sachgrund genau den gegenteiligen Fall im Blick und erlaubt eine Sachgrundbefristung, wenn der zukünftige Bedarf zeitlich, inhaltlich und quantitativ absehbar und hinreichend bestimmt ist. Eine Projektbefristung kann in Frage kommen, wenn der Arbeitgeber im Vorfeld einen Projektplan und konkrete Planungen für die projektseitig entstehenden Mitarbeiterkapazitäten hat. Fehlen diese, wird die Befristung daran scheitern.

Ebenso könnte es möglich sein, den vorübergehenden Bedarf bei der jährlichen Inventur, die sich in den vergangenen Jahren über drei Tage erstreckt hat, festzustellen. Wenn der so befristet eingestellte Mitarbeiter zur Deckung des durch die Inventur benötigten Mehrbedarfs eingestellt und eingesetzt wird.

Reflexion 11-6: Outplacement-Beratung

Outplacement-Berater werben häufig damit, dass sie für den Arbeitgeber im Kündigungsfall die günstigere Alternative sind. Auf welche Argumente stützen sich Outplacement-Berater und warum wird die tatsächlihe Ersparnis in der Praxis dann regelmäßig doch nicht so hoch ausfallen?

Lösungsvorschlag

Durch eine mithilfe von Outplacement-Beratern geschlossene Vereinbarung mit Arbeitgeber und Arbeitnehmer kann es gelingen, die Restlaufzeiten von Arbeitsverträgen zu verkürzen, Konflikte im Trennungsfall zu verhindern und einvernehmliche Lösungen zu finden.

Allerdings werden in der Praxis auch die Arbeitnehmer eine Rechnung aufstellen, wieviel der Arbeitgeber nun durch den Outplacement-Berater eingespart hat und diesen Betrag auf seine Abfindungsforderung addieren, sodass sich für den Arbeitgeber der Einsatz eines Outplacement-Beraters als Nullsummenspiel erweisen kann.

11.4 Anwendung

Anwendungsbeispiel 11-1: Interessenausgleich und Sozialpan

In der Presse finden sich immer wieder Berichte über Umstrukturierungen, Zusammenschlüssen von Unternehmen, Standortverlagerungen oder allgemeiner Sparentscheidungen, die zu Personalanpassungen führen. Meist werden solche Anpassungen von Streiks, Kundgebungen und Unmutäußerungen durch die Belegschaft und Gewerkschaften begleitet.

Suchen Sie einen solchen Fall und stellen diesen vor.

Lösungsvorschlag

Die Heidelberger Druckmaschinen AG mit Hauptsitz in Heidelberg und weltweit rund 19.000 Mitarbeitern hat in Deutschland mehrere Standorte. Der Standort in Kiel produziert und montiert digitale Druckmaschinen und Druckvorstufen mit etwa 1.000 Arbeitnehmern (vgl. für die Falldarstellung das Urteil des BAG 1 AZR 252/06, Fundstelle NZA, 2007, S. 987 ff. und Bayreuther, 2007).

Im Oktober 2002 beschloss der Vorstand die Montage eines Produkttyps von Kiel an einen Standort in den USA und an den Hauptsitz zu verlagern. Damit war ein Wegfall von über 500 Arbeitsplätzen verbunden.

Die Unternehmensleitung unterrichtete daraufhin den Betriebsrat über die Planung zur Betriebsänderung. Die anschließende Verhandlung über einen Interessenausgleich scheiterte, sodass die einberufene Einigungsstelle eine Entscheidung herbeiführen sollte.

Die von den Betriebsräten hinzugezogene Gewerkschaft schrieb dem Unternehmen wenige Tage später, dass sie eine Regelung (zur Berechnung von Kündigungsfristen) im Manteltarifvertrag kündigen wird. Darüber hinaus forderte die Gewerkschaft auf, Verhandlungen über einen nur auf den Kieler Standort bezogenen Tarifvertrag zu führen.

Als Tarifforderung gab sie an:
- Längere Kündigungsfristen (Grundkündigungsfrist: 3 Monate zum Quartalsende zuzüglich zwei Monate für jedes Jahr der Betriebszugehörigkeit).
- Beschäftigte, die betriebsbedingt gekündigt werden, haben nach Ablauf der Kündigungsfrist Anspruch auf Qualifizierungsmaßnahmen bis zu 24 Monate unter Fortzahlung der Vergütung;
- Das Unternehmen trägt die Kosten der Qualifizierungsmaßnahmen.
- Über Art und Inhalt der Qualifizierung entscheidet eine paritätische Kommission auf der Grundlage der Aus- und Weiterbildungswünsche der Beschäftigten.
- Abfindungszahlungen in Höhe von zwei Monatsgehältern pro Beschäftigungsjahr zuzüglich einer Zahlung für Unterhaltsverpflichtung und Schwerbehinderung.
- Die Vorschriften der §§ 111 ff. BetrVG sollen davon unberührt bleiben.

Das Unternehmen lehnte die Aufnahme von Verhandlungen ab. Als Begründung gab es an, dass sie schon Verhandlungen mit dem Betriebsrat über einen Interessenausgleich und Sozialplan führe bzw. die Einigungsstelle über den Sozialplan und Interessenausgleich entscheide. Außerdem kann das Unternehmen nicht gezwungen werden auf tariflicher Ebene zu verhandeln, wenn der Gesetzgeber die Regelungen zum Abschluss eines Sozialplans und Interessenausgleichs den Betriebsparteien überantwortet hat.

Der Gesetzgeber habe die Kompetenz zur Schaffung kollektiver Regelungen für einen solchen Nachteilsausgleich den Betriebsparteien zugewiesen. Damit sollten durch einen Sozialplan und einen Interessenausgleich alle Belegschaftsmitglieder – und nicht nur der tarifgebundenen Mitarbeiter wie bei einem Tarifvertrag – erfasst werden. Ebenso schlössen sich das gesetzlich vorgesehene Einigungsstellenverfahren und die Möglichkeit eines Arbeitskampfs um gleichgerichtete Tarifforderungen gegenseitig aus. Andernfalls werde der Unternehmer von zwei Seiten „in die Zange genommen". Außerdem verletze die faktische Unmöglichkeit des Arbeitgebers zur Gegenwehr den Grundsatz der Kampfparität.

Als weiteres Argument führte das Unternehmen an, dass die Tarifforderung die Friedenspflicht verletzt. Der existierende Tarifvertrag gilt weiter, die Kündigung eines einzelnen Paragraphen sei rechtsmissbräuchlich, da dies nicht inhaltlich begründet sei, sondern nur gemacht wurde, um die Umgehung der Friedenspflicht zu ermöglichen.

Tab. 11.1: Argumente des Arbeitgebers.

Argumente des Arbeitgeber
– Es werden Verhandlungen mit dem Betriebsrat geführt, die Einigungsstelle wurde schon angerufen.
– Der Gesetzgeber wollte mit der Schaffung des 111 ff. BetrVG erreichen, dass der Sozialplan auf betrieblicher Ebene verhandelt wird (so dass alle Mitarbeiter davon erfasst werden können und nicht nur gewerkschaftlich organisierte Mitglieder).
– Das verbindliche Ergebnis der Einigungsstelle und der mögliche Tarifvertrag können sich gegenseitig ausschließen; so würde eine Konkurrenz zweier Regelungen entstehen.
– Das Unternehmen wird von zwei Seiten „in die Zange" genommen.
– Der Grundsatz der Kampfparität ist beeinträchtigt, da sich das Unternehmen nicht wehren kann.
– Verletzung der Friedenspflicht, da ein Tarifvertrag besteht; die Kündigung eines Paragraphen erfolgt missbräuchlich, da nicht die inhaltliche Auseinandersetzung mit dem Paragraphen, sondern die Umgehung der Friedenspflicht im Mittelpunkt steht.

Die Gewerkschaft rief trotzdem zum Streik auf. Das zuständige Arbeitsgericht untersagte der Gewerkschaft aber die Durchführung des Streiks auf dem Weg einer einstweiligen Verfügung. Wenige Wochen später änderte das Arbeitsgericht seine Meinung und ließ den Streik doch zu. Das Landesarbeitsgericht bestätigte die neue Sichtweise des Arbeitsgerichts.

Es folgten mehrere Wochen des Streiks, die erst mit der Einigung über einen Sozialplan beendet wurden.

Der Fall beschäftigte im weiteren Verlauf das Bundesarbeitsgericht. Das Bundesarbeitsgericht urteilte, dass Gewerkschaften grundsätzlich das Recht haben, einen Tarifsozialplan zu erstreiken. Das Urteil wurde formal begründet: Die Regelung eines Tarifsozialplans ist zunächst eine tariflich regelbare Forderung. Tariflich regelbar seien solche Ziele, die sich abstrakt auch einem Tarifvertrag zuordnen lassen. Dies sei bei den im entschiedenen Fall beabsichtigten tariflichen Abfindungsregelungen, der Dauer von Kündigungsfristen und den geforderten Qualifizierungsmaßnahmen der Fall. Das Argument, dass der Gesetzgeber Sozialpläne auf betrieblicher Ebene verhandeln lassen wollte, hat das Gericht nicht gelten lassen. Vielmehr betonte das Gericht das "freie Spiel der Kräfte". Alle Forderungen, die grundsätzlich Inhalt eines Tarifvertrags sein können, können auch erstreikt werden.

Die liberale Linie bei der Ausweitung der Arbeitskampfformen hat das Bundesarbeitsgericht in den Folgejahren beibehalten. So wurde bspw. entschieden, dass Flashmob-Aktionen als rechtmäßig angesehen werden. Der Unterschied zum klassischen, passiven Streik liegt darin, dass es sich um eine aktive Störung des Betriebsablaufs durch Dritte handelt. So rief die Gewerkschaft verdi die Öffentlichkeit dazu auf, zu einem bestimmten Zeitpunkt in einer Einkaufsfiliale die Einkaufswagen mit vielen Einkaufsartikeln zu bestücken, die Kassen zu blockieren und die Einkaufswagen dann stehen zu lassen. Alternative Streikformen wie bspw. die Störung des Internet- und Telefonverkehrs durch eine Vielzahl von E-Mails oder Anrufe wurde ebenfalls als zulässig beurteilt.

Anwendungsbeispiel 11-2: Transfergesellschaften

Die Konstruktionslogik von Transfergesellschaften scheint für alle beteiligten Akteure (Arbeitgeber, Arbeitnehmer, Staat, Betreiber von Transfergesellschaften) vorteilhaft zu sein. Die Umsetzung in der Praxis wird allerdings häufig kritisch gesehen.

Setzen Sie sich kritisch mit Transfergesellschaften auseinander. Als Ausgangspunkt kann der Bericht von Prange (2010) dienen.

Lösungsvorschlag

In der Diskussion um Transfergesellschaften gibt es sowohl positive Aspekte als auch Kritik an der Konstruktionslogik solcher Einrichtungen.

Positive Aspekte: Transfergesellschaften können den Einstieg in die Arbeitslosigkeit abfedern. Die betroffenen Angestellten verzichten auf eine Abfindung und erhalten im Gegenzug neben der Qualifizierung bis zu 67 Prozent des letzten Netto-Lohns von der Arbeitsagentur; der Arbeitgeber stockt häufig auf 80 Prozent oder sogar 100 Prozent auf. Gut organisierte Transfergesellschaften leisten ordentliche Arbeit. So kommen manche Transfergesellschaften auf eine Vermittlungsquote von 80 Prozent. Das schafft keine Arbeitsagentur.

Strukturelle Kritik: In der Praxis fordert häufig der Betriebsrat die Mitarbeiter auf, in eine Transfergesellschaft zu wechseln. Dieser vergibt dann den Auftrag, eine Transfergesellschaft zu gründen und zu betreiben an die Kollegen aus der Gewerkschaft.

Volkswirtschaftliche Kritik: Daher sind es vor allem die großen gewerkschafts- oder arbeitgebernahen Weiterbildungsinstitute, die den Markt unter sich aufteilen. Bis zu 5.000 Euro pro Kunde können Transferbetreiber vom ehemaligen Arbeitgeber und aus öffentlichen Töpfen bekommen, um Qualifizierungsprogramme einzukaufen. Bei mindestens 150.000 Betroffenen pro Jahr geht es also um ein Volumen von mindestens 750 Millionen Euro. Hinzu kommen die mehr als 200 Millionen Euro, die die Arbeitsagentur in das System pumpt.

Inhaltliche Kritik: Ein offenbar krisensicheres Geschäft. Einzige Voraussetzung, um eine Transfergesellschaft zu gründen: Arbeitgeber und Betriebsrat müssen sich einig sein und dafür einen Dritten als Träger finden. Den dürfen in der Regel die Arbeitnehmervertreter aussuchen. Dafür kommt jeder infrage, denn eine Erfolgsquote oder Mindeststandards muss kein Anbieter garantieren. So haben sich die gewerkschafts- und arbeitgebernahen Bildungsanbieter den Markt unter sich aufgeteilt: „In den meisten großen Fällen kommen die gewerkschaftsnahen Träger zum Zuge", heißt es in der Branche hinter vorgehaltener Hand. „Wenn Betriebsrat und Gewerkschaftsstelle vor Ort sich einmal einig sind, haben Private keine Chance".

Die Monopolstellung verleitet dazu, dass die Anbieter Leistungen (wie bspw. Bewerbertrainings oder Lebenslaufanalysen) abrechnen, die eigentlich zum Standardgeschäft gehören. Geld, das anschließend für die eigentliche berufliche Weiterbildung fehlt. Das ist nicht schön, aber legal. Die Kunst ist es, von dem vom Arbeitgeber, Arbeitnehmer und der Arbeitsagentur bereitgestellten Fördervolumen möglichst viel übrig zu behalten, indem sie bei der Fortbildung sparen, denn das ist schließlich der Gewinn.

Jeder Anbieter, und genau das ist das Problem, kann sich selbst überlegen, was er unter Weiterbildung versteht. Dabei reicht die Spanne von Word- und Powerpoint-Kurse für Lagerhelfer bis hin zu sinnvollen Weiterbildungen wie bspw. Berufsausbildungen, Umschulungen von Kfz-Schlossern zu Windkrafttechnikern oder die Finanzierung des LKW-Führerscheins. Ob billiger PC-Kurs oder teurer Führerschein – das entscheidet jede Gesellschaft für sich. Die Zuschüsse sind stets die gleichen.

Beispiel: In Baden-Württemberg residiert mit Mypegasus die größte der etwa 400 deutschen Transfergesellschaften in Deutschland. Der Gesellschafter ist ein enger Vertrauter des ehemaligen IG-Metall-Chefs Jürgen Peters. Als Opel Ende 2004 in Bochum 2500 Mitarbeiter in eine Transfergesellschaft überwies, war Mypegasus sofort zur Stelle. Etwa 25 Prozent der Ex-Opelaner hatten am Ende der zwölf Monate eine neue Stelle, weitere zwölf Prozent machten sich selbstständig. Damit lag Mypegasus nur knapp über der Vermittlungsquote der Bundesagentur, auch die bringt in einem Jahr etwa jeden Dritten in Arbeit.

11.5 Weiterführende Literaturhinweise

Dutz, W./Thüsing, G.: Arbeitsrecht, 23. Aufl., München 2018.
Hromadka, W./Maschmann, F.: Arbeitsrecht Band II, Kollektivarbeitsrecht + Arbeitsstreitigkeiten, 6. Aufl., Berlin/Heidelberg 2014.

Hromadka, W./Maschmann, F.: Arbeitsrecht Band I, Individualarbeitsrecht, 5. Aufl., Berlin/Heidelberg 2012.

Der Themenbereich Personalanpassung, Kündigung oder Umstrukturierung wird neben betriebs- und personalwirtschaftlichen Aspekten immer auch arbeitsrechtlich zu bewerten sein. Hier bieten die Standardlehrbücher des Arbeitsrechts einen guten Überblick und Einstieg.

Huf, S.: Fluktuation und Retention – Mitarbeiter im Unternehmen halten, in: PERSONALquarterly, Heft 4, 2012, S. 46–49.

Der Beitrag von Huf diskutiert Fluktuation aus theoretischer und empirischer Perspektive.

12 Controlling personeller Ressourcen und Ergebnisse von Arbeit

12.1 Schlüsselbegriffe

Schlüsselbegriffe des Kapitels 12.1:

Personalcontrolling ist die auf den Erfolg der Unternehmung ausgerichtete Kontrolle und Steuerung personalwirtschaftlicher Maßnahmen (vgl. Berthel, 2004).

Auf der Ebene des Kosten-Controllings erfolgt die Kontrolle und Steuerung durch eine Betrachtung der Personalkosten und Kosten für eine Personalabteilung (Kernfrage: „Was kostet uns das?").

Die Ebene des Effizienz-Controllings untersucht nicht mehr die periodenbezogenen Aufwände, sondern stellt den personalwirtschaftlichen Wertschöpfungsprozess in den Mittelpunkt. Bspw. werden die einzelnen Schritte des Rekrutierungs- oder Entwicklungsprozesses dahingehend analysiert, ob der Ressourceneinsatz bzw. der benötigte Zeitaufwand im Hinblick auf das verfolgte Ziel ressourcenoptimiert ausgestaltet ist (Kernfrage: „Machen wir das richtig?").

Die dritte Ebene des Personalcontrollings, das Effektivitäts-Controlling, untersucht einzelne Prozesse und ihre Auswirkungen für den Erfolg des Unternehmens. Dabei sollen Fragen der Notwendigkeit oder Zweckmäßigkeit personalwirtschaftlicher Aktivitäten beantwortet werden (Kernfrage: „Machen wir das Richtige?").

Schlüsselbegriffe des Kapitels 12.2:

Einzelne Instrumente und Ansätze lassen sich in übergeordnete Prinzipien zusammenführen. Marktwertorientierte Ansätze bewerten personelle Ressourcen anhand von marktseitigen Einschätzungen. Accountingorientierte Ansätze stellen darauf ab, das Humankapital über Investitionen und entsprechende Abschreibungen bilanziell zu erfassen. Dabei erfolgt die Bewertung des Humankapitals entweder nach dem Kosten- oder nach dem Wertprinzip. Indikatorenbasierte Ansätze ermitteln Kennzahlen und weisen diese entweder in einem bestimmten Index oder aggregiert zu einer neuen Kennzahl aus. Die Value Added-Ansätze interpretieren die Differenz zwischen einem Output (meist Marktwerte) und einem Input als Mehrwert, den humane Ressourcen geschaffen haben. Prozessorientierte Ansätze stellen das verfügbare Budget für Personalkosten in den Mittelpunkt der Betrachtung.

https://doi.org/10.1515/9783110988611-012

12.2 Wissensprüfung

12.2.1 Wiederholungsfragen

Hinweise zur Lösung der folgenden Fragen finden Sie in Kap. 12.1 des Lehrbuchs.

Wiederholungsfrage 12-1
Welche Funktionen werden dem Personalcontrolling zugeschrieben?

Wiederholungsfrage 12-2
Welche Ebenen des Personalcontrollings können unterschieden werden?

Hinweise zur Lösung der folgenden Fragen finden Sie in Kap. 12.2 des Lehrbuchs.

Wiederholungsfrage 12-3
Wie lassen sich marktwert-, accounting-, indikatoren-, Value-added- und prozessorientierte Ansätze unterscheiden?

Hinweise zur Lösung der folgenden Fragen finden Sie in Kap. 12.3 des Lehrbuchs.

Wiederholungsfrage 12-4
Welche konzeptionellen und praktischen Problemzuschreibungen werden dem Personalcontrolling zugeschrieben?

12.2.2 Multiple-Choice-Fragen

Hinweise zur Lösung: 12.1 Systematisierung des Personalcontrollings

MC-Frage 12-1

Es liegt eine neue Version eines Tabellenkalkulationsprogramms vor. Das Unternehmen bietet drei Schulungen hierzu an. Das Personalcontrolling erfasst den dabei entstandenen finanziellen Aufwand. Welche Untersuchungsebene des Personalcontrollings ist dieser Tätigkeit zugeordnet?

a) Kosten-Controlling

b) Effizienz-Controlling

c) Effektivitäts-Controlling

d) Die Beschreibung ist nicht den Aufgaben des Personalcontrollings zugeschrieben.

MC-Frage 12-2

Das Controlling untersucht, wie viele Tage zwischen Ausschreibung einer Stelle und Vertragsangebot an einen Kandidaten liegen. Welche Untersuchungsebene des Personalcontrollings ist dieser Tätigkeit zugeordnet?

a) Kosten-Controlling

b) Effizienz-Controlling

c) Effektivitäts-Controlling

d) Die Beschreibung ist nicht den Aufgaben des Personalcontrollings zugeschrieben.

MC-Frage 12-3

Das Controlling untersucht, wie viele neueingestellte Kandidaten in den ersten sechs Monaten ihrer Betriebszugehörigkeit kündigen („Frühfluktuation"). Welche Untersuchungsebene des Personalcontrollings ist dieser Tätigkeit zugeordnet?

a) Kosten-Controlling

b) Effizienz-Controlling

c) Effektivitäts-Controlling

d) Die Beschreibung ist nicht den Aufgaben des Personalcontrollings zugeschrieben.

MC-Frage 12-4

Das Controlling untersucht die Evaluationsergebnisse externer Dozenten auf den möglichen Lernerfolg. Welche Untersuchungsebene des Personalcontrollings ist dieser Tätigkeit zugeordnet?

a) Kosten-Controlling

b) Effizienz-Controlling

c) Effektivitäts-Controlling

d) Die Beschreibung ist nicht den Aufgaben des Personalcontrollings zugeschrieben.

Hinweise zur Lösung: 12.2 Instrumente und Ansätze des Personalcontrollings

MC-Frage 12-5

In einem Lehrbuch wird folgender Controlling-Ansatz beschrieben: „Zur Ermittlung des Humankapitals wird die Bilanzsumme vom Kaufpreis abgezogen. Dieser Wert wird durch die Anzahl der Mitarbeiter geteilt." Zu welcher Ansatzfamilie zählt dieser Ansatz?

a)   Marktwertorientierte Ansätze

b)   Accounting-orientierte Ansätze

c)   Indikatorenbasierte Ansätze

d)   Value Added-Ansätze

MC-Frage 12-6

In einem Lehrbuch wird folgender Controlling-Ansatz beschrieben: „Um den Humankapitalwert zu bestimmen, wird der Kaufpreis eines Unternehmens durch die Wiederbeschaffungskosten geteilt." Zu welcher Ansatzfamilie zählt dieser Ansatz?

a)   Marktwertorientierte Ansätze

b)   Accounting-orientierte Ansätze

c)   Indikatorenbasierte Ansätze

d)   Value Added-Ansätze

MC-Frage 12-7

In einem Lehrbuch wird folgender Controlling-Ansatz beschrieben: „Um den Humankapitalwert eines Mitarbeiters zu berechnen, werden dessen zukünftige Gehaltszahlungen auf den heutigen Zeitpunkt abgezinst." Zu welcher Ansatzfamilie zählt dieser Ansatz?

a)   Marktwertorientierte Ansätze

b)   Accounting-orientierte Ansätze

c)   Indikatorenbasierte Ansätze

d)   Value Added-Ansätze

MC-Frage 12-8

In einem Lehrbuch wird folgender Controlling-Ansatz beschrieben: Um den Humankapitalwert zu berechnen, werden die Kennzahlen der Personalstruktur, Führung und Unternehmensstruktur zu den Indizes Individuelles Kapital, Dynamisches Kapital und Strukturelles Kapital zusammengeführt, sodass sich der Humankapitalwert als gewichtetes Mittel der drei Dimensionen ablesen lässt. Zu welcher Ansatzfamilie zählt dieser Ansatz?

a)   Marktwertorientierte Ansätze

b)   Accounting-orientierte Ansätze

c)   Indikatorenbasierte Ansätze

d)   Value Added-Ansätze

Hinweise zur Lösung: 12.3 Grenzen des Personalcontrollings

MC-Frage 12-9

Im Internet finden sich Tabellen, die unterschiedliche Berufsabschlüsse finanziell bewerten. Allerdings unterscheiden sich die ermittelten Werte erheblich. Auf welches konzeptionelle Argument lassen sich die nicht vereinheitlichen Beträge zurückführen?

a) Mehrdeutigkeit
b) Unsicherheit menschlichen Handelns
c) Diffuse Wertzuschreibung
d) Soziale Komplexität

MC-Frage 12-10

Im Gegensatz zu materiellen Ressourcen erfahren humane Ressourcen durch ihren Gebrauch ggf. eine Wertsteigerung. Welches Argument wird hier beschrieben?

a) Mehrdeutigkeit
b) Unsicherheit menschlichen Handelns
c) Diffuse Wertzuschreibung
d) Soziale Komplexität

MC-Frage 12-11

Menschen handeln manchmal eigennützig, manchmal altruistisch. Welches Argument wird hier im Kontext der Grenzen des Personalcontrollings beschrieben?

a) Mehrdeutigkeit
b) Unsicherheit menschlichen Handelns
c) Diffuse Wertzuschreibung
d) Soziale Komplexität

MC-Frage 12-12

Ein Unternehmen entscheidet sich dazu, das Leistungsbeurteilungssystem des konkurrierenden Marktführers einzusetzen. Nach ein paar Monaten stellt sich heraus, dass das System bei diesem Unternehmen, obwohl deckungsgleich kopiert, nicht solche Ergebnisse zeigt, wie beim Konkurrenzunternehmen. Welches Argument wird hier im Kontext der Grenzen des Personalcontrollings beschrieben?

a) Mehrdeutigkeit
b) Unsicherheit menschlichen Handelns
c) Diffuse Wertzuschreibung
d) Soziale Komplexität

MC-Frage 12-13

Die Zielvereinbarung eines Personalreferenten sah vor, dass er den Rekrutierungs-
prozess so steuert, dass zwischen Stellenausschreibung und Vertragsangebot im
Durchschnitt nicht mehr als 70 Tage liegen sollen. Als er gegen Ende des Jahres bemerkt, dass er 50 Tagen im Jahresschnitt liegt, lässt er sich ab sofort mehr Zeit, um
nächstes Jahr nicht eine neue, viel ambitioniertere Zielvereinbarung zu erhalten. Welches Argument im Kontext der Grenzen des Personalcontrollings trifft hier zu?
a) Gaming
b) Tunnelblick
c) Manipulation
d) Illusion der Kontrolle

MC-Frage 12-14

Nachdem ein neues Kennzahlensystem konzipiert und eingeführt wurde, werden die
dafür benötigten Kennzahlen monatlich erfasst. Nach 18 Montan werden bei der Ermittlung der Kennzahlen allerdings vier Kennzahlen versehentlich nicht erfasst. Niemand
scheint dieses Versehen aufzufallen. Welches Argument im Kontext der Grenzen des
Personalcontrollings wird hier beschrieben?
a) Illusion der Kontrolle
b) funktionsloses Ritual
c) Gaming
d) Fehlinterpretation

Lösungen zu den Multiple-Choice-Fragen

1) a	4) c	7) b	10) c	13) a
2) b	5) a	8) c	11) b	14) b
3) c	6) a	9) c	12) a	

12.3 Reflexion

Reflexion 12-1: Systematisierung des Personalcontrollings

Finden Sie beispielhaft Kennzahlen, die der Ebene des Kosten-, Effizienz- und Effektivitäts-controlling zugeordnet werden können. Diskutieren Sie die jeweilige Aussagekraft.

Lösungsvorschlag

Auf der Ebene des Kosten-Controllings erfolgt die Kontrolle durch die Betrachtung von Kosten für das Personal und der Personalabteilung. Daher zählen bspw. die Erfassung der Weiterbildungskosten, der Personalaufwand für Leiharbeiter, der Aufwand für eine Stellenanzeige oder die Lohn- und Gehaltskosten der Mitarbeiter in der Personalabteilung.

Das Effizienz-Controlling stellt den personalwirtschaftlichen Wertschöpfungsprozess in den Mittelpunkt. Bspw. könnte das Effizienz-Controlling danach fragen, wie viele Tage zwischen Stellenausschreibung und erstem Vertragsangebot liegen oder wie hoch die Kosten einer internen Gehaltsabrechnung im Vergleich mit den Kosten einer Gehaltsabrechnung bei einem externen Anbieter oder der Kostenvergleich sind.

Das Effektivitäts-Controlling untersucht einzelne Prozesse und ihre Auswirkungen für den Erfolg des Unternehmens. So könnten bspw. die Effektivität verschiedener Auswahlinstrumente gemessen werden. Denkbar wäre, dass der berufliche Erfolg von Mitarbeitern (gemessen durch die Leistungsbeurteilungen nach einem, zwei und drei Jahren), die durch ein Assessment Center ausgesucht wurden, gemessen wird (im Vergleich mit Mitarbeitern, die bspw. durch ein Vorstellungsgespräch ausgesucht wurden). Auf Basis dieses Vergleichs (Auswahl durch ein Assessment Center und Auswahl durch Vorstellungsgespräche) könnten Aussagen darüber getroffen werden, welches Auswahlinstrument effektiver ist.

Reflexion 12-2: Marktwertorientierte Ansätze

Berechnen Sie marktwertorientierte Kennzahlen (wie im Lehrbuch angegeben) der BASF SE und vergleichen Sie die Werte mit denen der BASF aus dem Jahr 2010 (wie er in den Tabellen des Lehrbuchs angegeben ist).

Ist die Vervielfachung der Kennzahlen auf eine vervielfachte Verbesserung des Humankapitals, gar der Personalarbeit, zurückzuführen? Diskutieren Sie die Aussagekraft.

Lösungsvorschlag

Lag der Marktwert der BASF im Jahr 2010 noch bei 20.580.000.000 Euro, so hat er sich bis Anfang des Jahres 2018 auf 83.000.000.000 Euro vervierfacht. Der Buchwert lag 2010 bei knapp 17.000.000.000 Euro und 2018 bei 35.000.000.000 Euro. Die Anzahl der Mitarbeiter blieb nahezu unverändert.

Die Marktwert-Buchwert-Relation veränderte sich so von 1,215 auf 5,53, die Markt-wert-Buchwert-Differenz von 3,6 Mrd Euo auf 48 Mrd Euro, der HCMV von 40.000 auf 530.000 Euro.

Durch die teilweise Vervielfachung der Ausgangswerte fällt es schwer zu glauben, dass die Veränderungen alleine mit dem Anstieg des Humankapitals zu erklären sind. Vergleicht man die Entwicklung des DAX im gleichen Zeitraum, dann fällt auf, dass sich die Kurse auf breiter Basis ähnlich entwickelt haben, mithin also eher allgemeine Marktentwicklungen statt unternehmensspezifische Steigerungen des Humankapitals Auslöser der Entwicklung sein könnten.

12.4 Anwendung

Anwendungsbeispiel 12-1: Entwurf eines Kennzahlensystems

Entwickeln und begründen Sie ein Kennzahlensystem. Zeigen Sie auf, wie Sie von unternehmensstrate-gischen Zielen über personalstrategischen Zielen zu einzelnen Kennzahlen kommen.

Lösungsvorschlag

Die Organisation (Strukturen, Prozesse, Aufgabenbereiche) des Personalbereichs der ABB AG stand vor einer grundlegenden Neuausrichtung. Ein erklärtes Ziel der Umstruk-turierung war die Zentralisierung personalwirtschaftlicher Aktivitäten der bisher de-zentralen Geschäftseinheiten, um so die einzelnen Wertbeiträge des Personalbereichs zusammenzuführen und strategieadäquat ausrichten zu können.

Mit der Zentralisierung ergab sich dabei das Problem, dass die bisher auf dezen-traler Ebene verfolgten HR-Steuerungsinstrumente nicht zueinander passten, bspw., weil entweder gänzlich unterschiedliche Kennzahlen erhoben wurden oder weil die Kennzahlen unterschiedlichen Bemessungs- und Bewertungsregeln folgten.

Dies wurde zum Anlass genommen, ein einheitliches Kennzahlensystem zu entwi-ckeln, dass folgende Anforderungen erfüllt:
- die Datenbasis und Berechnungsregeln sollte einheitlich definiert sein,
- die Kennzahlen sollten eine Steuerung des zentralen Personalbereichs ermögli-chen und
- die Kennzahlen sollten anschlussfähig an die Unternehmens- und Personalstrate-gie sein.

Als konzeptionelle Grundlage für die Gestaltung eines HR-Kennzahlensystems wurde auf das Standardwerk von Becker/Huselid/Ulrich „The HR Scorecard: Linking People, Strategy, and Performance" zurückgegriffen.

Die Autoren schlagen darin einen Prozess vor, der auf sieben Stufen beruht und von der Unternehmensstrategie ausgehend ein Kennzahlensystem für den Personalbereich entwickelt (vgl. Abb. 12.1).

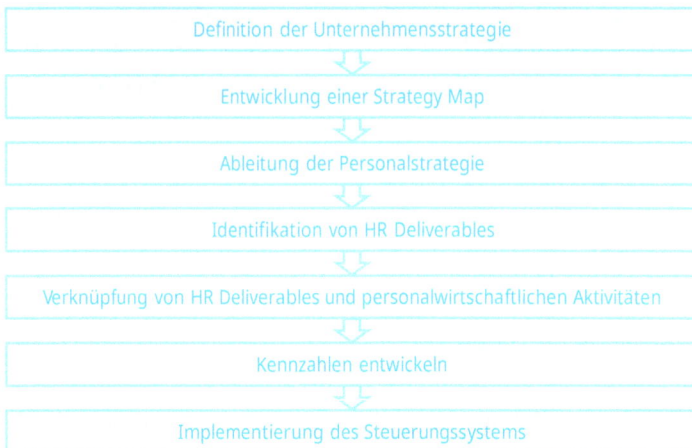

Definition der Unternehmensstrategie

Entwicklung einer Strategy Map

Ableitung der Personalstrategie

Identifikation von HR Deliverables

Verknüpfung von HR Deliverables und personalwirtschaftlichen Aktivitäten

Kennzahlen entwickeln

Implementierung des Steuerungssystems

Abb. 12.1: 7-Stufen-Prozess (verkürzt und übersetzt aus Becker/Huselid/Ulrich, 2011).

Die Unternehmensstrategie sowie die daraus abgeleitete Strategy Map waren zum Zeitpunkt der Zentralisierungsbemühungen schon vorgegeben und entwickelt. Die Strategy Map zeigte die wichtigsten Leistungstreiber und deren Verknüpfungen an. Dabei geht es nicht darum, alle Unternehmensprozesse auszuweisen, sondern die wesentlichen Ursache-Wirkungs-Zusammenhänge, die zum Wettbewerbserfolg führen sollen, gedanklich zu verbinden.

Die Personalleitung entwickelte daraufhin, eine aus der Unternehmensstrategie abgeleitete Personalstrategie. Zu diesem Zweck wurden die Schnittstellen zwischen dem Personalmanagement und dem unternehmensspezifischen Plan zur Strategieimplementierung identifiziert. So konnten vier strategische Ziele formuliert werden:
– Verbesserung der Leistung
– Innovationen fördern
– Talente werben
– Verantwortungsvoll handeln

Die nachfolgenden drei Schritte (Identifikation von HR deliverables, Verknüpfung mit personalwirtschaftlichen Aktivitäten und die Entwicklung von Kennzahlen) wurden in einem mehrtägigen Workshop mit Teilnehmern aus unterschiedlichen Personalbereichen durchgeführt (bspw. Mitarbeiter aus dem Talent Management, dezentrale Personalleiter, Personalcontrolling, Shared Service Center oder dem Performance Management).

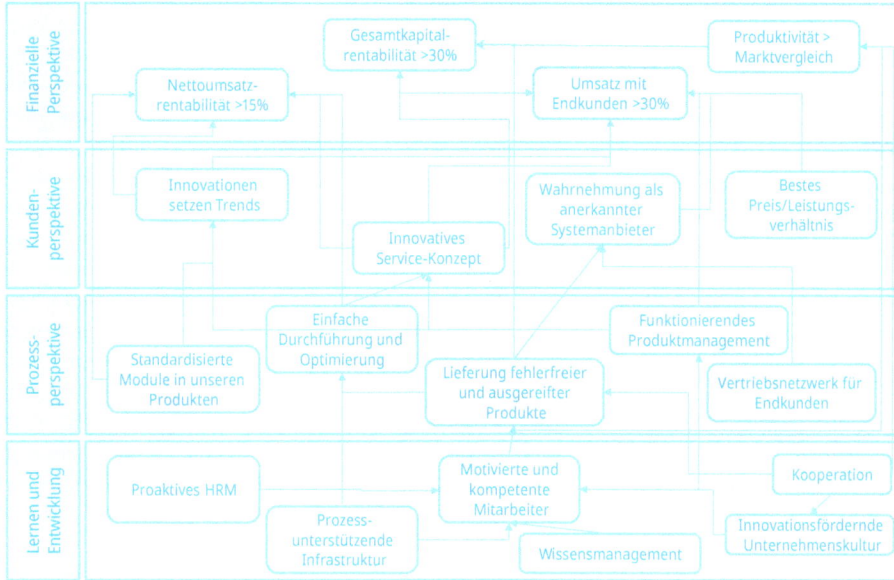

Abb. 12.2: Beispiel der Strategy Map der ABB Gruppe (vgl. Ahn, 2001, S. 448).

Da die entwickelten Kennzahlen einen Bezug zur Personalstrategie aufweisen sollten, wurden aus den strategischen Personalzielen sog. HR deliverables oder Unterziele abgeleitet. Diese wurden durch sog. Leistungstreiber (Performance Driver) definiert. Leistungstreiber sind personenbezogene Merkmale oder Eigenschaften (bspw. Fertigkeiten, Motivation oder Zufriedenheit), die durch Verstärker (Enabler) aktiviert oder aufgewertet werden. Erst wenn ein Zusammenhang zwischen strategischen Zielen, Unterzielen, Leistungstreiber und Verstärkern hergestellt wurde, wurden mögliche Kennzahlen zur Abbildung des Zusammenhangs definiert (vgl. Becker/Huselid/Ulrich, 2001, S. 31).

Mit diesem Prozess sollte sichergestellt werden, dass keine Kennzahl losgelöst ohne Anbindung an strategische Ziele erhoben und interpretiert wird.

Der Zusammenhang zwischen strategischen Zielen, HR deliverables, Leistungstreiber und Verstärker wird in Abb. 12.3 dargestellt.

Im ersten Teil des Workshops wurden den strategischen Zielen die sog. HR Deliverables bzw. Unterziele zugeordnet. Hier konnten den vier strategischen Oberzielen drei gemeinsame Unterziele zugewiesen werden (Business Excellence, Talent Management und Rewards & Benefits). Im nächsten Schritt wurden die sog. Performance Driver diskutiert. Für das Unterziel Business Excellence wurden fünf Leistungstreiber definiert (Wettbewerbsfähigkeit, Kundenorientierung, Kultureller Wandel, Fähigkeiten und Fertigkeiten und Compliance). Für das Unterziel Talent Management konnten vier, für das Unterziel Rewards & Benefits zwei Leistungstreiber definiert werden (vgl. Abb. 12.4).

Strategische Ziele:
Leiten sich aus der Unternehmens- und Personalstrategie ab

HR deliverables:
Wirken als Schnittstelle zwischen strategischen Zielen und der
Strategieumsetzung
Ergebnis aus der Kombination HR Performance Driver und HR Enabler

Performance Driver:
Erfolgsrelevante Eigenschaft der Mitarbeiter oder von HR-Prozessen

Enabler:
Ermöglichen bzw. verstärken die Wirkung der Performance Driver

Abb. 12.3: Zusammenhang zwischen strategischen Zielen und abgeleiteten Kennzahlen.

Abb. 12.4: Strategische Ziele, HR Deliverables und Performance Driver.

Erst nachdem Einigkeit darüber erzielt wurde, welche Wirkmechanismen zwischen den strategischen Zielen, den HR deliverables und den Performance Driver bestehen, konnten Enabler definiert und Kennzahlen abgeleitet werden.

Die Ableitung von Kennzahlen wurde für alle Performance Driver vorgenommen. Bspw. wurden für das strategische Ziel „Talente werben" als Umsetzungsvariable primär das Talent Management gesehen. Dem Performance Driver „Qualifizierten Nachwuchs" wurden drei Enabler zugewiesen (Auswahl von Azubis, Azubi-Qualität während der Ausbildung und Motivation der Azubis während der Ausbildung). Abb. 12.5. zeigt die daraus abgeleiteten Kennzahlen. Ein weiteres Beispiel zeigt Abb. 12.6.

Im Laufe des Workshops wurden über hundert Kennzahlen abgeleitet, die im nächsten Schritt daraufhin überprüft wurden, ob und sie erhoben werden soll. Im letzten Schritt wurden die Kennzahlen in ein sog. Management Cockpit integriert und Zugriffsrechte auf einzelne Kennzahlen definiert.

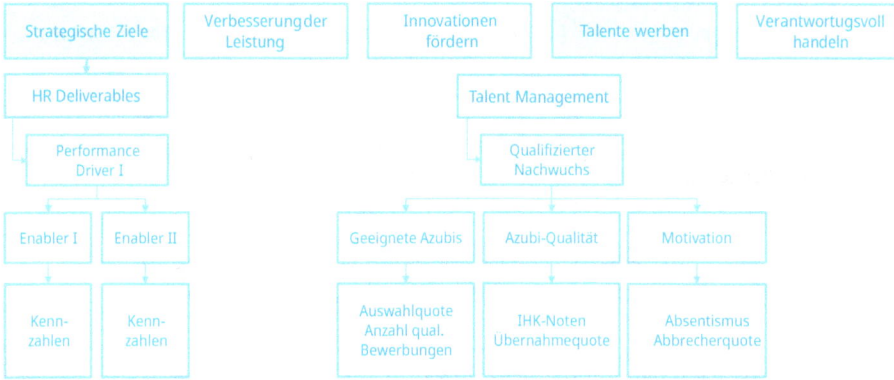

Abb. 12.5: Beispiel für Kennzahlen im Talent Management.

Abb. 12.6: Beispiel für Kennzahlen für Business Excellence.

12.5 Weiterführende Literaturhinweise

Scholz, C./Stein, V./Bechtel, R.: Human Capital Management. Wege aus der Unverbindlichkeit, 3. Aufl., München/Unterschleißheim 2011.

http://www.saarbruecker-formel.de/

Scholz/Stein/Bechtel gelang es, durch die Erstauflage des Buches im Jahre 2004 das Thema Personalcontrolling in Deutschland neu zu beleben. Durch die konsistente Aufarbeitung der einzelnen Instrumente, das beispielhafte Durchspielen der Ansätze und die Vorstellung der sog. „Saarbrücker Formel" gelang es, Zustimmung und Widerspruch zu erzeugen und das Thema in das Bewusstsein vieler Personal zu bringen.

Becker, B. E./Huselid, M. A./Ulrich, D.: Linking People, Strategy and Performance, The HR Scorecard, Boston 2001.

Becker/Huselid/Ulrich verstehen es mit amerikanischer Leichtigkeit, strategische, konzeptionelle und praxisorientierte Überlegungen zu einem Konzept zu verdichten und zu präsentieren.

Zdrowomyslaw, N. (Hrsg.): Personalcontrolling. Der Mensch im Mittelpunkt, Gernsbach 2007.
Wunderer, R./Jaritz, A.: Unternehmerisches Personalcontrolling, 3. Aufl., München 2006.

Der Herausgeberband von Zdrowomyslaw und das Lehrbuch von Wunderer/Jaritz geben einen Überblick über Instrumente, Herangehensweisen, vielen Praxisbeispielen im Kontext des Personalcontrollings.

Scherm, E./Pietsch, G.: Erfolgsmessung im Personalcontrolling – Reflexionsinput oder Rationalitätsmythos?, in: BFuP, Heft 1, 2005, S. 43–57.

Scherm und Pietsch setzen sich kritisch mit dem Personalcontrolling auseinander.

www.ingramcontent.com/pod-product-compliance
Lightning Source LLC
Chambersburg PA
CBHW061806210326

41599CB00034B/6902